宪政与法治理论研究丛书

本书为司法部“国家法治与法学理论”研究项目
（08SFB2007）的结项成果

我国民主法治建设的核心内容与重要途径，是通过建立健全表达自由的保障制度、选举制度与自治制度等相关制度，不断树立和提升全体公民的公民意识。

我国公民意识及其培植研究

伍华军　周叶中　著

WUHAN UNIVERSITY PRESS
武汉大学出版社

图书在版编目(CIP)数据

我国公民意识及其培植研究/伍华军,周叶中著.—武汉:武汉大学出版社,2014.9
宪政与法治理论研究丛书
ISBN 978-7-307-12392-2

Ⅰ.我… Ⅱ.①伍… ②周… Ⅲ.公民教育—研究—中国 Ⅳ.D648.3

中国版本图书馆 CIP 数据核字(2013)第 307159 号

责任编辑:胡 荣　　责任校对:汪欣怡　　版式设计:马 佳

出版发行:**武汉大学出版社** (430072 武昌 珞珈山)
(电子邮件:cbs22@whu.edu.cn 网址:www.wdp.com.cn)
印刷:武汉中远印务有限公司
开本:720×1000 1/16 印张:18.5 字数:265 千字 插页:1
版次:2014 年 9 月第 1 版 2014 年 9 月第 1 次印刷
ISBN 978-7-307-12392-2 定价:38.00 元

目　　录

导　论

现代法治国家建设的核心内容，在于民主政治的建立和有序运行。民主政治的基本要求是多数人的统治。在民主政治下，“多数”的统治基本是绝对的。但这也带来了民主政治潜在的危险，即“多数”会“在思想的周围筑起一圈高墙，在这圈墙内，作家可以自由写作，而如果他敢于越过这个雷池，他就要倒霉了。这不是说他有被宗教裁判所烧死的危险，而是说他要成为众人讨厌和天天受辱的对象”，“他只好表示让步，最后完全屈服，保持沉默，好像不该说真话而后悔了”。① 因此，“多数人的暴政”和“选举精英统治”的民主难题仍旧缠绕着我们。与此同时，“自由竞争性选举”限制了大多数人参政的机会，“代议”限制了民众直接参与决策的机会，即便是普选的实现也无法改变选举的“贵族”、“寡头”色彩。② 因此，“代议民主”就像“一位心脏欠佳的长跑选手；表面上跑得稳健，但内在力量迅速耗弱”，以致浮现出一些“症状”。③

为防止民主偏离正轨，实现现代宪法政治的良性运作，人类进行了很多制度设计。针对这种情况，托克维尔指出，要充分利用法学家这一特殊群体的特性，利用他们的“思维方式、作风和爱好”来缓和多数的暴政。托克维尔眼中法学家特殊的思维方式、作风和

① ［法］托克维尔：《论美国的民主（上卷）》，商务印书馆 1988 年版，第 293 页。

② 参见王绍光：《民主四讲》，生活·读书·新知三联书店 2008 年版，第 33～56 页。

③ 郭秋永：《当代三大民主埋论》，新星出版社 2006 年版，第 85 页。

爱好，其实质就是现代公民所具有的权利意识、宽容精神。正是这些精神不断促进着人的理性发展，有效防止多数政治可能产生的暴政。也正是这些精神所组成的公民意识，构成了促进与形塑现代宪法政治的思想意识基础。

早在20世纪初，梁启超先生就曾大声呼喊“新民”。“他在自己变法改良的实践中，特别是从改良失败中深深地体会到，国民观念的改变是一切社会变革的基础。”① 梁启超提出，中国改革维新，“必自新民始”。“新民”，是指应当具备国民的权利、义务、自由、平等、纪律、公德、私德等公民意识。② 包括宪法政治在内的任何制度的运行，都需要注重发挥人的作用，就如同再先进的机器设备，如果没有娴熟的操作人员，都不能充分发挥出效能。如果说制度是人的双手，那么公民就是人的双脚。忽视公民建设，也许可以挥动制度的双手抓住宪政的片点皮毛，但终究无法在民主政治的道路上有任何前进的收获。良好的公民，是民主政治建设成功的关键所在。

党的十八大强调，依法治国是党领导人民治理国家的基本方略，法治是治国理政的基本方式，要更加注重发挥法治在国家治理和社会管理中的重要作用，全面推进依法治国，加快建设社会主义法治国家。实现这个目标要求，必须全面贯彻实施宪法。在首都各界纪念现行宪法公布施行30周年大会上，习近平同志明确提出：“宪法的生命在于实施，宪法的权威也在于实施。”而“宪法的根基在于人民发自内心的拥护，宪法的伟力在于人民出自真诚的信仰。只有保证公民在法律面前一律平等，尊重和保障人权，保证人民依法享有广泛的权利和自由，宪法才能深入人心，走入人民群众，宪法实施才能真正成为全体人民的自觉行动”。在全面实施宪法的过程中，习近平进一步指出：“我们要在全社会加强宪法宣传教育，提高全体人民特别是各级领导干部和国家机关工作人员的宪

---

① 吕滨：《梁启超对新民伦理的探讨》，载《江西社会科学》2000年第7期。

② 参见梁启超：《新民说》，载《新民丛报》创刊号，1902年2月。

法意识和法制观念，弘扬社会主义法治精神，努力培育社会主义法治文化，让宪法家喻户晓，在全社会形成学法尊法守法用法的良好氛围”；“我们要把宪法教育作为党员干部教育的重要内容，使各级领导干部和国家机关工作人员掌握宪法的基本知识，树立忠于宪法、遵守宪法、维护宪法的自觉意识”。应当说，离开了具有良好宪法观念的公民，再好的宪法制度也难以有效运行。这也正是公民意识对宪法实施与民主法治建设的意义所在。

在现代民主政治的确立与宪法实施中，“徒法不足以自行”，没有合格公民作为基础，民主法治是很难真正实现的。纵观我国百余年民主政治的发展历程，路途艰难、困难重重。只重制度建设，不重公民建设，是其重要症结所在。自晚清以来，虽然中国政治之上层云谲波诡，然而下层民众始终岿然不动，公民之自觉意识难以真正生发，由此导致中国民主法治建设举步维艰。因此，公民意识是中国民主法治建设道路上一个始终绕不开的话题。

一、公民意识是什么

公民意识，简而言之，就是一个现代合格公民所应当具有的各种观念。从法律意义上来说，一个具有某国国籍的人，即可称为某国公民，当然，在法律上，该公民还应当享有特定的权利，履行特定的义务。然而，这种单纯从法律文本上进行的理解往往忽略了许多十分重要的问题，例如，一个具有公民身份的自然人，是否必然会积极行使其权利，履行其义务？公民是否意味着自然人对其身份具有自觉意识？公民身份在政治过程中会起到何种作用？诸如此类的问题不胜枚举，它指向一个很简单的问题：法律意义上的公民身份并不意味着公民身份在现实政治中的实现。导致公民身份难以实现的原因有许多种。例如，宪法和法律在一定程度上限制了公民身份的自我实现，或者为公民身份的实现设置了难以逾越的障碍；现实政治制度难以承载公民权利的完全行使；当然，与我们的主题相关的一个重要问题是，众多法律意义上的公民并没有一种基于现实政治而形成的身份自觉，从而难以在政治过程中发挥其主体性作用。

达尔认为，在政治社会中，存在若干不同的阶层。这些阶层如图1所示①：

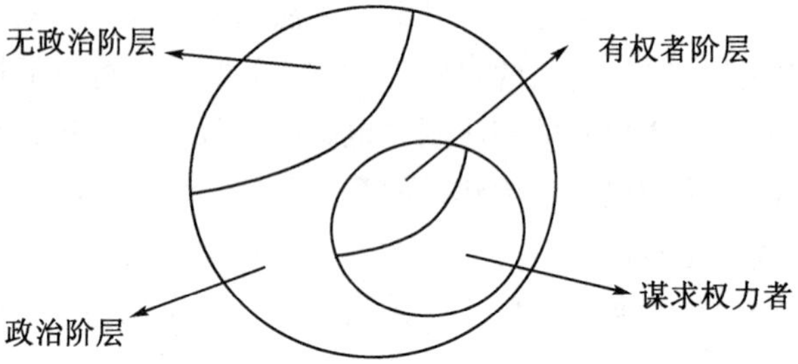

图1

在一个政治社会中，必然存在一个与政治紧密相关的阶层和一个与政治关系不大的阶层。达尔将其划分为政治阶层和无政治阶层。虽然从法律上来说，一个国家的全体国民皆可称为公民，但在政治意义上，只有那些能够自觉意识到自己的公民身份，并积极参与政治的政治阶层，方可称为真正意义上的公民。换句话说，政治意义上的公民与法律意义上的公民并不能等而视之。政治意义上的公民并不是绝缘于政治之外的自然人，而是投身于政治过程之中的自然人，从这个意义上来说，政治意义上的公民包含了一种身份的自觉和行动的自觉。阿尔蒙德和维巴在研究政治文化时指出，政治文化大体上可以划分为三类，即村民政治文化、臣民政治文化和参与者政治文化。依阿尔蒙德和维巴所言，三种政治文化只是纯粹形式，在现实生活中必然出现三种系统性混合型政治文化，即村民—臣民文化、臣民—参与者文化与村民—参与者文化。② 自然，也可

① 此图参见［美］罗伯特·A. 达尔：《现代政治分析》，王沪宁、陈峰译，上海译文出版社1987年版，第130页，略有改动。

② 参见［美］加布里埃尔·A. 阿尔蒙德、西德尼·维巴：《公民文化：五个国家的政治态度和民主制》，徐湘林等译，东方出版社2008年版，第21页。

能出现三种文化相互混合的情况，而真正能够支撑民主政治之稳定性的政治文化形式恰恰即是这种混合的政治文化，阿尔蒙德和维巴称之为公民文化。公民文化的特征即在于：其一，它是一种忠诚的参与者文化；其二，在公民文化中参与者的政治取向与臣民和村民政治取向是结合在一起的，而不是前者取代后者。① 但是，在一个社会中，真正意义上的公民所占比重有大有小，公民比重之大小，在一定程度上反映了社会的发展程度。其间之关系如图 2 所示。②

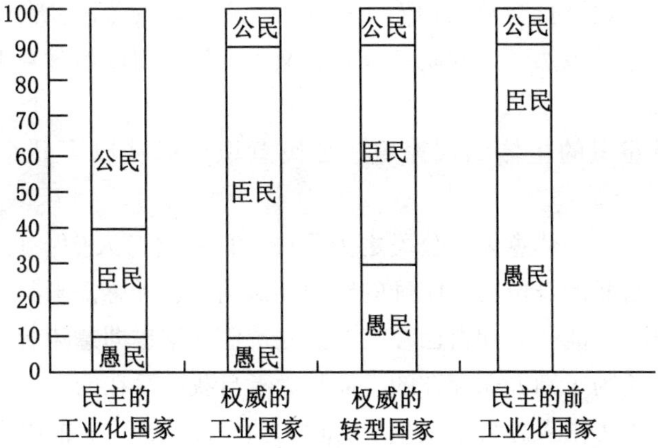

图 2

公民与村民（愚民）和臣民的最大区别，就在于公民意识。臣民具有公民意识的特定部分，及其对国家的义务，但缺乏权利意识等现代公民所必备的积极要素；愚民则既缺乏权利意识，也缺乏义务意识。而成熟的现代公民则同时具备权利意识和义务意识，对于其在政治共同体中的地位有着较为明晰的判断。公民意识之多

① 参见［美］加布里埃尔·A. 阿尔蒙德、西德尼·维巴：《公民文化：五个国家的政治态度和民主制》，徐湘林等译，东方出版社 2008 年版，第 28 ~ 29 页。

② 图见王绍光：《民主四讲》，生活·读书·新知三联书店 2008 年版，第 99 页。

寡，决定了一个社会的政治发展水平。但不论在何种社会，公民都不可能覆盖到一个国家的全部范围内，换句话说，无论一个国家政治发展水平有多高，总存在一些人不具有现代公民意识。其原因是多方面的：其一，公民意识与一个国家的经济发展水平有着天然的联系，在经济落后、教育水平低下的社会，公民意识不可能太高；其二，无论在何种社会，总存在与政治天然隔绝的人群；其三，许多国家并不能为公民参与提供足够成熟的渠道，因而成熟的公民意识难以自然形成；其四，即便在现代社会中，也总存在一部分人因厌恶政治而选择与政治相隔绝；其五，在成熟的公民社会中，也会存在大量的虽然明确知晓其权利、义务，然而对政治参与十分冷淡的公民。

从意识的主体归属来看，公民意识可以从以下几个层面来理解：

第一，个体意识。公民之为公民，首先具有人格上的独立性，能够对自我的身份具有明确的感知和认同。这种感知来源于三个方面：其一，能够感知自己存在的独立价值。这也即意味着，个人的存在不是为了别人而存在的，而是为了自我而存在的。这种独立价值，代表了个人源自于生理与心理的独立性。其二，能够感知自我在社会群体中的独特性。在一个群体之中，具有个体意识的公民必须能够意识到自我与他人之间的区别。其三，在意识到自我的独立性以及自我与他人之间的区别的基础之上，公民个体需要生发出为了自我的利益而计算和考量的独立意识。这种独立意识并不意味着自私自利，恰恰相反，当公民个人能够在独立思考的前提之下意识到自己的利益的重要性时，公共利益才可能由此而真正得以保障。

个体意识是公民意识的基础。缺乏个体意识，意味着自然人将自己的个性泯灭在集体之中，自然也就不可能形成现代公民意识所必备的独立意识、自由精神和权利观念。事实上，在中国两千年王朝专制社会，中国老百姓的个体意识要么被社会等级秩序所消弭，要么为王权社会伦理所取代，每个人的存在都缺乏独立价值，从而使得独立思考、独立意识无法生存，自然也就无法产生现代意义上的公民。中华人民共和国成立后，虽然儒家伦理秩序被打破，但新的集体主义观念同样将个体意识消灭在集体意识中，公民意识自然也无法生发。只有在改革开放之后，随着经济、社会改革的深入，公民意识才有了生存的土壤。

第二，群体意识。群体意识是公民意识的另一个重要方面，它与义务观念、公共利益等问题息息相关。群体意识并不一定是公民意识的一个组成部分，在等级社会和“一大二公”的集体主义社会中，群体意识同样存在，但这种群体意识以消灭个体意识为前提，因而与现代公民意识显著相违背。公民意识中的群体意识以个体意识为前提，意味着只有在个体独立的基础上生长出来的群体意识乃符合现代公民意识的要求。这一过程可描述如下：首先，自然人意识到自我的存在与独立性；其次，自然人意识到自我与他人之间的区别和联系；再次，自然人因考虑自我利益而产生权利意识；最后，自然人因考虑到自我利益与公共利益之间的联系和一致性而产生群体意识、公共意识和义务意识。只有当自然人在独立思考的基础上意识到自我与群体之间的利益休戚相关时，我们才可能说一种符合现代公民意识要求的群体意识得以形成，否则，任何灌输式的教育所形成的群体意识都是虚构的，在现实生活中也必然会遭遇到潜在的抵制与反讽。

群体意识的存在与社会制度无关。按照霍布斯等人的理解，在自然状态下，每个人都是自由的，但此时的状态毫无秩序可言。当人们相约进入文明社会时①，群体意识也在此过程中得以凸显。当代中国的政治理论常常预设社会主义与资本主义的对立，认为前者是集体主义的，而后者是个人主义的。殊不知，在以宏大叙事和填鸭式教育的背景下所形成的集体主义常常是虚幻的，在这种背景下，极端的个人主义才是本质；而在保障个人自由和独立的前提下，一种真正意义上的群体意识才可能生长。正因如此，福山认

① 参见［英］霍布斯：《利维坦》，黎思复、黎廷弼译，商务印书馆2009年版，第131～132页。

为，受长期儒家思想浸淫的华人社会表现出高度的个人主义①，而一向被视为高度个人主义的美国人却具有“高度自发的社群倾向”②。

第三，主体意识。在公民具备了权利意识和义务意识之后，还需要具备一定的积极参与的意识，此种意识，是公民主体意识的积极体现。公民的个体意识决定了公民对自我利益的认知和保障观念，对应了公民的消极权利意识；公民的群体意识对应了公民的义务意识；相应地，公民的主体意识则对应了公民的参与意识和要求国家保障其权利的意识，对应了公民的积极权利。在当代中国，随着社会的不断进步，公民的权利意识越来越高涨。但也应当看到，我国民主法治进程还有很多需要进一步完善的地方，全体公民的整体参与意识还不十分强烈。这也是制约我国公民意识发展水平的一个重要因素。当然，决定了我国公民主体意识较低的另一个主要原因在于制度的不完善。一项好的制度能够为公民的自由活动提供较多的支撑和保障，公民则能够在积极而广泛的社会活动中意识到自己作为社会主体的地位；反之，如果一项制度在程序性和可操作性上还存在缺陷，在一定程度上限制了公民主体性的发挥，则公民主体意识的形成就会受到很大制约。

二、公民意识的功能

公民意识在一个国家的宪政建设中起到了不可忽视的作用。

（一）公民意识的生发是宪政得以实现的观念基础

近现代意义上的宪政产生于资产阶级革命时期，在此之前，宪政的一部分因素曾经在历史上出现过。雅典的民主政治即是其中一个十分典型的例子。雅典政制之所以接近现代宪政，乃是因为其中

① 参见［美］福山：《信任：社会美德与创造经济繁荣》，彭志华译，海南出版社 2001 年版，第 75 页。

② 参见［美］福山：《信任：社会美德与创造经济繁荣》，彭志华译，海南出版社 2001 年版，第 286 页。

所蕴含的十分明显的民主政治特征。在伯里克利执政期间，雅典的民主政治曾经得到了充分的发展，尽管在伯罗奔尼撒战争之后，斯巴达人所培植的傀儡政府摧毁了民主政体，然而这一政府在不到1年的时间里被迅速推翻，证明了“民主政制已经变得根深蒂固并得到广泛的支持”①。在雅典政制中，公民的作用显得尤为突出。亚里士多德没有从抽象的社会概念出发去构建他的政治学，而是将政制分为一人、少数人和多数人的统治。② 民主政治是多数人的统治，雅典政制的精髓即是社会上的多数人③可以对公共权力进行控制。在其后漫长的历史流变中，宪政虽然历经坎坷，但是它所体现的基本精神——多数人有权对国家权力进行规制，成为一项被普遍接受的准则。在威尼斯共和国，公民可以对公共事务产生影响。尽管非贵族公民被排除在作为议事机构的大议事会之外，但“并不是说他们在城市的管理中没有任何地位或影响。手工业工人和工匠通过他们的行会和同业公会在与他们自己直接有关的事务上实行高度的自治”④。正是这种自治，构成了对政府权力的外在控制。在17世纪的尼德兰，市镇的高度自治和由此而形成的具有公共精神的市民，是共和国的基础。“共和国所发展出来的政治制度就是以市镇的治理为基础的。”⑤

就几个主要宪政国家的宪政历程来说，宪政也首先是从人民——公民的集合体中开始的。在英国资产阶级革命开始之前，英

① ［美］斯科特·戈登：《控制国家：从古代雅典到今天的宪政史》，应奇等译，江苏人民出版社2005年版，第85页。

② 参见［古希腊］亚里士多德：《政治学》，吴寿彭译，商务印书馆1965年版，第133页。

③ 这里的多数人有特别的含义，即特定人群中的多数人。众所周知，在雅典时期，能够参与政治的人并不多，数量广大的奴隶和妇女都被排除在政治过程之外。

④ ［美］斯科特·戈登：《控制国家：从古代雅典到今天的宪政史》，应奇等译，江苏人民出版社2005年版，第182页。

⑤ ［美］斯科特·戈登：《控制国家：从古代雅典到今天的宪政史》，应奇等译，江苏人民出版社2005年版，第218页。

国人已经享有了一些十分重要的自由，其中包括财产自由。“没有代表不纳税”的原则非常有力地保障了个人自由，并因之形成了个人对国家权力的批判意识和对抗精神。在资产阶级革命爆发时，正是这些自由的公民成为了革命的主要推动力。在自由传统的长期影响下，公民既充分了解到自己的权利，也十分清楚自己的义务。与此同时，公民们也意识到，国王与公民一样，既享有权利，也承担义务。英国后来的君主立宪制，与此种认识之间的渊流关系是不言而喻的。在圈地运动中成长起来的资产阶级的新贵族、代表了下层自由民利益的平等派的兴起，都成为推动革命进程的重要历史力量。① 这些政治势力并不是以精英引导民众的方式形成的，而是恰恰相反，乃是在民众产生政治要求的情况下，自发产生政治精英并对民众进行组织的方式形成的，换言之，即是在公民意识日渐成熟的基础上，才形成了要求民主政治的各种诉求。在此过程中，拥有自身政治主张的不仅仅是克伦威尔、菲尔默或李尔本，而是其后的广大人民。简而言之，不论是革命的爆发还是君主立宪政体的建立，都离不开人民或人民中的大部分人的自觉行为。英国宪法在后世的缓慢进化，也与宪章运动、妇女争取普选权的长期斗争等重大社会运动相关。在法国，大革命的爆发缘于三级会议，然而真正对旧制度产生冲击的并不是贵族或资产阶级，而是广大的群众。甚至从一开始，这些群众的政治主张都是反资本主义的。② 诚如托克维尔所言，法国人民“很早就获得自由，很久以来就拥有部分土地，彼此孤立而不依赖，因而他们显得有节制和自负”③。一旦国家对人民施加了深重的苦难，人民就会攫取政府，完成大革命的业绩。在人民内部产生的两种激情——要求平等与自由，成为催生大革命

① 参见［美］巴林顿·摩尔：《民主和专制的社会起源》，拓夫等译，华夏出版社1987年版，第6~7页。

② 参见［美］巴林顿·摩尔：《民主和专制的社会起源》，拓夫等译，华夏出版社1987年版，第57~61页。

③ 参见［法］托克维尔：《旧制度与大革命》，冯棠译，商务印书馆1992年版，第238页。

的精神动力。① 法国的宪政事业起源于革命，然其基础并非暴力，而正是由人民所自发形成的对于平等和自由的深切渴望。在美国，宪政的精神基础源于英国的自由传统和清教徒的信仰，而其物质基础则是产生于精神基础之中的乡镇自治。乡镇自治意味着人民对自己所生存的空间享有管理权，人民乃是自治的基石。② 当这种乡镇自治扩展到大范围的宪政制度时，这一基石仍未动摇。人民自己管理乡镇，乡镇产生州，州依据契约组成联邦，这种自下而上的权力构建模式真实地说明了人民或人民中的大部分人在宪政中的基石作用。

上述简单的宪政历史回顾可以说明以下几个问题：其一，宪政的生发来源于社会中对宪政的政治诉求，而这种政治诉求根植于公民群体之中；其二，宪政的精神及其生长都与公民的权利意识、参与意识和主体意识息息相关；其三，公民意识在一定程度上构成了宪政的基石。

（二）公民意识的发展推动了宪政精神的发展

公民意识不仅在很大程度上决定了宪政的生成，也影响了宪政的走向。

在英国宪政史上，不成文宪法的潜移默化实际上经历了非常长的历史发展时期。在英国宪政形成之初，法律对公民政治参与施加了严格的限制，例如，妇女没有普选权；对公民行使选举权制定了严格的财产要求。随着时代的发展和公民意识的日渐提高，英国民众展开了长达百年的争取普选权的政治斗争，终于推动了英国不成文宪法的进步。

这是一个十分典型的例证。在美国宪法史上，这样的例子也时有出现。阿克曼在对美国宪政史进行解读时，创造性地提出了

① 参见［法］托克维尔：《旧制度与大革命》，冯棠译，商务印书馆1992年版，第239页。

② 参见［法］托克维尔：《论美国的民主（上卷）》，董果良译，商务印书馆2009年版，第75～76页。

“宪法时刻”（constitutional moment）① 的概念。在阿克曼的二元宪政观中，政府和公民的集合体——人民同时对宪政之发展产生了重要作用，而在这两者之中，则是人民更为重要。在日常政治时期，政府可以依循宪法所设定的轨道运行，依照我们的通常理解，这实际上说的是，宪法能够对实际政治生活产生约束力，换句话说，这就是通常意义上的宪政形态。② 但是，在社会发展到一定阶段时，在社会中会形成与政府之观念不完全相同、甚至相反的观念，此时，政府若是仍按照宪法和法律之规范运行，则未必符合人民之意愿。在这样一些历史时刻，人民亲自参与到宪政过程之中去，以其意志对政府产生重大影响，从而在很大程度上变更了宪政的精神内涵和外在表现形式。这样一些时刻被阿克曼称为宪法时刻，而在宪法时刻所发生的关涉宪法的诸般事件，则为宪法政治。③ 其实，以我们的惯常理解来说，此种宪法政治倒不如说是宪法革命更为合适些。在美国宪政史上，存在几个典型的宪法时刻，如司考特案④引发的广泛争议和南北战争，罗斯福新政和沃伦法院时期美国人民对宪政的参与，等等。诚如众多学者所认识到的那样，美国宪法之所以历经数百年而不衰，至今保有鲜活的生命力，与美国宪法自身的独特演进历程有关，即美国宪法的解释者们能够与时俱进地推动宪法精神的发展，他们并不严格依照“原旨主义”（originalism）⑤ 的训条，将宪法看做僵硬的法条，而是在时移世易的历史格局中，

---

① See Bruce Akerman, *We the People*: *Foundations*, Havard University Press, 1991, p. 6.

② See Bruce Akerman, *We the People*: *Foundations*, Havard University Press, 1991, p. 230.

③ See Bruce Akerman, *We the People*: *Foundations*, Havard University Press, 1991, p. 7.

④ Dred Scott v. Sanford, 60 U. S 393 (1856).

⑤ 关于原旨主义，可参见 Paul Brest, *The Misconceived Quest for the Original Understanding*, Boston University Law Review, 60 B. U. L. Rev. 204, 1980；另参见张翔：《美国宪法解释理论中的原旨主义》，载《山东社会科学》2005 年第 7 期。

力图使宪法之精神不至于与现实世界过分脱节。这是宪法变迁的一种非典型方式。在某些情况下，这些解释者们甚至能够十分积极地介入社会争议之中，从而将宪法精神进行跳跃式发展。其中的典型案例如布朗诉教育委员会案①、罗伊诉韦德案②，等等。从表面看来，似乎是最高法院带动了宪法的发展，但问题显然并非如此简单。这些影响重大的宪法判例固然对美国宪政历程产生了重大影响，不过人们不应忽视其前提：只有当社会普遍形成了对某种宪法事件的争议之时，大法官们才有可能介入。换句话说，推动宪法精神变迁的最终动力并不是现实中的大法官们，也不是德沃金所设想的理想的"赫尔克勒斯"③ 法官，而是公民意识日渐崛起的民众。民众是否对宪法变革产生需求，乃是宪法是否能够变革的先决性条件。正因如此，阿克曼宣称，人民是宪法变革的原动力。④

人民之所以能够成为宪法变革的原动力，并不是由人民这个术语本身的神圣性所决定的。事实上，由于人民这一概念过度抽象，而且在一定程度上可能被滥用，因而，以人民作为推动宪法变革的动力，可能失之空泛。但假如我们将人民这个概念打散，将其还原为一个一个的具有高度权利意识、主体意识的公民，那么，不难看出，当在一个社会中，具有公民意识的成熟公民在形成某种意义上的政治共识时，宪法精神的变迁也就成为顺理成章的事情。美国宪法"新政"时期这一历史时刻与工人阶级公民意识觉醒以争取最低工时保障的社会运动息息相关，而 20 世纪中期的民权运动则与黑人公民意识的觉醒有着直接的联系。因此，公民意识的觉醒在很大程度上决定了宪法精神的变迁及其方向。

---

① Brown v. Board of Education of Topeka, 347 U. S. 483 (1954).

② Roe v. Wade, 410 U. S. 113 (1973).

③ 参见［美］德沃金：《认真对待权利》，信春鹰、吴玉章译，中国大百科全书出版社 1998 年版，第 143 页。

④ 参见［美］布鲁斯·阿克曼：《我们人民：宪法的变革》，孙文恺译，法律出版社 2009 年版。

（三）公民意识是现实民主政治得以运行的条件

上述两种功能是比较宏观的功能，当然，由于制宪时刻、宪法时刻这些特殊的时间点并不经常存在，因而，上述两种功能并不能时常出现。公民意识在现实的宪政过程中最为重要的作用，乃是它可以推动现实民主政治得以正常运转。这种功能可以细分为几个方面：

其一，公民意识的高低决定了政府合法性的高低。政府的合法性来源于宪法，不过，在现实的政治过程中，政府是否能够得到较多公民的支持，也在一定程度上反映了政府的合法性。如果一个国家公民意识较低，公民没有足够的参与意识参与到政治过程之中去，那么，政府就可能演化为一个不受公民控制的独立的权力实体，从而丧失其合法性基础。反之，如果一个国家公民意识高涨，公民能够积极参与选举和被选举，则政府的合法性也会因之而得以提升。

其二，公民意识推动了政府的良性运作。政府是一种必要的恶，然而，政府权力也往往容易被滥用。公民若不能对政府权力形成有效制约，势必使得政府肆无忌惮。从这个意义上说，如果一个国家公民意识低下，则政府必然倾向于专制；反之，若一个国家公民意识较高，则政府的民主程度较高。公民意识指导着公民在各个方面限制着政府权力：通过选举活动控制政府的权力来源；通过保障自我权利确定权力的边界；通过权利救济行为对非法或不当行使的政府权力予以抵制；通过行使各种政治权利对政府权力进行外部制约。因此，缺乏必要的公民意识，政府则难以在民主政治的轨道上良性运作。

其三，公民意识是衡量政府统治质量的标尺。一个政府统治得好坏，并不是由政府自身说了算，而是由公民说了算。虽然在当代各国，衡量政府统治质量的标准有许多，例如经济绩效、文化发展、社会稳定，但在一个民主国家，衡量政治发展的标准主要依据公民意识及公民的实际政治参与状况，而后者明显是决定于前者的。从这个意义上说，公民意识的高低与政府的民主程度、政府统治质量都有着直接的关联。

在现实政治过程中，公民的作用还有许多，这里不一一罗列，留待下文加以讨论。

（四）近现代中国宪政不彰的一个重要原因即是公民意识不高

如果我们回顾中国近现代宪政史，会发现一个基本的事实，即中国宪政难以真正实现的一个重要原因即是公民意识未能随着时代的发展而生发。

中国近现代宪政的生发带有浓厚的精英主导的特征。第一，关于社会变革的方式的争论，主要在精英阶层中展开，普通老百姓对此缺少发言权。① 当然，底层民众有没有要求发言权另当别论，至少从表象看来，各种运动主导权主要掌握于知识分子手中是没有疑义的。第二，社会变革的主要推动力也是精英阶层。从晚清的历史变局来看，推动洋务运动、戊戌变法、清末立宪的无不是精英阶层。辛亥革命也是一个“上流阶层的革命”②。晚清之后，民国政治的走向也与政治精英们的权力斗争分不开。从某种意义上说，政治本身就带有十分浓重的精英色彩，然而，中国近现代政治的精英色彩尤为浓厚，这多少与普通百姓无法参与其中有关。而正是这一点决定了中国宪政从一开始便缺乏坚实的根基。第三，精英们基于自身立场所设想的种种改革，难以引起其他阶层的共识，也无法对既存的社会结构产生强有力的颠覆作用。这样，精英所主导的改革在很大程度上也就脱离了现实，从而陷入空想之中。在中国近代史上地位十分重要的辛亥革命，看似风光无限，意义重大，然而

① 清末民初在社会变迁中发挥重要作用的精英阶层主要包括受到西方思潮影响的一些先进分子，其主体是各类留学生，其人数为七八十万，仅占人口的少数。参见罗福惠：《辛亥时期的精英文化研究》，华中师范大学出版社 2001 年版，第 7 ~ 15 页。

② ［美］周锡瑞：《改良与革命：辛亥革命在两湖》，杨慎之译，凤凰出版传媒集团、江苏人民出版社 2007 年版，第 312 页。

"革命在解民倒悬方面一事无成"①，在底层民众所引起的反响和改变并不显著，"因而革命初期，人民对于革命的肯定积极的态度，很快消失了"②。

相应地，民众中的大多数则在公共讨论中失语，从而导致中国宪政缺乏有力的根基。如我们所知，从晚清开始的社会变革实际上是以知识精英的觉醒为开端的。一些学者认为，中国从传统向现代化的发展过程乃是一个"冲击—回应"③ 的过程，尽管此论存有诸多争议，但不容否认的是，社会变革是在外在压力冲击下突然开始的，而正是这一事实在很大程度上决定了中国社会的变革首先从最早接触冲击力的上层社会结构开始。然而在精英阶层或有意或无意的设计之下，变革也首先从上层社会开始，却未能真正触及社会基础本身。因此，辛亥革命的胜利未能打破乡村的寡头统治，乡村治理结构仍保持此前的稳定性；农民阶层在外力冲击之下，经济上更为拮据，生活陷入困窘之中，然而在寡头统治的格局之下，农民们依旧没有参与政治的冲动，也没有参与政治的条件。随着原本的统治阶级的逐步分化，中国社会进入了复杂的转型期，而身在底层且为国之基础的广大群众，却未能发生实质性转变。

自鸦片战争之后，乡村经济也在相当大的程度上受到冲击。从全国范围来看，清政府在巨大的经济压力下对农民横征暴敛；在乡村，地方士绅为维持生计也不得不在某种程度上增加对农民的盘剥。农村经济在西方列强的冲击下逐步进入萧条期。"由于西方工业主义的侵入，民族工业衰落了，这进一步加剧了已经很穷的农民的贫困。"④ 农民的贫困带来了连锁反应，作为有闲阶级而存在的

① ［美］周锡瑞：《改良与革命：辛亥革命在两湖》，杨慎之译，凤凰出版传媒集团、江苏人民出版社 2007 年版，第 315 页。

② ［美］周锡瑞：《改良与革命：辛亥革命在两湖》，杨慎之译，凤凰出版传媒集团、江苏人民出版社 2007 年版，第 314 页。

③ 参见［美］费正清：《美国与中国》，张理京译，世界知识出版社 1999 年版，第 131～134 页。

④ 费孝通：《中国绅士》，惠海鸣译，中国社会科学出版社 2006 年版，第 130 页。

乡村士绅开始逐步分化。而到科举制度被废除之后，由于士阶层与权力中心的联结纽带被切断，乡绅的分化也日趋明显。这里的分化大致可分为三个流向：一者仍留在乡村，以维系固有的生活方式；二者在接受了西式教育之后，从事一些可以取得金钱和权力的职业，从军和从商成为地方士绅的重要出路；三者则与西方列强合作，成为新的买办阶层。乡村社会的统治层的变化是与上层社会政治精英的分化一脉相承的。然而在这些明显的趋势之外，农村最为广大的农民阶级却始终维系原有的生活，而未能有较大的转变。尽管他们的生计越来越艰难，但作为社会的底层，他们既没有机会接触外来思想，也无法逃避自己的宿命，只能在祖先们相似的生活一次次轮回的故土上重复昨天的故事。农民依然没有什么政治主张，依然不可能形成共同利益，也依然习惯于接受乡村寡头的统治。

相形之下，在中国的城市中，却发生了较大的变化。原有的城市逐步变质，传统中国所没有的通商口岸成为新的经济中心，而破产的农民的大量涌入，也为通商口岸的发展带来了机会。工人阶级也在这个过程中缓慢形成。然而，在传统中国的社会结构中，无论是农民、工人抑或是商人，都很难真正形成独立的政治主张，对于这些原本处于社会底层的人而言，他们难以在共同生活中发现自身的共同利益，也无法形成特定的组织①，也自然没有表达利益和主张的机会。只有当他们受到政治精英们的鼓动时，才会在利益驱使下成为某一支政治力量中的重要组成部分。几乎可以肯定地说，近代中国的一系列表层的变革，都是社会精英所操控的。不论是资本主义的政治主张，抑或是社会主义的前景，往往都是知识分子阶层

① 如有学者指出："处于社会等级中较低阶层的群体，反而很少投身于为改善他们的社会环境而进行的斗争，因为他们一方面觉得斗争的结果与他们的生活没有什么关系，另一方面觉得他们对现状无能为力。"参见徐小群：《民国时期的国家与社会：自由职业团体在上海的兴起（1912—1937）》，新星出版社2007年版，第320页。民国时期的政治结社——包括国民党与共产党的建立，多是由知识分子所主导的，即便是一般性的政治结社，也与结社者们的受教育水平、社会地位等息息相关，而下层民众对此一无所知，也是在情理之中的。

在外界影响下所作出的理想性的选择，底层民众对于这些政治主张保持着相当的隔膜。尽管在近现代史上，谁能真正联合起社会底层的力量，谁就能取得革命的胜利，这是中国共产党所领导的新民主主义革命之所以胜利的主要原因，但是，在无数次的政治斗争中，包括工人、农民等阶级的社会底层始终未能生发出自身的政治诉求。这决定了社会表层的风浪无法深入影响社会结构最为坚实的基础部分。费孝通先生因此说，“虽然中国的许多方面被修正，被新奇的外表所掩饰，但传统的中国并没有过去”。“社会结构的本质还是和以前一样起作用。”①

毫无疑问，中国宪政发展的曲折历史告诫人们，在政治为少数精英所把持，而大部分民众不能形成公民意识，从而积极参与到政治讨论和政治过程之中去的时候，宪政也就难以真正成长。

三、公民意识的培育

鉴于公民意识具有极端重要性，不少学者强调要对公民意识进行培育。一些学者建议实行公民教育，借鉴西方国家先进的公民教育理念，以此推动中国公民意识的提升。这种做法当然具有十分重要的意义，本书在讨论相关问题时，也提出了类似的建议。

中国宪政民主之实现，有赖于中国的大多数人转化成为合格的公民。而要将一般意义上的个人转化为具有政治意味的公民，则需要经历一个十分复杂的程序。对于当代中国公民素质之缺失，人们大致持有相同或相近的观感。总体说来，中国人之缺乏权利意识、参与意识以及公共意识是一个既成事实。所谓公民并不是纯粹自然的个人，也不是世俗的远离国家的市民，而是具有公民性或公民精神（civicness）的人。如何塑造此种公民性不仅是关涉宪政宏旨的大问题，也与人们的社会生活息息相关。不难想见，在一个人人缺乏公共意识，在集体行动方面处处沦入“公地悲剧”、“囚徒困境”和“集体行动悖论”的社会中，不仅人与人之间的良性关系难以

① 费孝通：《中国绅士》，惠海鸣译，中国社会科学出版社 2006 年版，第 124 页。

塑造，社会的发展也将面临严重的文化障碍。

有识之士们很早就意识到了公民的重要性。将农民和世俗的市民转化为具有现代精神的公民，成为众多思想家和实践者所孜孜以求的目标之一。乡村建设理论的创始人晏阳初致力于在农村开展平民教育，一方面用以改变农村的落后面貌，另一方面则用以改造农民的传统意识，塑造合格的公民。① 后来者们也试图采取这种看似较为有效的方式，以期达成构筑宪政基石的宏伟目标。然而，在许多情况下，这些设想虽带有美好的初衷，却往往忽视了宪政的发展规律，从而陷入自上而下的建构主义的误区之中。如我们所知，近30年来的法制宣传本意在于提高公民的法律意识，却常常是有意塑造"遵纪守法"，而非自觉行使权利、履行义务的顺民。公民教育则是另一种颇有意义的方式，但也面临几个无法克服的难题：第一，教育往往以灌输冠冕堂皇的训条为其基本方式，然则现实的不堪却往往与之产生巨大反差，反而使人们对教育产生逆反心理。中国儒家思想中的道德训条十分高尚，然则中国传统社会中广泛存在的不信任、虚伪和欺诈②却也是不争的事实。朱熹甚至坦白承认："千五百年间……尧、舜、三王、周公、孔子所传之道，未尝一日得行于天地之间也。"③ 易言之，在社会的政治文化未能符合教育所倡导的公民文化的情况下，所谓教育常常会在口头与现实的对比中流产。第二，不论是国家意识形态上的灌输，还是学者们出于诚意寄望于对公民进行教育，终究摆脱不了自上而下的半强制的色彩，这一过程实际上并没有塑造公民所必需的自主性，反而有违个性的自由发展。第三，无论哪一种教育，总免不了与现实的相对脱节，而公民本是社会的产物，因此，单纯依赖教育所塑造的公民常常只是理论上的公民。诚如阿尔蒙德和维巴所质疑的那样："学校

① 参见晏阳初、[美] 赛珍珠著，宋恩荣编：《告语人民》，广西师范大学出版社2003年版，第20页。

② 参见贺宾：《国家—社会视域中的传统民间伦理》，载《新疆大学学报》(哲学人文社会科学版) 2006年第2期。

③ 朱熹：《晦庵先生朱文公文集》。

能够传授和参与相联系的认识技能，但是，它们能够传授那些作为公民文化重要成分的、起基础作用的社会态度吗？教育能够传授社会的信任和信赖吗？它能够用这些社会态度来促进政治过程的普及吗？”①

当然，提出上述疑问，并不代表本书作者对公民教育和公民意识的培育持反对态度，只是，在培育公民意识的过程中，我们需要时刻警醒，以记取两条原则：其一，公民意识包含公民的个体意识和独立意识，因而，一味的灌输是不可行的；其二，公民是行动中的主体，因而公民意识只能在动态的政治参与过程中方能真正培育。正如胡适在评论宪政问题时所言，“宪政的学习方法就是实行宪政，民治的训练就是实行民治”②。因此，公民意识并不是一个理论问题，而是一个实践问题。

无论如何，对于当代中国而言，公民意识之提升仍是一个十分重要的历史课题。本书所论，也仅是略窥一斑，冀能抛砖引玉，为公民建设事业略尽绵力。

---

① ［美］加布里埃尔·A. 阿尔蒙德、西德尼·维巴：《公民文化：五个国家的政治态度和民主制》，徐湘林等译，东方出版社 2008 年版，第 446 页。

② 胡适：《我们能行的宪政与宪法》，载《胡适学术文集（哲学与文化）》，中华书局 2001 年版，第 671 ~ 672 页。

第一章　公民意识基础理论

回顾我国百余年宪政建设历程，我们应当明白，宪政建设不仅是宪政制度的建设，更是宪政公民的建设。没有良好的公民，再好的制度也难以发挥作用。犹如张君劢先生所说：“中国人太聪明，因为太聪明，纸上的黑字，实在不够拘束他们，无论条文如何地束缚，他总有他的巧妙方法来遁逃于宪法之外，所以犹之乎纸上画到，丝毫无补。”① 梁启超先生在反思数次宪政运动失败的原因之时，亦将缺乏良好意识公民作为最根本之原因。为此，梁启超先生不遗余力地为中国改革维新呼唤“新民”。② 或许我们可以这样认为，相较于制度，公民的建设对宪政更具有根本性的意义。因为，宪政建设“不仅要求以实行市场经济和民主政治为其社会经济、政治条件，而且要求以宪政观念作为其思想条件。离开广大社会成员良好的宪政观念，宪政国家的理想只会成为空中楼阁”③。宪政观念、公民意识终究是文化层面的范畴，“文化是一个不断沉淀的历史过程”，而“社会主义宪政新文化虽系自上而下逐步建立，但是随着其发展最终会逐渐渗入国民性之中并最终成为国人宪政法治行为模式的主导力量”。④ 因此，离开了具有良好宪政观念的公民，再好的宪政制度也难以有效运行，这也正是公民意识对宪政建设的

① 张君劢：《宪政之道》，清华大学出版社2006年版，第7页。

② 1902年2月，梁启超先生创办《新民论丛》，并发表大量有关“新民”建设的文章。

③ 周叶中、匡茂华：《宪政建设的基本条件》，载《现代法学》2000年第22卷第1期。

④ 朱海波：《宪政文化及其在当代中国的转型》，载《法学评论》2013年第4期。

意义所在。

第一节　公民意识基础概述

作为一种社会意识形态，公民意识是公民个人对自己在国家中的地位的自我认识，具体表现为人们对“公民”作为国家政治、经济、法律等活动主体的一种心理认同与理性自觉。公民意识发生、发展于宪政时代，它既是作为宪法关系主体之一的公民对国家宪政运行的主观评价，也是依据于一定社会物质基础的客观感受。同时，公民意识必须具体物化为一定的制度设计，才能不断巩固发展，最终实现公民意识与宪政建设的良性互动。从国家的发展经验来看，任何一种政治体制能够得以顺利运行，最终都必须依托与该种政治体制相对应的政治价值和社会意识。失去社会意识的支持，任何强力手段都无法维持政治体制的有效运行。公民意识之于现代公民主体而言不可或缺，之于宪政国家的运行与稳定具有极其重要的意义。“在成熟的民主国家和公民社会的体制内，从事任何涉及国家与社会的公共关系和公共事务，最优先和最根本的出发点是公民身份和公民意识的确立。”① 公民意识与宪政制度设计共同支撑着现代国家宪政之治的良性发展。公民意识成于宪法文化，又不断塑造着宪法文化理性发展的轨迹。

一、公民意识的概念

在复杂的社会共同体生活中，公民承担着多种角色，其中有政治的、经济的、社会的以及文化的，每一角色其内在的价值诉求、责任界定甚至伦理支撑均是旨趣各异，公民多种角色承担在一定程度上也决定了公民意识的多面向性。因此，对公民意识及其内涵的科学界定，必须以公民意识发生发展的规律为研究起点，从中把握公民意识最为核心本质内容。就公民意识发生发展的规律而言，

① 陈其南：《公民国家意识与台湾政治发展》，台北允晨文化1992年版，第Ⅸ页。

"公民"和"宪政"是其最为重要的两个因素。

（一）公民意识的现有定义

一般而言，对公民意识的研究可以划分为两种路径，或是两个层次。一种研究路径是从规范层面对公民意识加以研究，讨论公民意识是在当代社会中所应该具有的特质，这是公民意识研究的初级阶段。还有一种研究路径是从实然层面，通过细致的实践调查、模型设计，预测公民在政治、经济、社会等多种领域可能采取的行动，进而对公民意识对各种社会进程产生的影响作出有效的评估。① 这是公民意识研究的高级阶段。规范层面上的公民意识研究与实然层面上的公民意识研究，侧重点有所不同，两者所概括出的公民意识的内涵也有所差异，除此二者之外，亦有研究者从强调公民权利、义务的一体性角度研究公民意识。

第一，在规范层面上，学界对公民意识的认识，主要有以下观点：一是采用列举的方式认识公民意识，将公民意识的内容逐一列举出来。如李龙先生认为，"公民意识是个极为广泛的概念，其涉及的范围遍及意识形态的各个领域，民主观念、自由观念、平等观念、权利义务观念、法治观念是其主要内容"；此外，还包括公德观、宗教观、婚姻家庭观等内容。② 有学者认为，"当代社会主义公民意识蕴含着丰富而深刻的思想内容"，其构成主要包括"自主意识、平等意识、爱国意识、公德意识、节俭意识、纳税意识、环保意识、科技意识、国土意识、责任意识、国防意识、历史文化意识、监督意识、资源意识等"，不管何种意识，始终贯穿着权利和义务的统一。③ 还有学者认为，公民意识由"权利意识、义务意识

---

① 参见庄文忠：《台湾民众公民意识的变化》，载台湾"中央研究院"人文社会科学研究中心主办：《人文社会科学集刊》第22卷第2期，第204页。

② 参见李龙主编：《公民意识概论》，武汉大学出版社1991年版，第56页。

③ 参见李旭荟：《论当代公民意识的构成》，载《上饶师专学报》1996年第1期。

和平等意识”构成①，也有学者认为公民意识应包括“权利意识、义务意识、平等意识、法治观念”等。② 二是从公民意识蕴含的道德内容和社会价值进行定义。如威尔·凯姆利卡认为公民应具有的四种美德，包括“公共精神，包括评价政府工作人员表现的能力以及参与公共讨论的愿望；公正意识以及辨别并尊重他人权利从而缓和自我要求的能力；礼貌与宽容；团结与忠诚的共享意识”。③ 此外，有学者认为，所谓公民意识，实际上是“现代社会的成员，对作为公民角色及其价值理想的自觉反应，它在本质上呈现为与民主政治和市场经济相适应的主体自由追求和理性自律精神”；在内容上，公民意识包含了“以理性、自律、自由、平等、公正等价值理想为衡量准则的，对公民个人与政治国家及市民社会之间的关系、公民在国家和社会中的地位、公民应有的权利和义务及现实法定的权利及义务的认识、判断与认同，对公正合理的国家、法律制度的自觉维护与遵从”。④ 三是以公民意识的内容与意义相结合的视角来认识，认为“公民意识在本质上必然呈现为与民主政治和市场经济相适应的主体自由追求和理性自律精神”。而“公民意识的理性自由的内在本质，决定了它不仅是权利义务观念的简单合成”。“更具底蕴意义的，是对公民在市民社会与政治国家双重组织生活中权利义务关系的价值判断及规范化认同，因而具有多元内在结构。”其中，“合理性意识是公民意识的内核，合法性意识是公民意识的基础构成，积极守法精神是公民意识的外显层面”。⑤

第二，在实然层面上对公民意识的研究，关键在于通过对公民

① 参见魏建馨：《论公民、公民意识与法治国家》，载《政治与法律》2004 年第 1 期。

② 参见童怀宇：《论公民和公民意识》，载《唯实》2000 年第 3 期。

③ ［加拿大］威尔·凯姆利卡《论公民教育》，载马德普《中西政治文化论丛》第 3 辑，天津人民出版社 2003 年版，第 279 页。

④ 参见黄海昀、王素平：《构建我国公民意识生成机制的探析》，载《河北法学》2003 年第 3 期。

⑤ 参见马长山：《公民意识：中国法治进程中的内驱力》，载《法学研究》1996 年第 6 期。

意识内涵的认识，构建公民意识的评价模型。有学者将公民对“宪政制度的理解、对民主价值的支持、对公共事务的参与、对政治人物的信任、对个人主体的肯定”等内容列为重要的评价指标，并以此为基础，构建了以“公民认知、公民价值、政治偏好、公民技能和公民行动”为体系的公民意识评价模型。在此模型中，公民认知指能认识政治人物、区分不同政治机构、了解宪法权利；公民价值指政治信任、政治容忍、言论自由；政治偏好指政治或政策偏好；公民技能指能够影响他人，能够积极主动；公民行动指能够参与竞选活动、投票、与公务人员或官员接触。① 也有学者以“反权威意识、政治功效感、政治信任感、民主价值认同、民主深化认同”为指标体系，构建公民意识模型。在此模型中，反权威意识指每一个社会成员都是本身利益的最佳判断者，不需政府或他人代为判断何为真正利益；政治功效感指基于政治健康良好，而使公民对政治具有良好的判断，并积极承担各种政治责任；政治信任感指当国家的执政权力具有高度正当性，且来自人民的授权，人民对国家就具有相当程度的信任，相信政府能够积极为人民谋取福利，人民也因此乐于授予政府更大的权力；民主价值认同是指民主政府的决策应该经过自由而开放的讨论，这种讨论不仅使个人参与政治的意见和主张为人所知，而且有助于提高社会包容性；民主深化认同则是特别针对后发民主国家，指在民主转型社会中，人民是否对民主体制运作的波动甚至反复保持客观的态度。②

第三，近些年，对公民意识的研究又有了新的发展。有学者开始从自由主义、共和主义和社群主义的角度展开论述，并且越来越强调公民权利、义务的一体性。我国台湾地区就有学者认为，公民意识是权利意识和义务意识的结合体，“权利之所在，常有义务；

① 参见田芳华、刘义周：《教育与公民意识》，载张福建主编：《公民与政治行动：实证与规范之间的对话》，台湾“中央研究院”人文社会科学研究中心刊印，第101页。

② 参见庄文忠：《台湾民众公民意识的变化》，载台湾“中央研究院”人文社会科学研究中心主办：《人文社会科学集刊》第22卷第2期，第216页。

义务之所在，常有权利”①。有学者对这一研究趋势进行了系统分析，总结指出：“无论是自由主义、社群主义或共和主义，对公民意识的论述，不单纯是主张公民权利的行使，也特别强调公民责任的实践。公民意识的意涵不能仅强调权利面向，也必须同时包含责任的面向。”② 也有学者从全球化的角度，提出“全球公民（Global Citizen）”的概念，对公民意识的内涵作了新的拓展。这种新的拓展发源于全球化的时代背景，主张在普世价值之下，公民意识应当突破原有的“国家”界限，以“生态、全球、国际、生命、私人、性别、后殖民、异文化、跨国”③ 等关键词对公民意识进行新的界定。

以上研究，分别从不同角度、不同层次反映了公民意识的基本内涵，为公民意识研究提供了重要的理论参考。但这些研究虽然全面，却并未能充分揭示公民意识的实质内涵，甚至某些研究本身的合理性就值得推敲。如以全球化为背景、以普世价值为基础对公民意识所作的新的界定，从表面上看来，能够应对全球化背景之下，外籍劳工、移民等新的问题，但是却突破了公民意识应有的“国家—公民”这一理论框架，进一步模糊了公民意识的界限和内涵。对公民意识的定义，应当是以简明的陈述揭示公民意识所反映出的本质属性，避免复杂的罗列和陈述，使公民意识能与其他社会意识从根本上区别开来。

（二）公民意识的定义路径

公民意识是公民对自己公民身份的认可。只有在社会成员取得

---

① 郭秋冬：《公民意识：实证与规范之间的一个整合研究》，载张福建主编：《公民与政治行动：实证与规范之间的对话》，台湾“中央研究院”人文社会科学研究中心刊印，第60页。

② Doheny Shane：*Responsibility and the Deliberative Citizen*：*Theorizing the Acceptance of Individual and Citizenship Responsibilities*，Citizenship Studies，2007，407.

③ Nyers Peter：*Introduction*：*Why Citizenship Studies*，Citizenship Studies，2007，4.

公民身份之后，才能辨明自己的公民身份与其他身份的区别，进而产生公民意识。但是仅仅具有公民身份并不能产生公民意识。公民意识的产生，还必须满足宪法政治产生与发展的社会条件。从发生的意义上说，公民意识是作为公民的主体在宪法国家运行的社会条件下生长起来的意识形态，它的产生、发展，与公民、宪法政治具有密不可分的联系。公民身份和宪法国家，是对公民意识进行科学界定最为重要的两条主线。

第一，公民。公民的概念最早起源于古希腊城邦时期，经过古罗马等历史时期的发展，其内涵和外延已和最初的概念有了明显不同。

在古希腊时期，公民“是一个明显带有古代城市国家烙印的术语”①，其原意是指“属于城邦的人”。在这一时期，“公民（Polites）”是作为“城邦（Polis）”的组成而出现。由于古希腊时期，城邦具有地理和政治的双重属性，因此这一时期公民的概念同样也具有地理性和政治性。公民概念的地理性“决定了公民这个概念只有与特定的城邦连接起来才具有现实的意义；而其政治性则将公民概念的价值置于政治生活的语境之中”②。因此，国家对公民负有安全义务，公民对国家负有保护责任。城邦公民的公民意识，主要体现为公民对城邦的忠诚。在后期的发展过程中，公民的概念逐渐演变为一种资格和身份，只有具备公民身份的人，才能取得参与公共政治生活的资格，因此，亚里士多德将公民定义为“有权参加议事和审判职能的人”③。这一时期，公民的概念是对社会不同阶层的分割，并非所有人都具有公民的身份，只有城邦的主人才具有行使“议事和审判职能”的公民资格。

在古罗马时期，公民身份仍然作为一种特权而存在，只有贵族

① 方朝晖：《市民社会的两个传统及其在现代的汇合》，载《中国社会科学》1994年第5期。

② 江国华：《宪法与公民教育——公民教育与中国宪政的未来》，武汉大学出版社2010年版，第19页。

③ ［古希腊］亚里士多德：《政治学》，吴寿彭译，商务印书馆1965年版，第113页。

才能享有公民身份。直至公元前3世纪，平民通过不懈的努力，才终于迫使贵族阶层在公民权方面作出让步。这期间公布的霍腾西阿法案，意味着平民与贵族在法律上取得了完全平等的公民权利。与此同时，罗马帝国大片被征服区的居民，也通过各种斗争，最终获得了平等的公民身份。至此，公民身份从一种特权演变为一种大众平等享有的法律权利。与古希腊时期的“主动公民”相比较，从公民主体之数量而言，古罗马的公民数量有了较大规模的扩展；从公民主体地位而言，古罗马的公民主体地位远不及古希腊公民之尊崇；从公民政治的参与性而言，古罗马的公民在公共政治决策领域的作用日渐式微。特别是到了罗马帝国时期，公民参与政治的主动性已然被其被动性所取代，公民的概念日渐转化为臣民。在“国家—臣民”的格局中，臣民的服从性、忠诚性以及被动性的特征得以显现，臣民在国家政治共同体中所信奉的价值是对安全的需要，以及对共同体的归属意识。国家在构建政治共同体时，通过象征国家主权的暴力机构合法垄断暴力，在一定程度为臣民的日常社会生活提供秩序安全，并且以此威慑共同体内的异质力量和抵抗。但“国家—臣民”结构最为牢固的基础，仍在于政治精英通过语言、符号、仪式特别是宗教文化等营造出的共同体安全归属意识。臣民在其中的安全保障主要来自于对主权的绝对捍卫，对法律制度的完全遵从，对国家暴力的合法认同，对违抗者的有效惩罚，对伦理道德的一致维持。① 从公民概念的历史发展轨迹我们可以发现，现代公民概念与臣民之间具有必然的联系性，这种联系性来源自古希腊公民意识与罗马时期臣民意识的有机融合，亦即现代公民意识实乃前述两者的融合、汇流。

出于商业的需要，中世纪晚期出现了公民与市民的区别，社会成员的政治权利和民事权利逐渐分离。如果说古希腊时期的“城邦公民”是垄断城邦政治权力，享有政治特权的“主动”公民，那么市民的出现则是以契约精神、交易自由以及理性选择为基础的

① 参见郭台辉：《市民、臣民与选民：现代公民的角色整合与嬗变》，载《浙江学刊》2008年第6期。

"消极"公民。市民依附于国家这一大政治共同体，是以国家打破中世纪以来封建城市割据，建立统一的商品流通市场，以及为市民商业贸易提供"人身自由之保障、所有权之归属和契约之遵守"等必要法律秩序来作为交换的。同样，国家在为商业贸易提供必要之发展环境时，市民则需保持对国家的必要之忠诚义务，与臣民之绝对忠诚不同，市民是以理性选择之原则进入国家政治共同体，市民对于国家的忠诚是以国家职责之实现为前提的，亦即在市场和国家的关系上，市民始终遵循的是自由主义原则和经济交往的逻辑，把国家视为保障自由市场有效运行的工具。① 市民意识的出现，逐渐打破了作为个体的人对于共同体的依赖。在这个时期，主要表现为市民突破对于小共同体——行会与封建属邑——的依赖，自由发展和理性选择成为市民意识的核心内涵。市民意识中潜隐的对政治共同体的不信任与对政治共同体的需要相交织，是早期臣民意识与此时市民意识汇流的表现。基于此，文艺复兴以来，现代意义上的民族国家通过主权绝对、法律至上和分权治理等制度安排逐渐得以建立。而市民意识中对政府的警惕，又内在要求这种制度安排同时要防范、限制国家权力的过分扩张。可见，市民阶层在 18 世纪前后以城市为中心，通过自由市场交易之纽带，以自由理性选择的方式进入国家政治疆域，其市民意识虽未完全等同于公民意识，但随着市民概念的泛化，市民意识从一种低于公民的下位概念，逐渐与公民意识相汇聚，市民概念也演变为与公民相互融合的概念。公民的概念也在与市民概念的相互融合中取得了全新的内涵。②

从公民概念的发展历程来看，公民概念的外延不断扩大，从少部分享有，最终扩大为一国之内拥有其国籍的全部居民。公民概念所代表的等级、特权等意识也不断减弱，趋于消失。现代公民概念的日渐丰满，经过了古典的"积极公民"至古罗马之"臣民"阶段，又融汇了中世纪后期"市民"的兴起，最后发展成了现代意

---

① 参见郭台辉：《市民、臣民与选民：现代公民的角色整合与嬗变》，载《浙江学刊》2008 年第 6 期。

② 参见馨元：《公民概念之演变》，载《当代法学》2004 年第 7 期。

义上的公民。应该说，现代公民的内涵是多方面的，既有古典公民积极参与共同治理的一面，还有臣民忠实、服从以及被动安定的一面，亦有市民自由发展、理性选择、高扬权利观念的一面，上述三个面向之间始终存在内在的张力。

第二，宪法政治。启蒙时期至今，公民概念的发展、公民意识的塑造，与一个国家内在的宪法制度息息相关。公民概念的阐发、公民意识的培养，根本还在于公民与国家的良性互动，以及规范、书写和容纳此种互动的宪法制度框架。

所谓宪法政治，它所指称的是“以宪法为前提，以民主政治为核心，以法治为基石，以保障人权为目的的政治形态或政治过程”①。其中，民主政治是宪法政治的基础，法治是宪法政治的保障，人权是宪法的终极价值追求。宪法政治的产生与发展，受到了多种主观、客观因素的影响。其中，市场经济和民主政治为宪法政治产生与发展提供了客观条件，宪法观念和宪法文化为宪法政治产生与发展提供了主观条件。市场经济、民主政治、宪法观念和宪法文化相互作用，催生了宪法政治理念，推进了宪法制度建设。

宪法观念和宪法文化对宪法政治建设的影响尤其重要。宪法观念和宪法文化，促进了公民权利意识、民主意识、责任意识的生长，正是在这些因素的作用之下，人权、法治等理念得到广泛传播，并最终贯彻在宪法制度中。宪法制度建立之后，同样必须依靠成熟的宪法观念和宪法文化的支撑，才能得以健康运行，因为任何政治治理模式，都必须有与其相对应的政治理念作为基础。诚如学者所指出，宪法政治建设不仅要求以实行市场经济和民主政治为其社会经济、政治条件，而且要求以宪法观念作为其思想条件。离开广大社会成员良好的宪法观念，民主法治宪政国家的理想只会成为空中楼阁。② 民主法治国家建设能否成功，起决定性作用的并不是

① 周叶中主编：《宪法》（第三版），高等教育出版社、北京大学出版社 2011 年版，第 173 页。

② 参见周叶中、匡茂华：《宪政建设的基本条件》，载《现代法学》2000 年第 22 卷第 1 期。

“完美的”制度设计，而是社会成员的宪法观念和整个社会所具有的宪法文化。社会成员对宪法理念、宪法制度的认同、接受、内化程度越高，越有利于宪法制度的运行。在宪法观念和宪法文化发达的国家，面对人类不可避免的宪法制度上的缺陷，一样可以依靠社会成员的智慧、自制来加以弥补。毕竟，宪法制度从来都不是一劳永逸的设计，而是不断成长的。

同时，宪法观念、宪法文化和宪法制度之间也是相互影响、相互作用的。一方面宪法文化催生了宪法理念并保障宪法制度得以良性运行；另一方面，宪法制度在运行的过程中，又不断巩固提升宪法观念和宪法文化，使其更加成熟。具体到宪法国家之内的每一个公民，宪法观念和宪法文化就表现为公民意识。因此，宪法政治既是制度有序运行的状态，又是公民意识得以产生发展的现实条件。公民意识的产生必须以公民的存在为前提，而公民的产生必须基于宪法的制度框架。公民只有通过政治关系的历史性变革、平等而自由地成为政治关系中权利的享有者，并且积极参加到政治关系之中，成长为宪法关系主体时，公民意识才能真正产生。宪法政治是保障公民成为宪法关系主体的重要制度安排。在宪法政治条件下，民主制度确保公民参与政治决策过程成为可能；法治使公民对政治决策过程的参与处于有序的状态，避免多数人的盲目与短视；而对人权的保障，则明确了公民有序参与政治的终极价值追求。

（三）公民意识的重新界定

对某一事物或某一现象进行概念上的定义或界说，必须使用最简洁的语言，概括出该事物或现象的本质属性。就某一事物或现象的本质属性而言，它是区分该事物或现象与其他事物或现象的根本标志，既包括内容上的本质属性，也包括形式上的本质属性。在这一逻辑框架之下，对公民意识加以科学界定，应当注重三个方面的要点：第一，不能脱离公民意识的一般属性；第二，必须从公民意识的本质对其加以理解；第三，避免词语上的堆砌，力求使用最简洁的语言。

就公民意识形式上的本质属性而言，作为社会意识的一种，公民意识首先具有社会意识的一般形式属性——社会存在的主观反映。“意识”是指“人的头脑对于客观物质世界的反映，是感觉、思维等各种心理过程的总和”，它是一种人所特有的对客观现实的高级心理反映形式。社会意识则是“社会的精神生活和现象的总称，它包括人们的政治、法律观点、哲学、道德、艺术、科学、宗教等意识形式，以及风俗习惯、社会心理等。社会意识最基本的含义是：是社会存在的反映，它是派生的、第二性的现象”。① 但是，公民意识在形式上与一般的社会意识并非完全相同。一般的社会意识并不具体外化到其他生活领域，而公民意识不仅是社会成员的心理评价，而且这种评价多体现为对公共生活的关心。

就公民意识内容上的本质属性而言，公民意识具有更多的特殊性。首先，公民意识的主体不同于一般的社会意识主体。社会意识的主体可以是任何社会成员，但是公民意识的主体必须具有公民身份，不具有公民身份的社会主体不可能产生公民意识。比如在奴隶社会，奴隶就不可能产生公民意识；在君主专制时期，臣民也不可能产生公民意识。其次，公民意识并非对一般社会客观现实的精神反映，而是对国家公共生活状况的精神反映。社会意识涉及社会生活的各个领域，如宗教、政治、民族、艺术、经济、军事等。只要存在社会生活、社会交往，就会产生社会意识。而公民意识产生于政治、经济、文化、社会等和公共生活相关的特定领域。最后，公民意识发生于宪法国家的背景。任何时代都存在社会意识，但并不是所有的社会意识都可以被称为公民意识。公民意识是社会成员对国家宪法制度运行状况的理解，它既维护国家宪法制度的运行，又必须以宪法国家为条件才能得以发生。

界定公民意识，最为根本的应当是将公民意识放置于“国家—宪法—公民”的理论框架之中。具体而言，所谓公民意识，是指在宪法国家中，绝大多数公民对于“公民—国家”互动模式的认识、认知、态度、行为以及评价的客观共识。具体而言，公民

① 肖前、李秀林、汪永祥主编：《历史唯物主义原理》，人民出版社1983年版，第19页。

意识涉及主体意识、权利意识、平等意识、责任意识、民主意识、法治意识、国家意识等各个方面。其中，最为重要的是公民的主体意识、权利意识、民主意识、责任意识与法治意识。

二、公民意识的结构与内涵

恩格斯曾经指出："人们自觉或不自觉地，归根到底总是从他们阶级地位所依据的实际关系中——从他们进行生产和交换的经济关系中，获得自己的伦理观念。"① 公民意识是市民社会和政治国家二元化进程中的政治解放和人的解放的产物，它呈现的是与民主政治和市场经济相适应的主体自由追求和理性自律精神。② 公民意识是同公民身份关系紧密联系的，公民意识只是对公民身份关系的主观性映像，它既反映公民身份关系变化的内容和结构，同时也反作用于公民身份关系的实践。身份系统的基本功能，是对社会成员所处的位置和角色进行类别区分，通过赋予不同类别及角色以不同的权利、责任和义务，在群体的共同生活中形成"支配—服从"的社会秩序。③ 公民身份于法学理论言，就是公民对自己处于国家和社会的位置与角色等的认识、感情和评价的关系，这种关系涉及不同角色的法律定位，不同的定位将依法享有和行使不同的权利。

总的来看，公民意识结构是一个多层次、多侧面和多维度的整体，公民意识既具有静态的结构，又具有动态的特征。④ 基于现代公民身份关系的法律规范性，现代公民意识包含几个基本内容要素，即自我的主体意识、清晰明了的权利意识、文明进步的民主意识、关心国家社会的责任意识以及遵守法律规范与弘扬法治精神相统一的法治意识。由于现代公民意识是公民对现代公民身份制度及

---

① 《马克思恩格斯选集》第 3 卷，人民出版社 1995 年版，第 434 页。

② 参见马长山：《公民意识：中国法治进程的内驱力》，载《法学研究》1996 年第 6 期。

③ 参见张静主编：《身份认同研究》，上海人民出版社 2005 年版，第 3 页。

④ 参见张积家、刘国华、王惠萍：《论公民意识的结构及其构成》，载《烟台师范学院学报（哲学社会科学版）》1994 年第 4 期。

其蕴涵的权利义务的主观反映，体现了个体与共同体的特定关系。这种关系维度既涉及个体积极地对国家和社会等共同体提出要求的维度，也涉及为了共同体的存在、发展而规范、制约个体的维度。① 上述公民意识的基本要素中，主体意识是公民进行自我认知、自我认同的意识；权利意识是公民确立宪法法律地位、进行自我保障的意识；民主意识是公民主动参与政治、自我发展与自我实现的意识；责任意识是公民自我约束、自我规制的意识；法治意识则是一种宏观统领意义上的意识，既包含了主体意识、权利意识、民主意识、责任意识中的一些内容，同时也涵盖了自由、平等、效率、公正等意识范畴，既是公民遵守法律规范的思想动力，也是国家制度建设的精神支柱。

（一）主体意识

主体意识是公民自我认同的意识。公民意识反映了公民自身的理性特征——以“交互主体性”为原则处理公民之间的关系②，

① 参见章秀英：《公民意识评价与培育机制》，中国社会科学出版社2012年版，第55页。

② “交互主体性”（intersubjectivity），或译为“互主体性”，是指在平等的伦理关系中，人们互相把对方看做具有平等人格的人，与自己一样有着同样的人格尊严而应当受到尊重，即把对方看做与自己同等的有着道德需要的独立人格的行为主体。这一概念最先出现在胡塞尔的《笛卡儿的沉思》中。在这一著作中，它首先是作为哲学本体论与认识论的概念而被提出的。胡塞尔认为，每个人都是一个特别的认识主体，其意识的世界都是自己的“私人世界”或“生活世界”，因此，每个人都有自己的独立主体性，每个人的生活世界也具有自己的主体性；为了避免认识中的这种私人性、“主观性”，以达到人类对世界的共识，由“私人世界”过渡到“共同世界”，人们就既要承认相互的主体性，又要彼此交流，转换视角，将世界理解为一个交互主体性世界。这种交互主体性的世界只有在具有平等主体的公民世界中才能真正实现，它是公民参与社会关系的基础和前提，调节社会关系的现代法律也必须以交互主体性的社会为根基。参见丁以升、李清春：《公民为什么遵守法律（下）——评析西方学者关于公民守法理由的理论》，载《法学评论》2004年第1期。

其首先体现为主体意识。主体意识是公民身份的认同意识。主体意识的形成和转变是同公民身份资格和身份认同紧密相连的。“所有进步社会的运动，是一个‘从身份到契约的运动’。”① 在这个过程中，主体身份的转变就是主体身份关系的转变，“从身份到契约”并不意味着身份的消失（即使在契约时代，具有等级含义的身份仍然存在），它只意味着，社会成员的身份关系发生了转换，他们从一种身份关系转向另一种身份关系。②

在这种身份转变的过程中，新的社会身份发展出一系列的社会关系和行动规则，形成一系列以新身份为基础的标准化行为，即新的行事规则和权利义务关系。主体意识就是在这种身份转变中，人自觉认识到人作为主体的存在，并以主体的立场或姿态去感受和认知包括自身在内的客体，力求把握客体、摆脱束缚的精神活动。首先，作为主体的人是现实的自我存在。对自我存在的自觉是主体意识的前提条件，人只有自觉为世界的主体并充分认识到作为主体的地位和身份，才能成为真正的主体；必须要有主体的存在才可能产生主体的意识，如果没有主体，主体意识就是无源之水、无本之木。其次，主体意识的核心内涵是主体的自由意志。从某种意义上看，意志自由是不证自明的公理，只有意志自由才可能认识包括自身在内的客体，也才可能形成对客体认识的系统化知识。再次，主体意识力求把握客体、摆脱束缚。恩格斯说：“人离开狭义的动物越远，就越是有意识地自己创造自己的历史，未能预见的作用、未能控制的力量对这一历史的影响就越小，历史的结果和预定的目的就越加符合。”③ 因此，作为主体的人根据认知的内在尺度和目的使客体为主体服务、满足主体的存在和发展需求是主体意识的重要意义。而从法学或者政治学的角度而言，主体意识是指作为国家的公民对自身权利、在国家社会中的地位以及公民对国家和社会应担

---

① 参见梅因：《古代法》，沈景一译，商务印书馆 1959 年版，第 97 页。

② 参见张静主编：《身份认同研究》，上海人民出版社 2005 年版，第 5 页。

③ 《马克思恩格斯选集》第 4 卷，人民出版社 1995 年版，第 274 页。

负的一种责任和义务的觉醒和认识。

（二）权利意识

权利意识是公民自我保障的意识。公民权利意识是指公民对个人在国家政治社会生活中所享有的权利义务的认知、感情和评价，公民的权利意识是公民身份角色的延续，既反映了公民个人与政治国家之间的身份联系，又反映了公民对个体价值和政治体系中政治秩序的参与和认同。人类的社会文明经历着从身份走向契约的转变，社会领域中也正经历从义务本位向权利本位的转变。权利本位是建立在自由主义的理论基础之上，反映了公民个人是政治生活中的主体和权利的主导者，社会发展、社会权完善都是为了服从和服务于公民个人的权利需求。① 权利的归属和行使，都是围绕公民权利主体这个核心开展的重要方面。"天赋人权"、"社会契约"、"人民主权"等理论都认为一切权力的最终归属和来源均来源于人民权利。

公民享有广泛和普遍的权利是现代民主法治国家显著的标志。一般而言，一个国家治理越是民主、法制越是完善，其公民的权利意识越是强烈；同理，一个国家公民的权利意识越是浓厚，越有利于推进该国的民主法治建设。一般而言，公民的权利意识指公民对其自身应当享有哪些权利、履行哪些义务、权利来源何处及对权利如何进行救济的理解和认识。其一，公民对享有哪些权利、履行哪些义务的理解和认知。现代社会公民享有广泛的权利，包括政治、经济、社会和文化等方面的权利，在宪法和其他法律中都有对公民权利的系统规定，奉行"法无禁止即可行"的原则，同时，公民也应当履行相应的义务，在违反法定义务时，公民将受到法律追究。其二，公民对权利来源的认知。在宪法国家以前，社会成员享有的权利很少，但承担着对国家的无限责任，权利来源于统治者的恩赐。在宪法社会中，公民的权利才是国家权力的来源，国家权力

---

① 参见秦前红主编：《新宪法学》，武汉大学出版社 2009 年版，第 85 ~ 87 页。

受到严格的限制。公民的权利先于国家权力而存在，国家存在的目的就是保护公民。其三，公民对如何进行权利救济的认知。权利救济分为公力救济和私力救济，在野蛮时代人们的权利大多是依赖私力救济；而在现代社会，公力救济则是法律救济的常态。公力救济就是诉诸国家权力的救济，主要是司法救济。公民权利意识的发展程度受到政治、经济、社会条件和文化各方面的制约和影响，成熟理性的权利意识需要一个相对较长的过程。

（三）民主意识

民主意识是公民主动参与政治、自我发展与自我实现的意识。在学术史上，民主是一个混乱和歧义丛生的概念。但无论如何定义民主，其核心都涉及公民直接或间接的参与，如果没有公民的参与，任何意义上的民主都不值得称颂，甚至很难称得上是民主。民主的核心理念是一切权力属于人民，国家和政府都只是代表人民行使权力。公民意识是村民、臣民和参与者意识的混合体。它包含消极服从的公民意识取向，也包括“积极—理性”的公民意识取向。而公民的民主意识恰是以“积极—理性”公民的意识取向为主要内容的意识。公民的民主意识就是指公民在民主政治生活中，通过民主的理念、制度和程序，实现公民主体的自治和自我管理。

一般而言，只有具有普遍民主意识的人才会积极主动参与到各种民主活动中。因此，公民的民主意识是民主发展的基本条件。民主意识就是人们对民主内涵、民主制度、民主形式及民主价值等方面的认识和理解，以及由此形成的意志倾向。公民要具有一定的民主意识，首先得具备一定的民主知识。虽然民主知识的增加与民主意识的提高不一定是正向关系，但可以肯定，对民主一无所知的人不会有深厚的民主意识。其次，公民具有树立民主意识的动力，即可以感受到民主的效能，认识到民主可以带来改变，利用民主可以改善社会问题。如果民主对公民毫无效用，人们就会放弃民主。民主意识的成长受到多方面因素的制约，是一个长期的过程；民主意识对社会进步的意义不可能立竿见影，是一个逐步显现的过程。

（四）责任意识

责任意识是公民自我约束、自我规制的意识。在当代公民意识中，公民的责任意识是相对于公民的主体意识、权利意识、民主意识等内容而提出的。公民责任首先是建立在公民对身份认同的基础上，也就是公民对作为国家主权所有者、权利享有者和政治社会最主要参与者的社会角色的认同。在民主政治、市场经济和法治文化等体制和意识形态的相互交织下形成的公民角色，即公民身份，必然存在正反两个向度。在政治社会生活中，公民不仅是民主政治的理性参与者和积极行动的政治主体元素，也是消极被动的政治法律服从者和政治执行的受动者；在市场经济领域，公民不仅是具有自由意志的平等市场主体，享有契约自由、产权绝对等权利，同时为了公私利益平衡和经济协调发展，需要克减部分经济权利，成为公共利益和社会利益的参与者和捍卫者；在法治文化方面，公民脱离身份的财产和阶级区分，成为法律关系中抽象的权利享有者，但同时必须履行被附加的义务，即对他人、社会和国家的责任。正是在这样相互对立统一的系统关系中，公民身份出现并融合了正反两种价值取向、行为模式和观念判断。

公民责任意识正是对这种对立融合的身份关系的主观反映，但这种责任意识不完全是被动消极的，它本身也蕴含着主动积极的要素和价值。那就是对政治共同体稳定的促进、对理性政治行为的认同、对公民法律义务的履行，以及其对社会基本价值秩序和人际关系的信任和尊重。因此，从法学的角度出发，公民的责任意识是理性的，具有较强的自律性，要求权利的自限性，平衡私人利益和公共社会利益的关系，实行权利与义务的统一。公民对权利义务的履行，对政治共同体的理性参与和感情认同，不仅是公民行使主体权利的体现，更是公民对政治国家和社会的不可推卸的责任。

作为现代社会共同体成员的公民，不仅要具有主体意识、权利意识和民主意识，还要具有责任意识。一定意义上而言，公民责任是维系社会共同体良性发展的保障。如果公民没有责任意识和责任行为，社会存在的基础——公共秩序将无法得到维护。纵观西方现代社会的发展历程，不难发现，公民社会的标志不是公民的主体意识、权利意识和民主意识，而是成熟理性的公民责任意识。换句话说，如果没有理性的、负责的公民，无论有多么强烈的主体意识、权利意识和民主意识的公民，都不可能组成良好的公民社会，甚至会出现主体意识、权利意识和民主意识越强烈、社会越动荡越混乱的局面。所谓公民责任意识，是指公民基于自身在国家和社会中的法律地位，对个人、家庭、社会和国家应当具有的义务和担当的理解而形成的认识。首先，公民责任意识的前提是社会成员成为宪法意义上的公民，前宪法时代不可能存在完整意义上的公民责任意识。其次，公民责任意识是公民对自身责任的系统认知，包括对自己、他人、社会、国家责任的理解。最后，公民责任不仅是法律责任还包括道德责任，法律责任是公民责任的最低要求。

（五）法治意识

人是需要点精神的，法治建设同样需要灵魂的洗礼和精神的锻造。这就需要公民树立法治意识。法治，简而言之就是“良法之治”，即“已成立的法律获得普遍的服从，而大家所服从的法律又应该本身是制定得良好的法律”。① 进一步来讲，“就服从良法而言，还得分为两类：或乐于服从最好而又可能订立的法律，或宁愿服从绝对良好的法律”②。因此，人们对良法服从可以分为“乐于服从”和“宁愿服从”，前者是基于内心的服从，提出了法治的道德法则，后者是基于利益的服从，提出了法治的功利原则。在现代法治理念中，法治的核心内涵是人人受到普遍制定的法律的规制。结合法律的特性，作为以国家强制力作保障的社会调整机制，人民或出于内心，或出于功利，或出于强制，一般都能自发接受法律的规制。基于此，能否实现法治的关键便在政府能否服膺于法律的权

① ［古希腊］亚里士多德：《政治学》，吴寿彭译，商务印书馆 1965 年版，第 199 页。

② ［古希腊］亚里士多德：《政治学》，吴寿彭译，商务印书馆 1965 年版，第 199 页。

威。法治的核心内涵也简化体现为政府受到普遍制定的法律规制。而法治的其他内涵，实际上也是为实现法治的核心内涵服务的。因此，我们认为法治的基本要素应包括宪法至上、良法主治、权力制衡和权利保障等四个方面。其中，宪法至上构成法治的基石，所有的法治思想、观念、制度乃至文化，均以宪法至上为前提和基础；良法主治构成法治的主体，而良法就是能促进人类基本价值和共同利益实现的法律，能使每一个人在社会共同体中寻找自我价值定位的法律；权力制衡构成法治的方式，权力制衡促使权力分支自觉遵守法律、实施法律，是法治实现的最好途径；权利保障构成法治的目标，法治之所以备受推崇，并非它单纯地制约了政府的权力，而在于它是权利保障的重要途径。

法治作为迄今为止人类最好的治国理政方式，是人类在政治文明演进的过程中共同形成的文明成果。不仅如此，法治还是一种思想、一种观念、一种制度，也是一种文化。说法治是一种思想，是因为法治是历史的沉淀和天才哲人智慧的结晶，是具有逻辑性和经验性的知识体系；说法治是一种观念，因为它构造了每一个追求民主、自由和人权的人的思维，成为人们的价值追求；说法治是一种制度，因为法律高于权力不仅仅是一句口号，更需要制度的保障，代议制度、司法独立和司法审查制度等，都是为实现和保障法治而为的制度设计；说法治是一种文化，是因为法治的内涵已然远非普通的思想、观念或制度所能容纳，它已成为一种生活方式和思考方式，已经沉淀在民族精神和民族文化中，一个国家或民族对法治的理解和实现程度如何，已经成为这个国家或民族文明程度的重要标志。若缺乏稳定性、连续性和一致性的规则的治理，一个国家或民族至少不能称得上是一个实现了现代文明的国家和民族。

公民的法治意识，则是人们对法律至上、民主人权、公平正义等法治价值的主观把握，对法治思想、法治观念、法治文化、法律制度的主观认识。法治意识是法治国家建设的灵魂，是法治实践所必须奉行的指导思想和基本原则，也是一个社会法律制度体系得以有效建构和运转的信念支柱和精神动力。没有精神内核的法治，如同被抽去脊梁的躯干和丧失灵魂的人体，只能是各种制度或规范的罗列，无法获得广泛的认同，自然也无法发挥其应有的机能。

法律源于公民生活，法治建设最终将服务于公民生活。法治意识是公民遵守法律规范、弘扬法治精神在观念中的体现，而公民是社会主义法治理念的生成主体和外化载体。作为一种价值观念，法治意识不仅具有形而上之理，而且具有形而下之实，需要存在于每一位公民的内心，表现为每一位公民的行为，融入到每一位公民的生活。可见，法治意识与公民生活息息相关，不仅需要宏大的理论阐述和体系构建，更需要为每一位公民从内心接纳并认可，同时体现为日常生活中的自觉行为，做到认真学法、严格守法、积极用法，投身到法治国家建设的实践中去。法治意识要求公民把握法治的精神内核，积极弘扬民主法治精神、自由平等精神、公平正义精神；要求公民以宪法和法律为生活的基本行为准则，将学法守法用法作为自身的行为操守，进而形成对宪法和法律的信仰，树立并自觉维护宪法和法律的权威；要求公民加深对法治精神本质的认识，成为具有主体观念、权利意识、民主精神和责任操守的社会主体。基于此，法治意识是一种宏观统领意义上的公民意识，既包含了主体意识、权利意识、民主意识、责任意识中的一些内容，同时也涵盖了自由、平等、效率、公正等意识范畴。公民所具有的法治意识，既是公民遵守法律规范的思想动力，也是国家制度建设的精神支柱。

三、公民意识的特征

对公民意识特征的理解可以基于不同的角度和层面，既可以罗列公民意识的内涵，对其具体的意识内容加以分析，也可以抽象出各种公民意识的共同特性，从理论上予以概括。就理论抽象而言，公民意识的特征主要包括三个方面的内容，即公民意识的主观性、客观性和规范性。公民意识的主观性使得公民意识呈现出丰富多彩的品质；公民意识的客观性使公民意识能够在纷繁的内涵之中，秉持最基本的内涵；而公民意识的规范性，则使公民意识物化为某一具体制度，从而积极有效地影响社会生活，进而通过制度上的确认，维护并发展公民意识，使其更加成熟。

（一）公民意识的主观性

作为社会意识的一种，公民意识是宪法关系主体之一的公民对国家宪政制度运行状况的主观反映。虽然这种主观反映必须以宪政运行的客观状况为基础，但是作为人类的自主意识，其主观性仍然不可避免。不同时代的公民，基于自身的教育水平、社会经验、社会地位以及社会环境，对宪政制度运行状况会存在不同的理解，并以此作出不同的行为。即使是同一时代的公民，由于地理、民族、宗教信仰等多种差异，每个公民个体之间的公民意识也不尽相同。

公民意识的发生反映着不同公民自身的价值观念、政治主张、法律观念、伦理思想、宗教信仰以及对宪政运行状况的认知、判断能力。由于不同社会成员先天、后天地存在着各种差异，因此，即使在同样的宪政制度之下，他们对宪政运行客观状况的反映也会有所不同。在每个公民眼中，都会形成自己特有的价值判断。也正是基于社会成员个体素质之间的差异，公民意识才变得更加丰富。

我们以平等意识为例。公民对平等的理解和认识，是公民主体意识与权利意识的反映。由于公民个体之间的差异，在同一国家内，不同的公民对平等的理解也不可能完全相同。1961 年 3 月，为解决日益严重的种族冲突，时任美国总统肯尼迪发布第 10925 号总统令，宣布成立“平等就业机会委员会”，旨在监督全国范围内与联邦政府有商业和经济往来的部门，要求这些部门在就业方面保证公平原则，消除肤色和种族之间的歧视。① 肯尼迪总统所颁布的 10925 号总统令即著名的《平权法案》（*Affirmative Action*）。该法案对黑人和其他少数裔民族实施优先考虑和优先机会的政策。该法案发展到今天，不断引起美国社会各方争论。支持该法案的，既有黑人和其他少数裔民族，也有被该法案损害利益的白人；而反对该法案的既有白人，也有该法案最大的受益者——黑人和其他少数裔民族。黑人和少数裔支持《平权法案》可以理解，但多数白人同样

① 参见美国“平等就业机会委员会”网站：http：//www. eeoc. gov/eeoc/index. cfm，2010 年 3 月 21 日访问。

支持该法案就令人费解，因为白人作为多数族裔，不但不能享受该法案的利益，反而应为该法案对黑人及其他少数裔的优先照顾而花费大量的机会成本。同样地，少数白人反对《平权法案》可以理解，但近些年不少黑人和少数裔同样对该法案提出质疑就难以理解，因为他们是该法案的最大受益群体。事实上，出现这种情况的原因正是由于每个人心中都有自己对平等的独特理解。多数白人认为黑人和少数裔长期受到不公正对待，应当予以弥补，所以支持《平权法案》；而近些年不少黑人和少数裔则意识到《平权法案》所设定的实质平等会逐渐削弱黑人和少数裔的竞争力，最终导致更为严重的不平等。

由此可见，公民意识作为主观意识，具有很强的个人色彩。基于不同的立场和背景，不同公民之间的公民意识很可能存在很大差异。

（二）公民意识的客观性

公民意识虽具有明显的主观性，但作为一种社会意识，仍然要受客观的物质生活方式影响。社会存在决定社会意识，正如马克思所言："物质生活的生产方式制约着整个社会生活、政治生活和精神生活的过程。不是人们的意识决定人们的存在，相反，是人们的社会存在决定人们的意识。"① 公民意识虽然是人类对社会客观存在的主观反映，但其存在并受制于人类所处的客观物质环境。从某种意义上说，有什么样的物质环境和社会背景，就有什么样的公民意识。

影响公民意识的社会存在有很多种，包括经济发展水平、文化教育程度、国家的各项制度安排等。每种社会存在的影响相互作用却又各不相同，有研究者试图对这些因素及其相互影响的程度进行量化的分析，却很难得出统一的标准和研究结果，这表明社会因素对于公民意识的影响是非常微妙的。一般而言，影响公民意识的社会因素主要有以下几种：

---

① 《马克思恩格斯选集》第 2 卷，人民出版社 1995 年版，第 32 页。

第一，公民意识受制于一国的经济发展水平。同一国家，在不同时期，经济发展水平不同，公民意识也会有所不同。即使在同一国家的同一时期，由于各地区经济发展水平不一致，也会导致公民意识不尽相同。虽然很难准确界分出公民意识和经济发展水平之间在量上的互动关系，但是从各国公民意识发展历程来看，可以明确的是，在经济发展水平较高的情况下，公民意识发展水平呈现出较高水平的发展态势。其根本原因在于随着经济发展水平的提升，公民之间的交流会更加紧密，公民自身所拥有的社会财富也会相应增加，这样一来，公民的权利意识会更加明确，从而带动整个公民意识的发展。

第二，公民意识同样受制于一国的文化教育发展水平。没有教育的启蒙，社会成员很难摆脱个体对于共同体的依存和附庸，很难实现个体上的独立。不管这一共同体是自然属性，还是社会属性，抑或是政治属性。文化教育之内容对于公民意识的培养亦发挥着重要的作用，奴性教育不仅不能培养出健全的公民意识，毋宁是对公民意识养成的一种阉割。文化教育之品质决定了公民意识发展趋势，文化教育的品质是公民道德伦理的塑模器，公民道德伦理的风骨既塑造了个体之公民，也在一定程度上影响着公民整体的发展趋势。

第三，国家的制度安排是公民意识客观性最主要的决定因素。首先，如前文所述，宪法制度的确立，是公民意识得以产生、发展与日臻完善的基础性条件之一。只有当公民身处于宪政国家，公民意识才能够得以真正树立并日趋丰富与完善。在非宪政国家，社会成员不具有独立的主体资格，人权得不到充分保障，公民意识也就不可能真正发挥作用。其次，公民意识的内容受制于宪政制度的发展。宪政作为人类治理国家的一种制度安排，其自身也存在着一个发展的过程。在宪政发展的不同阶段，公民意识的内容也有会所不同。以公民意识中的权利意识为例。在宪政国家发展初期，公民对自身权利的主张多为消极权利，要求国家不干涉、不作为。随着国家的不断发展，公民对自身权利的主张已由要求国家不干涉、不作为的消极权利，转化为要求国家主动作为的积极权利。最后，公民意识的水平，受制于宪政制度的发展。公民意识存在着一个发生、发展的过程，其水平的高低和国家宪政制度的发展具有密切的联系。以公民意识中的参与意识为例。参与意识被视为衡量公民意识水平高低的重要标准。但直到20世纪中期，公民政治参与制度才得以全面发展，其政治参与意识水平才得以快速提高。

（三）公民意识的规范性

公民意识的规范性是指公民意识作为一种意识形态，并非单纯地存在于社会成员的意识之中，它同样被物化为某些具体的制度。能否物化为一定的公共制度安排，也是公民意识与其他社会意识的主要区别。公民意识一般是公民对政治、经济、社会、文化等公共生活领域的一种主观反映，这种主观反映达到一定程度之后，必然会在制度上予以确认。通过公民意识，促进公民意识相关制度的完善；反过来，通过公民意识的相关制度，对公民意识予以强化。

公民意识的规范性集中体现在宪法的制度设计上，包括体现主体意识、权利意识、民主意识、责任意识、法治意识等各项公民意识的制度内容。第一，主体意识的体现。人民主权原则是宪政国家的一项基本原则，当今世界各国宪法普遍宣示“人民主权”原则，确认国家主权属于人民，国家权力来源于人民授权。国家主权属于人民，国家权力来自于人民的授权，意味着公民是国家的主人，得以主人的身份行使各项国家权力。这是对公民意识中主人意识的确认。第二，权利意识的体现。虽然各国宪法对公民基本权利的确认与保护，在形式上有所不同，但都明确了其对基本权利的保障。包括物质保障、政治保障和法律保障。基本权利保障制度是公民权利意识的制度体现。第三，民主意识的体现。公民民主制度是公民意识规范化的重要表现，通过对民主意识的制度化规定，公民得以参与国家政治生活，更加有效地落实人民主权和权利保障制度。各国宪法对公民政治参与制度规定略有不同，总体而言包括公民选举制度、罢免制度、创制、复决法律等内容。第四，责任意识的体现。公民的责任意识主要体现为宪法中对公民基本义务的规定。公民的基本义务是公民为公共利益作出一定行为或不作出一定行为的约束。它是公民作为宪法关系主体在享有基本权利的同时，所应当承担的责任，也是公民责任意识的一种制度体现。第五，法治意识的体现。法治既是一种文化、一种思想、一种观念，也是一种治国的理论、原则、方法与制度。在宪法层面，公民的法治意识主要体现为宪政国家的重要宪法原则，并在宪法的具体内容中予以充分体现。比如，各国宪法一般都会明确宪法是国家的最高法律，其他任何法律、法令不得与之相抵触，一切机关、组织和个人都必须以宪法为根本的活动准则；法律面前人人平等；正当法律程序；各国家机关的职权由宪法和法律授予，其权力必须依法行使等。

四、公民意识相关概念辨析

在公民意识发生发展的过程中，它与臣民意识、人民意识和法律意识，具有千丝万缕的联系。通过概念的对比，可以更加清晰地认识公民意识的理论内涵。

（一）公民意识与臣民意识

近代以来，自公民的概念作为舶来品传入中国，即引发了国人的热切关注。在西方政治法律文化思想的不断侵入和国人极具选择性的误读之下，公民和臣民逐渐被视为对立的两方：公民概念被作为一种积极的概念得到大力弘扬，而臣民的概念则被视为一种专制统治的消极概念大力批驳。但事实上，在西方传统的政治、法律思维中，臣民的概念与公民的概念并非完全排斥，臣民也并非是一个贬义的概念。卢梭曾经这样概括公民与臣民的关系："至于结合者，他们集体地就成为人民……作为国家法律的服从者，就叫做臣民。"① 因此，公民与臣民分别指向不同语境下社会成员与共同体之间的不同关系："如果说公民代表个人在政治共同体中的作为主

---

① ［法］卢梭：《社会契约论》，何兆武译，商务印书馆1996年版，第26页。

人的一面，臣民则代表着个体对共同体的服从的一面。”① 作为公民的臣民这一说法，也正是源自于此。

任何思想、文化的移植和传入，都必然受到被传入、被移植方自身思想、文化的影响。一方面外来的思想、文化会对内生的思想、文化造成冲击；另一方面，内生的思想、文化也会抵制、改造、吸收外来的思想、文化，进而将其转变为符合自身现实的一种话语体系。公民意识和臣民意识作为外来传入，也同样受到这种文化融合模式的作用。在我国的传统话语体系中，“臣民”并非被视为“服从政治共同体”公民，西方话语中“作为公民的臣民”更是从不存在。传统意义上的臣民，是指被动服从或屈从权力的人。臣民意识也被视为一种在君主专制的政治统治之下，只知君上，不知自己；只知服从，不知权利的奴仆意识。在这种范畴之下，公民意识与臣民意识在实质、内容和社会基础上，都存在着极大的区别。

在本质上，臣民意识是一种奴仆意识，公民意识是一种主人意识。“天子作民父母，以为天下王。”② 在君主专制统治之下，君主被视为天下共主，臣民是君主的附属。作为君主的奴仆，在政治生活领域，臣民没有独立的人格和意志。公民是作为与国家对应的独立存在，国家由公民组成，公民依附于国家。但是公民对国家的依附以国家主权掌握在公民手中为前提。正因为此，公民意识是一种主人意识。

在内容上，臣民意识是一种服从意识，公民意识是一种权利意识。服从是臣民意识的基本内容。由于在政治上缺乏独立的人格和意志，臣民不具有自主决定相关政治事务的权利。在处理政治事务过程中，臣民只能选择服从。公民是独立存在的个体，他的人身独立性不仅体现在私生活领域，同时体现在公共生活领域。在处理社会事务的过程中，公民可以积极提出自己的主张，维护自身权利。

① 秦前红主编：《新宪法学》（第二版），武汉大学出版社 2009 年版，第 90 页。

② 《礼记·大传》。

在社会基础上，臣民意识是生长于专制统治，公民意识生长于宪政国家。在专制体制之下，统治者必须对社会成员的各项权利加以克减，才能维持其专制统治的秩序。而统治者对社会成员各项权利的克减，既需要强力支持，又需要社会成员的集体无意识。从某种意义上说，臣民意识放纵了专制统治，专制统治强化了臣民意识。只有在以保护人权为终极价值追求的宪政国家，公民才能作为有血有肉的独立个体存在，公民意识才能得以生长。

（二）公民意识与人民意识

与臣民的概念相似，对人民这一概念的理解，在不同的话语体系中同样有着不同的解释。在西方话语体系中，多从主权的角度对人民的概念加以解释，卢梭就认为，人民实际上就是“社会契约”的订立者，人民是国家主权者，行使国家的最高权力。卢梭将政治共同体中的所有社会成员，按照不同的标准划分为“人民、公民和臣民”三个类别。就某一个具体的人而言，在不同的情况下，分别扮演着人民、公民和臣民的不同角色。社会契约的订立者，“他们集体地就成为人民；个别地，作为主权权威的参与者，就叫做公民，作为国家法律的服从者，就叫做臣民”。① “人民处于和国家的双重关系之中，既是立法者，又是守法者——法律的臣民；既是主权者，又是被统治者。”②

而在我国的话语体系中，虽然同样承认国家的主权属于人民，③ 但对人民理解的角度却与西方大相径庭。自“五四宪法”以来，人民被视为一个集体概念，但这种集体概念并不涵盖政治共

① ［法］卢梭：《社会契约论》，何兆武译，商务印书馆1996年版，第26页。

② 丁冬菊：《人民、公民与臣民——试评卢梭〈社会契约论〉中“民”的概念》，载《社科纵横》2008年第3期。

③ 我国现行《宪法》第2条规定：“中华人民共和国的一切权力属于人民。”

同体之内的全体社会成员。只有具备某种特定类别特征①的社会成员，才能被称为“人民”。决定“人民”范围的标准，随着政治的变化而发生相应的变化。换言之，虽然人民在西方与我国的话语体系中都作为一个集体概念指称国家主权的享有者、最高权力的行使者，但是范围却不相同。在前者看来，社会共同体全体成员皆为人民。在后者看来，只有符合某种政治标准的社会共同体成员，才可以称为人民，进而享有国家主权。人民意识也因此与公民意识具有很大的不同。

在范围上，人民意识是一种集体意识，公民意识是一种个体意识。人民是一个集体概念，它由社会中的某些成员抽象地组成。但是正是因为人民概念的集体性，我们无法将社会共同体中的某一个具体的成员称为人民。只有特定成员的集合，才能被称为人民，人民意识也因此是一种集体意识。和人民相对，公民则是一个个体概念，我们可以具体地称呼自己或者某一个其他的人为公民：罗马的统治者屋大维，就将自己称为“国家第一公民”②；卢梭也一直以“日内瓦公民”自称。正是基于公民概念的个体性、具体性，与之相伴的公民意识也具有强烈的个体色彩。

在本质上，人民意识是一种政治意识，公民意识是一种法律意识。在我国，人民的概念在更多的情况下并非强调其集体性，而是其政治性。决定某一社会成员是否属于人民范畴的标准，由政治情势而定。进入人民范畴的社会成员，必须在政治上满足某种特定的条件，而由满足某种特定条件的社会成员所组成的人民，在其意识形态上必然具有鲜明的政治色彩。决定某一社会成员是否属于公民的标准，并非由政治情势决定，而是由一国的法律所决定。是否拥

① 判断某一政治共同体成员是否属于人民，在不同时期有不同标准。大体而言，在初期，能够纳入中国革命统一战线的社会成员，是人民；在后期，能够拥护社会主义建设统一战线的人，是人民。具体包括：全体社会劳动者、社会主义事业的建设者、拥护社会主义的爱国者和拥护祖国统一的爱国者。

② 参见马长山：《国家、法治与市民社会》，商务印书馆 2001 年版，第 136 页。

有一国国籍，是判断一个人是不是某国公民的基本条件。

人民意识是一种优越意识，公民意识是一种平等意识。人民的范围并不涵盖全体社会成员，仅符合某种政治条件的社会成员才能属于人民的范畴，进而作为人民享有国家主权，行使国家权力。属于人民的社会成员自然带有某种获得认可与保护的优越意识，并可能凭借此种优越意识对人民之外的其他社会成员实施某种道德谴责，甚或是转化为某种具体的谴责行动。公民身份的获得以法律规定的国籍为前提，并不具有政治或道德上的不平等性。由此而产生的公民意识亦表现为一种平等意识。

（三）公民意识与法律意识

在一般层面上，我们将法律意识理解为社会成员在社会交往过程中，从法律的角度认知、评价并规范自己行为方式的一种心理活动。和公民意识相同，法律意识亦是社会意识的一种，两者具有诸多相同之处。甚至可以说，法律意识是公民意识的主要方面。但是，作为公民意识的重要组成内容，法律意识与公民意识在本质、内涵等方面还是存在诸多差异。

第一，公民意识包含法律意识。生活于现代国家之中的公民，其角色定位早已超出“公民—国家”的传统定位模式。伴随着社会组织的大量发展，公民在社会共同体之中的角色愈加复杂，呈现出一种多角度、多层面的发展趋势。公民在社会共同体之中的角色，不仅包括政治角色，还包括在经济、社会、文化等多种生活之中所承担的角色。每一角度、每一层面所表现出的公民意识亦有所不同，公民意识涵盖政治、经济、社会和文化等多个领域。

第二，法律意识是公民意识的基础性内容。公民意识涵盖多个领域，其内涵也极为丰富，包括民主意识、平等意识、权利意识、法律意识等内容。其中，法律意识是其基础性内容，其他意识均以法律意识作为其发生发展的前提，只有在法律意识高度发展之后，其他意识才能得到充分保障。失去对法律应有的尊重与服从，民主、平等、权利等均无法得以实现。

第三，法律意识不以价值判断为基础，公民意识以价值判断为基础。法律意识是公民以法律的视角，审视自身在社会生活中的交往活动的一种心理状态，它并不以价值判断作为其发生的基础。公民对法律的认知与运用，并不以法律价值的善恶作为基础。因此，不仅现代民主法治国家的社会成员具有法律意识，专制国家的社会成员亦具有法律意识。公民意识是公民对宪法国家运行状况的一种心理反映，它的发生、发展必须以宪法国家的存在为前提。宪法国家自身所具有的价值取向，成为公民意识得以发生的前提条件；而公民意识一旦发生之后，便具有了自身独特的运行模式，用自身的价值判断，影响着国家宪法体制的运行。

第二节　公民意识的产生基础

公民意识的生长，既非一夜而成，亦非凭空而来。它必须依附于一定的现实基础，经过长时间的孕育，才能真正成长起来。公民意识生长的基础包括一定的文化基础、社会基础、经济基础和制度基础，它是文化、社会、经济和制度等多方面因素彼此互动的结果。文化、社会、经济和制度基础相互作用，共同促进公民意识的生成与发展。

一、公民意识的文化基础

文化是一个复杂而模糊的学术概念，学术界对文化的定义不下上百种。为了讨论的方便，我们可以将文化视为社会成员的一种意识形态或者行为模式，包括各种外显的或者内隐的行为模式。这种行为模式或隐性地发挥作用：在潜移默化之中为社会成员培养一种生活方式和能力；或显性地规制社会成员的行为，使之符合整个社会的期待。“制度总是在一定的观念指导下形成的”①，而观念的形成又依赖整个社会的文化氛围。公民意识的培育，同样需要有与其相适应的文化土壤。公民文化是宪政作为一种生活方式的内化，

---

① 梁治平：《法辨：中国法的过去、现在与未来》，中国政法大学出版社 2002 年版，第 2 页。

“文化”意味着宪政作为一种优良的生活方式融入到每一位公民的生活中。宪政文化以潜移默化的方式通过浸润人的意识而改变人之思想和行为，通过浸润制度空间而改善政治理念和制度生态，并最终转化为每一个人的心理根基和自觉行动。

（一）平等文化

平等文化是公民意识产生的基础性文化条件之一。公民意识产生以公民的存在为前提，公民代表的是一种平等的社会交往关系。只有实现社会成员彼此身份地位的平等，才能使社会成员彼此之间的权利义务关系对等。平等文化的严重缺失，成为公民意识培育的一大障碍。具体而言，阻碍平等文化生长的主要就是臣民文化。在臣民文化之下，社会成员缺乏主体性意识，社会平等就不可能实现。

第一，宗法礼教之下的臣民文化抹杀了社会成员的平等意识。臣民文化是君主专制时代的特有产物，在我国有着相当长的历史。臣民文化是一种主仆文化，君主作为最高权力的享有者，是所有人的主宰者。即“天子作民父母，以为天下王”①。在“天子—万民”这对主仆关系之外，还存在着父子、夫妻等多对主仆关系，即“妻者夫之合，子者父之合，臣者君之合”②。作为奴仆的一方，没有独立的社会地位，其存在需依附于主人，是主人的附属物。在这种主仆文化之下，不存在主人与奴仆之间的平等，主人永远处于支配地位，奴仆永远处于被支配地位。臣民文化是一种“私务”③ 文化。所谓私务，是指奴仆存在的最大价值在于通过各种方式满足主人的个人需求。私务文化在我国君主专制历史中表现得极为明显，比如，“君者，民之心也；民者，君之体也。心之所

① 《礼记·大传》。

② 《春秋繁露·基义》。

③ 学界多将君臣之间的关系界定为“义务关系”。笔者认为，在法学研究领域，“义务”作为专业术语，与“权利”相对应。在我国古代臣民只有服从，而无权利，因此不适宜将臣民之间的关系定义为“义务关系”，故采用“私务关系”。

好，体必安之；君之所好，民必从之”①。君主是心，人民是体，君主的需要，人民必须想办法实现，君主的愿望，人民必须遵从。在臣民文化的氛围之下，臣民甚至没有独立的主体性意识，更不可能和主人具有同等的主体地位。

第二，平等文化的培育应当实现从臣民文化到公民文化的转变。臣民文化在我国传统社会的产生与发展，受当时社会发展客观情况的限制，其存在与发生并非完全不具有合理性。但是，虽然我们不能以现代的标准评判过去的历史，却可以现代的标准评判当下的现在。臣民文化的本质内容表现为人与人之间的不平等，与现代宪法国家对民主法治的要求格格不入。虽然经过近30年的民主法治建设，臣民文化已基本消除，但其影响仍然不同程度地存在，在某些情况下，权利、义务的分配，仍然取决于某一社会成员在特定群体或某社会层级中所具有的身份。加强公民意识建设，需要我们全面消除臣民文化的影响，真正从臣民文化转向公民文化。

（二）权利文化

权利文化起源于西方，是一种权利意识的文化，它是以权利为本位的价值体系，强调对个人权利的保障。在权利文化之下，人作为独立的主体能够对自身的利益和自由提出独立的认识、主张和要求。具体而言，在权利文化之中，公民能够清楚认知自己所享有的各项政治权利，能够理性地追求并实现自身权利，能够平等地对待他人享有的权利，对他人享有的权利予以充分的尊重。

公民意识是一种积极的政治参与意识，必须以权利文化为基础。公民参与政治的过程，实质上是一种对自身权利、他人权利的认知、实现和尊重的过程。首先，个人必须意识到自己所应当享有的权利内容，才能积极地寻求对自身权利的实现。其次，公民在实现自身权利的过程中，必须能够认识到他人所具有的相应权利，对他人的权利保持足够的尊重。只有这样，才能够确保公民既积极有效地参与政治决策过程，同时又不会对他人权利造成损害，引发社

① 《春秋繁露·为人者天》。

会秩序混乱。因此，公民权利意识孕育于权利文化之中，是公民意识的重要组成部分。公民意识的发展离不开以权利为核心而形成的社会文化。

（三）契约文化

契约文化的特性，决定了它对公民意识建设的积极作用。从表象上看，契约文化是平等、自由、协商的文化，它要求社会成员以平等的身份、协商的态度，自由处理彼此之间的关系。“契约关系必然表现为法律关系。在一个只重身份的社会里，把社会成员团结在一起的可以是各种不同身份本身所具有的权威和强制性。但在一个需要相互协作的社会里，能够把无数独立而平等的个人维系在一起的纽带却只能是法律的。”① 在契约关系的作用之下，社会成员彼此之间的协作更加顺畅，有利于市民社会的形成，从而为公民意识的发展打下基础。

从更深层次来看，契约文化是法治的文化，它排斥身份因素在社会关系中的作用，要求以法律，而非身份，作为处理社会关系的准则，拒绝“看人办事”。因此，契约文化能够创造出大量独立、自由、自尊、平等的公民，最大限度地激发出公民的自主意识，促进社会成员的相互尊重。

契约文化不发达，是我国公民意识淡薄的重要原因。公民意识的发生、发展，必须以身份独立的公民为前提。只有大量独立公民的存在，才有可能生长出公民意识。虽然当前我国社会在主流上排斥身份观念，但是受传统伦理思想的约束，身份观念的影响仍然不容小视。诚如梁治平先生所言：“不管人们意识到没有，也不管他们承认与否，中国现代化所面临的基本问题之一正是要以契约取代身份。”② 身份观念的影响，在现实生活中随处可见。朋友初次见

① 梁治平：《“从身份到契约”：社会关系的革命——读梅因〈古代法〉随想》，载《读书》1986年6月号。

② 梁治平：《“从身份到契约”：社会关系的革命——读梅因〈古代法〉随想》，载《读书》1986年6月号。

面，双方一般都会询问对方同一个问题："你是哪个单位的?"这是身份观念在当下社会的典型反映。由于身份观念以个体的身份作为处理社会关系的第一准则，排斥平等的法律在社会关系中的适用，因此它成为了公民社会建设的重大障碍。如果我们把公民意识比做一个人的灵魂，那么公民社会就是这个灵魂所附着的躯体。没有成熟的公民社会的存在，公民意识建设就无从谈起。

二、公民意识的社会基础

市民社会的存在，是公民意识产生的社会基础。我国语境下的市民社会，是指"社会成员按契约性规则，以自愿为前提和以自治为基础进行经济活动、社会活动的私域，以及进行议政参政活动的非官方公域"①。它是国家与社会相分离的产物。当然，"市民社会与国家的区别说到底不是它们的构造特征，而是它们各自所具有的内在规定性以及由此而产生的不同的终极目标"。"市民社会的所有活动追求的是以个人私欲为目的的特殊利益，是人们依凭契约性规则进行活动的私域，个人于此间的身份乃是市民；而国家关心的则是公共的普遍利益，是人们依凭法律和政策进行活动的公域，个人于其间的身份乃是公民。"② 市民社会的存在，为公民提供了国家政治生活之外的自治领域。在这个自治领域之中，公民作为独立的自治主体，必须独立承担自己在社会交往中所产生的责任。通过市民社会的自治、公民的相互交往、公民责任意识的增强，不断促进公民意识的成熟。

（一）市民社会的独立性促进公民自主意识的发展

公民的自主意识是指"作为社会共同体成员的公民对社会公共事务持有的信念、承诺与心理倾向，包括社会主体意识、社会参

① 邓正来：《国家与社会——中国市民社会研究》，四川人民出版社1997年版，第7页。

② 邓正来：《市民社会理论的研究》，中国政法大学出版社2002年版，第40页。

与意识、社会权责意识”①。公民的自主意识使公民获得人身与精神上的独立思维，能够自主地判断并决定自己的行为模式。市民社会是公民自主意识生长的社会基础。在专制时代，由于国家与社会的融合，个人在政治领域的人身依附性延续到社会之中，社会成员并不存在真正的自主意识。伴随着国家与社会的分离以及民主宪政的实施，个人的人身依附性逐渐消失，社会成员的自主意识逐渐成长。

市民社会的独立性是公民自主意识发展的重要因素。在当代，对市民社会的研究存在“二分法”与“三分法”两种不同的方法。前者从“市民社会—政治国家”的角度着手分析市民社会的内涵，后者则从“市民社会—经济社会—政治国家”的角度着手。无论采取何种方法，市民社会独立于政治国家而存在这一基本内涵是确定的。作为相对独立的自治性私人活动领域，市民社会奉行个人至上的观念，追求个体的自我发展。在市民社会之中，社会成员作为独立的个体存在，必须为自己的社会行为独立承担相应的责任，公民的自主性意识被确认、被强化。同时，个体不但摆脱了对国家依赖和国家对个体的束缚，而且成长为具有独立自主意识的公民。公民意识发生的主体条件得以实现。

（二）市民社会的组织性促进公民结社意识的发展

高度的组织性是市民社会的一大特征。在市民社会之中，公民的结社权高度发达，社会成员彼此之间通过多种联系组织成大大小小的各种社会团体。某一社会成员既可能是某一社会团体的参与者，也可能是某一社会团体的组织者；既可能只参加一个社会团体，也可能同时参加多个社会团体；公民既可能为了某种公共利益结成团体，也可能仅仅为了某一兴趣爱好而组成团体。

所谓公民结社权，也指结社自由，是“公民为一定宗旨，依

① 李永忠、林伯海：《论我国的公民自主意识及其培育》，载《西南交通大学学报（社会科学版）》2010年第4期。

照法定程序组织或者参加具有持续性的社会团体的自由”①。从各国民主政治发展的经验来看，公民结社权具有重要的民主价值，它被视为是当代公民最为重要的政治权利之一。公民结社权可以有效地防止国家权力对个人权利的侵犯。为防止国家权力异化、协调政府与公民之间的关系，社会成员多通过自愿性地结社组成各种各样的社会团体。这些团体将处于原子状态，分散、孤立的社会成员，组织成处于集合状态的社会组织，成为国家与公民之间重要的制衡、沟通力量，对公民权利的保障与国家权力的运行产生了积极的促进作用。面对强大的政治权力，公民个体的主张是微弱的，公民个体的力量是渺小的，国家权力完全有可能对这种微弱的主张、渺小的力量置之不理。当具有相同主张的公民运用结社权组织起来时，个体的渺小的力量就被集合为团体的强大力量，国家也许会忽视某一个体的微弱主张，但是它却无法忽视这种集合的团体的主张。因此，美国学者曾评价说：“如果说代议制政府是18世纪的伟大社会发明，而官僚政治是19世纪的伟大发明，那么，可以说，那个有组织的私人自愿性活动也即大量的公民社会组织代表了20世纪最伟大的社会创新。”②

市民社会所具备的组织性，有利于公民政治素养的提高。结社并不是单纯的多个人之间的联合，更是一种政治艺术。结社权的不当使用，不仅不能起到限制国家权力、维护公民权利的作用，甚至有可能摧毁公民自由的基础。正是在这种意义上，托克维尔在考察美国民主政治之后指出，“在民主国家，结社的学问是一门主要学问。其余一切学问的进展，都取决于这门学问的进展”，“要是人类打算文明下去或走向文明，那么就要使结社的艺术随着身份平等

① 周叶中主编：《宪法》（第三版），高等教育出版社、北京大学出版社2011年版，第257页。

② ［美］莱斯特·萨拉蒙、赫尔穆特·安海尔：《公民社会部门》，周红云译，载何增科主编：《公民社会与第三部门》，社会科学文献出版社2000年版，第257页。

的扩大而正比地发展和完善”。① 市民社会为公民结社权的行使提供了良好的试验场地。通过各种结社行为，公民不断反思、学习、完善各种结社技巧，使结社艺术逐渐成熟。成熟的结社艺术能够保证结社权利的平稳行使，不会对国家和社会造成伤害。

市民社会组织的灵活性、多样性同样有助于提升公民的政治素养。在市民社会之中，社会成员“不论年龄多大，不论处于什么地位，不论志趣是什么，无不时时在组织社团”；同时，“不仅有人人都可以组织的工商团体，而且还有其他成千上万的团体。既有宗教团体，又有道德团体；既有十分认真的团体，又有非常无聊的团体；既有非常一般的团体，又有非常特殊的团体；既有规模庞大的团体，又有规模甚小的团体”②。市民社会的这种组织的灵活性和多样性，使它成为培养、强化公民结社意识的最好训练场。社会成员能够在多样的市民社会组织之中从容锻炼自己的结社能力。

（三）市民社会的自治性促进公民责任意识的发展

英国首相丘吉尔曾言：“高尚、伟大的代价就是责任。”责任是一种职责、任务。自人类社会形成以来，就存在责任。人类社会的每一个成员都必须遵守社会共有的行为规则，才能维系社会共同体的存在。当每一个社会都自觉履行责任时，可以提升整个社会的安全感指数、提高社会合作的效率、有利于社会共同精神的形成。对公民而言，责任意识意味着两个层面的含义：第一，每一个公民都应当将属于自己分内的事情自觉地完成；第二，每一个公民都应当为自己的行为独立承担后果。责任意识是当代公民理应具有的基本素质，它的强弱是衡量公民意识水平高低的重要指标。

市民社会的自治性，有助于促进公民责任意识的发展。市民社会的自治，意味着社会成员排斥政治国家的干预，自行管理社会事

① ［法］托克维尔：《论美国的民主（下卷）》，董果良译，商务印书馆1988年版，第640页。

② ［法］托克维尔：《论美国的民主（下卷）》，董果良译，商务印书馆1988年版，第635页。

务、自行处理自身事务。社会成员对社会事务独立管理、对自身事务自行处理，必须以对其后果独立承担责任为基本前提。没有责任的管理将无法约束管理者的管理行为，导致管理的随意性，最终破坏市民社会的自治性。市民社会的自治性关乎每一个社会成员的自主与自由，因此，生活于自治的社会，必能促进公民为自己行为负责的责任意识，提升公民意识水平。

（四）市民社会的多元性促进公民宽容意识的发展

宽容就是允许别人有判断和行动的自由，耐心而不带任何偏见地容忍那些有别于自己或被普遍接受的观点的人。① 孟子曾言："爱人者，人恒爱之；敬人者，人恒敬之。"② 对他人的宽容即意味着对自己的宽容，没有宽容的社会将会引发社会成员的不信任感，加剧社会共同体的对立情绪。宽容的意识能够促进社会成员彼此的包容与尊重，维系市民的多元化特性。

公民的宽容意识与市民社会的多元性彼此相互作用。一方面，公民的宽容意识维系着市民社会的多元化；另一方面，市民社会的多元化，不断培养公民的宽容意识，是宽容意识生长的最佳土壤。社会的多元化，意味着多元化的价值取向，各社会成员的发展也呈现出多元化的色彩。社会成员的行为方式、思维模式、生活态度、宗教信仰等都表现为不同的独立状态。在不同的价值取向之间，很容易产生矛盾与冲突，进而危及社会的稳定。历史上曾多次出现的宗教迫害、宗教战争，就是这种矛盾与冲突的集中体现。霍布豪斯认为："任何可行的民主政治，都需要有某种共同体意识。如果没有这种意识，民主政治将难以生存。"③ 不断发生的意识冲突使社会共同体意识到，若要维系社会共同体的存在，必须能够容纳不同

① 参见［美］房龙：《宽容》，秦立彦译，广西师范大学出版社 2001 年版，第 12 页。

② 《孟子·离娄下》。

③ ［英］霍布豪斯：《社会正义要素》，孙兆政译，吉林人民出版社 2006 年版，第 154 页。

的意识形态。同样，若要维系社会的多元性，也必须形成一种社会共同体意志。而社会共同意志的形成，必须以社会成员彼此包容与尊重，取得相互理解为前提。因此，宽容的公民意识是市民社会多元化的必需，而市民社会的多元化，也在不断促进与强化社会成员的宽容意识。

三、公民意识的经济基础

市场经济是公民意识发生发展的另一基础。市场经济自身发展的规律要求，经济活动的参加者必须是独立、平等、自由的个体，否则以市场为主导的经济交往无法顺利进行。正是市场经济对社会成员独立性的要求，促进了公民主体意识的生长；市场经济对身份平等要求，催生了公民的平等意识；市场经济对自由的要求，使得公民权利意识的萌发成为可能。

（一）市场经济促进公民的主体意识

公民意识需要社会成员具有独立的主体意识，这种独立的主体意识只有在经济发展商品经济、市场经济的条件之下才能得以产生。

在自然经济（小农经济）条件下，社会成员所采用的生产方式不但不能扩大社会交往的范围，反而在某种程度上阻碍社会交往。由于自然经济的客观现实条件，社会成员处于自给自足的生活状态，彼此之间的交流并不迫切。其主体性意识的发展受到一定限制。同时，自然经济的生产者并不能自己代表自己，“他们的代表一定要同时是他们的主宰，是高高站在他们上面的权威，是不受限制的政府权力，这种权力保护他们不受其他阶级侵犯，并从上面赐给他们雨水和阳光。所以，归根到底，小农的政治影响表现为行政权支配社会”①。行政权对社会生活进行全面支配，排斥社会成员的自我管理。在这种情况之下，社会成员的主体意识难以得到充分发展。

① 《马克思恩格斯选集》第1卷，人民出版社1995年版，第678页。

在计划经济条件下，社会成员的主体意识同样难以发展。计划经济和自然经济虽然属于两种经济划分范畴，但两者在行政权对社会生活的干预上是一致的，所不同的只是干预的方式和程度。计划经济以行政权力作为调整、分配生产资源的根本手段。计划经济主要靠行政命令、长官意志，因此，它在本质上是权力经济，即要求行政权力的权威至上。社会成员只需按照且必须按照行政部门的计划经济指令进行生产，同时按照计划经济指令对产品进行分配。同时，计划经济强调的是作为个体的公民和作为集体的企业对行政权力的服从，因而有意无意地摆脱人民权利对行政权力的制约和反控，形成以权力吸收权利的权力本位。社会成员在计划经济体制之下，不需要且不可能对生产作出自己的判断、承担相应的责任，其主体意识在计划经济体制之下也就难以发生。

但市场经济却与此相反，它在本质上是权利经济。它不仅反对权力至上和人治，反对从属于行政权力和人治的法制，而且由于它主要靠主体平等、意识自治的法律规范调整，因而它本能地、内在地要求法律的权威至上、市场主体的独立。

（二）市场经济催生公民的平等意识

公民意识的发展，以社会成员彼此承认对方的平等地位为前提。公民平等意识的发生，必须依赖一定的政治文化和经济条件。在政治文化上，要求从臣民文化转向公民文化；在经济条件上，则要求市场经济占据主导地位。

市场经济是平等的经济，这是由市场经济自身的特性所决定的。计划经济要求以行政权力作为分配资源的根本手段，社会成员彼此之间并不存在横向的联系，有的只是社会成员与国家权力之间的纵向联系。因此，在计划经济体制之下，并不需要社会成员彼此之间的平等，只需要社会成员对国家权力的绝对服从。市场经济要求以市场作为分配资源的根本手段，国家行政权力被排除在市场之外。资源的分配由市场之中各交易主体的相互意志决定，双方必须遵循等价交换基本规律。等价交换能够进行，不仅取决于商品价值是否平等，同时取决于社会成员的社会地位是否平等。如果市场经济下，社会成员彼此之间处于不平等地位，则处于强势地位的一方必然凭借其掌握的特权，最大限度地掠夺处于劣势地位一方的资源，最终导致市场的萎缩、死亡。因此，市场经济自身的特性决定，必须实现社会成员彼此平等，否则市场经济自身的存在就要受到威胁。

（三）市场经济觉醒公民的权利意识

是否具备充分的权利意识，是衡量公民意识发展水平的重要标准。只有当公民必备充分的权利意识，才能够积极参与社会生活，通过对社会生活的参与，实现自我价值。

市场经济的发展，有利于权利意识的觉醒。公民的权利意识，可以划分为两种不同的类型：一是公民对国家主张权利的意识；二是公民对其他人主张权利的意识。前者发生于政治生活领域，后者发生于市民社会领域。就公民对国家主张权利而言，必须以国家与社会相分离为前提。在国家与社会混同的情况之下，无所谓公民政治权利意识的觉醒。市场经济的发展，是国家、社会相分离最重要的推动力量之一。随着经济发展的广度和深度不断扩大，在经济利益的驱使之下，市场会逐步摆脱国家的控制形成独立的发展空间。在市场进一步发展之后，必然寻求在法律层面确立市场的独立地位，进而得以对国家提出权利主张。就公民对其他人主张权利的意识而言，一样取决于市场经济的发展。在自然经济（小农经济）和计划经济之下，社会成员或者自身处于独立的供给系统，不与其他社会成员发生社会联系；或者处于国家行政权力的直接控制之下，不允许与其他社会成员发生横向联系。社会成员之间彼此缺乏社会交往，彼此之间的权利主张就无从提起。市场经济为社会成员彼此交往提供了宽广的平台，同时在交往的过程中，受平等、契约等多种文化因素和制度因素的影响，彼此之间的权利意识得到进一步发展。因此，从公民对国家和社会两个层面的权利主张来看，市场经济是公民权利意识得以觉醒、发展的重要推动力。

四、公民意识的制度基础

公民意识既具有主观性，又具有客观性。其发生发展，既会受到公民个体素质的影响，也会受到客观现实的影响。国家制度的设计，必须体现出“民有、民治、民享”的精神，才能进一步促进公民意识的生长。

（一）公民权利保障制度

公民权利保障制度亦即公民基本权利保障制度，它体现着“民有、民享”政府的精神。所谓公民基本权利，是指“由宪法规定的，公民为实现自己必不可少的利益、主张或自由，从而为或不为某种行为的资格或可能性”①。它是社会成员成为公民所必须具备的权利，它体现了公民在国家生活基本领域所处的法律地位。

公民基本权利保障制度体现着国家对公民普遍的尊重与关怀。在非民主国家，并不存在真正意义上的公民，国家权力掌握在一人或少数人手中。在这样的政治制度之下，国家所保护的权利也仅仅是掌握着权力的“一人或少数人”的权利。只有“民有、民享”的国家，才会重视公民的基本权利。在“民有、民享”的国家，国家的权力不属于某一个人或某些少数人，而是属于全体公民。国家权力的运行也必然体现国家权力所有者，即全体公民的意志与利益。公民基本权利是“民有、民享”的国家对其自身的存在、目的所进行的宪法确认：明确其存在以全体公民同意为前提，其运行以公民幸福为目的。

对公民基本权利的确认将极大地激发公民的“公共精神”。公共精神是公民意识的重要组成部分，其内涵是指“以利他方式关心公共利益的态度和行为方式”②，它可以演变为社会成员在公共

---

① 周叶中主编：《宪法》（第三版），高等教育出版社、北京大学出版社 2011 年版，第 246 页。

② 李萍：《论公共精神的培养》，载《北京行政学院学报》2004 年第 2 期。

生活中对人们共同生活及其行为的准则、规范的主观认可，并体现于客观行动上的遵守、执行。① 公共精神包含着民主、秩序、公共利益、公共责任等一系列公共道德，它可以极大地释放公民维护政治共同体利益的热情，提供国家建设的强大动力。

公共精神孕育于、生长于公共领域，公共领域是公民精神发生发展的土壤。它是“介于国家与社会之间进行调节的一个领域”②。可见，公共领域是介于公共权力领域与私人领域之间的一块相对独立的中间地带。因此，公共领域的生长，必须以国家权力与公民权利分割，进而形成国家、市民社会的分离为前提。而国家与社会的分离需要满足多种条件，对公民基本权利的保障是其中之一。

由此我们可以得出这样一种逻辑：对公民基本权利的确认与保护将促进市民社会的产生与发展，进而形成介于国家与社会之间的“公共领域”，从而极大地激发公民的“公共精神”。

在我国，公共精神的培育尤其需要加强公民基本权利保障制度建设。我国公民的公共精神发育较晚、成长较慢。美国传教士明恩溥曾批评国人公共精神匮乏，他说：“中国人有私无公或公私不分的脾气，其实还远不止于此，他不但对于‘公家’的事物不负责任，而且这种事物，要是无人当心保管或保管而不得法，便会渐渐地不翼而飞，不胫而走。”③ 林语堂先生也曾直言：“中国是一个个人主义的民族，他们系心于各自的家庭而不知有社会，此种只顾效忠家族的心理实即为扩大的自私心理。”④ 因此，我国公民公共精神的培育，要积极地构建、完善公民权利保障制度，切实保障公

---

① 参见潘强恩：《论公共精神》，载《光明日报（理论版）》2003 年 11 月 5 日。

② ［德］尤尔根·哈贝马斯：《公共领域》，载汪晖、陈燕谷：《文化与公共性》，生活·读书·新知三联书店 1998 年版，第 126 页。

③ ［美］明恩溥：《中国人的特性》，匡雁鹏译，光明日报出版社 1998 年版，第 82 页。

④ 林语堂：《吾国与吾民》，陕西师范大学出版社 2002 年版，第 157 页。

民基本权利。

（二）公民政治参与制度

公民政治参与制度体现着“民有、民治”的政府精神。政治参与是指，公民或公民组成的社会团体，自上而下地参与政府决策及与之有关的公共生活，作为一种政治行为，政治参与的目的在于影响或改变政府决策。① 它是“影响政治发展的重要渠道，公众参与的程度和规模是衡量一个社会政治现代化的一个重要尺度”②。公民政治参与制度的完善，有助于积极落实公民基本政治权利，使公民更加有效地参与国家管理，加强公民的主人意识、责任意识。公民对国家主人意识、责任意识的加强，是当代公民意识得以不断提升的重要基础。

第一，公民政治参与制度提升公民的主人意识。公民意识是一种主人意识。只有当公民意识到自己真正是国家的主人，他才会积极参与国家事务，善待自己所依存的国家。当今世界各国普遍确立了“人民主权”原则，明确宣称国家的主权属于全体人民，国家的权力来源于人民授权。但是宪法的宣示与政治制度的实际运行并非完全契合。宪法对“人民主权”原则的宣示，必须落实为具体的政治参与制度，为公民积极有效地参与国家管理提供现实的制度支持，才能在事实上印证国家权力的归属，才能在观念上使公民相信自己是国家真正的主人。

第二，公民政治参与制度提升公民的责任意识。公民意识是一种责任意识。它意味着公民自觉地、主动地对国家、对社会担负应有的责任。人作为独立存在，应当为自己做过的行为负责，但是人不能为他人的行为负责。如果没有参与制度作为公民影响公共政治生活的渠道，那么公民不可能对政治共同体产生足够的认同感和归

---

① 参见孙关宏、胡雨春：《政治学》，复旦大学出版社 2002 年版，第 245～249 页。

② ［美］塞缪尔·亨廷顿：《变化社会中的政治秩序》，李盛平等译，华夏出版社 1988 年版，第 67 页。

属感，更不会为政治共同体的任何决策承担责任。在政治领域，当公民亲自参与了政治决策的过程，并对政治决策产生了影响，该政治决策即与公民有关。在此情况之下，公民在客观上存在为自己参与政治决策的行为承担相应责任的必要，在主观上也有承担政治决策责任的意愿，其政治责任感才会加强。因此，政治参与制度有利于提升公民的责任意识。

第三，公民政治参与制度提升公民的理性意识。公民意识是一种理性意识。政治参与存在两种极端：一是基于各种原因对政治参与的冷淡；二是对政治参与的极度热情。两种极端的政治参与都有可能导致对现实政治秩序的破坏性冲击。因此，良好的政治参与，必须是有序的政治参与、理性的政治参与。这就要求公民在参与政治时，必须具备理性政治的能力：要"有一定的政治知识，能够独立地进行价值判断"；要能够理解少数服从多数政治模式下产生的公共决策的合法性；必须采用非暴力的参与方式，"在制度不完善的条件下，利益表达也需要多次进行，参与意愿在多次行为后才能使自己目的达到"①。因此，公民的理性意识可以保证公民政治参与的有序运行，公民政治参与的有序进行又能不断巩固公民的理性意识。

第三节　公民意识的价值

国家和社会的运作不能单纯地依靠制度上的结构设计，任何在架构上表现为"完美"的制度，都存在被破坏、被滥用的可能。健全和稳定的现代民主，必须建立在人民对民主价值、民主信念的支持之上。失去公民身份和公民意识的确立，任何民主制度都无法长期为继。公民意识有助于提升公民的认同感，使公民能够正确对待国家、民族、宗教等不同形式的多元文化。通过公民意识对公民生活的渗透、指引，公民能够积极地参与政治过程，并且展现出成

① 参见魏星河：《我国公民有序政治参与的涵义、特点及价值》，载《政治学研究》2007 年第 2 期。

熟的政治参与能力。公民意识的价值体现在其对客观物质世界的改造。良好的公民意识，能够创造出优秀的公民、维护政治共同体的稳定，确保政治共同体在宪政体制之下，朝向促进公民幸福的方向发展。

一、公民意识与自我认同

英国著名哲学家、社会学家安东尼·吉登斯认为，自我认同“并不仅仅是被给定的，即作为个体动作系统的连续的结果，而是在个体的反思活动中必须被惯例性地创造和维系的某种东西”，是“个人依据其个人经历所形成的，作为反思性理解的自我”。① 而人类的自我则是“对身体的轮廓和特性的觉知，是对世界的创造性探索的真正起源”②。换言之，所谓自我认同，就是塑造与主导自我的行为过程。“通过明白自己的性质、特征、存在的目的来把握自己行动的方向，这同时也是一个自我的精神构建的过程，在精神品质上使自己成为一个完整同一的主体，也就是自我认同。”③

自我认同在本质上是对个人对其人生价值的自我完善。“人性的优点就在于它具有认识和遵循人的本性的特征，而不是依靠人的暂时冲动来决定一切。关于生活中的人类的本性是什么，已经不是那种与动物吃饱喝足相提并论的欲望，而是依赖理性认识世界并按规律行事的能力。正是这种理智和自我控制的能力在起作用（而以前则是敬畏神的崇拜精神）：即对欲望的理性认同，理性基础上的价值实现，以及在完成这两者时的自我控制和调节。”④ 正是通过不断地自我认同，人类才获得了道德的认同感。

---

① 参见［英］安东尼·吉登斯：《现代性与自我认同》，生活·读书·新知三联书店 1998 年版，第 58 页。

② 参见［英］安东尼·吉登斯：《现代性与自我认同》，生活·读书·新知三联书店 1998 年版，第 61 ~ 62 页。

③ 柳谦：《教育承认与自我认同》，南京师范大学 2008 年博士学位论文。

④ ［加拿大］查尔斯·泰勒：《现代认同：在自我中寻找人的本性》，陶庆译，载《求是学刊》2009 年第 9 期。

自我认同源于个体对社会经历的理解。要实现自我认同，就必须满足社会多样与统一共存的现实条件。因为只有存在着自我与他我的共生关系，自我才能在社会实践中作出各种对比，进而不断完善自己。

多元化的社会是个体实现自我认同的前提性条件。而多元化社会的存在，必须以平等、宽容精神的存在为前提。平等精神、宽容精神是公民意识的重要内涵，只有社会中的个体具备普遍的公民意识，才能使得社会多元化不断向前发展，为个体的自我认同提供更多的共生关系。因此，平等、宽容的公民意识，是个体自我认同的前提条件。

二、公民意识与国家认同

世界上并不存在纯粹的民族国家。作为政治共同体的国家一般都由多个民族共同组成。对民族的认同表现为忠诚于本民族，对国家的认同则表现为忠诚于国家。民族认同与国家认同并不是天然的矛盾体，但在多民族构成的国家，必须妥善处理两者之间的关系。只有国家自身的强大，才能保证国家中各民族的平等与自由。国家认同是民族认同的前提，公民意识优于民族意识。

（一）公民与国家

公民自其产生之日起，便与国家有着密不可分的联系。古希腊时期，最早出现的“公民”(Polites)的概念，便是由“城邦”(Polis)衍化而来。城邦“并非仅仅是一个地理上的区域，而是一种公民的团体——由享有政治权利并在政府中起着作用的城市及四周地区的公民所组成的团体”①。所谓的公民即是指“属于城邦的人”。因此，“公民概念自始就是一个兼具地理性和政治性的概念。其地理性决定了公民这个概念只有与特定的城邦连接起来才具有现实的意义；而其政治性则将公民概念的价值置于政治生活的语境之中——

① ［美］C. 沃伦·霍利斯特：《西方传统的根源》，鲁品越、许苏明译，河南人民出版社1990年版，第74页。

公民概念的固有价值，只有在政治生活的场景之中，才能得到显现”①。但古希腊时期的公民，还只是一种身份概念，是社会地位、个人财富、荣誉的象征，并且公民身份仅由统治集团享有。只有在法国大革命之后，才真正确立了现代公民身份的原则和时间，并使公民成为社会政治结构的核心特征。

公民是国家的前提，国家则是公民的依托。“国家是一个有政治组织的社会”②，一般包括领土、人民、政府和管辖权四方面要素，即在一定的领土范围内对其全体国民进行控制并拥有最高主权的一种特殊的社会组织形式。而公民是拥有一国国籍的自然人。

公民与国家是基本的宪法关系主体，必须合理界定两者之间的边界，才能保证宪法关系的良性运作。传统的宪政理论以公民权利的保障及国家权力的限制为核心，在公民与国家的关系中，倾向于对公民自由与权利的保护。作为“守夜人”的“夜警国家”，正是这一思想的具体体现。此时，“国家被局限在保护个人自然权利的狭小领域，它除了迁就个人和社会之外，几乎没有任何实质性的作为。更进一步来说，由于自由国家以满足市民社会中个人的自然权利为基本目的，这过度放纵了个人的自然欲望，不可避免地导致公民精神的失落”，“这些追求私利、贪图享受、柔弱贫乏的个人主义者们无力成为担当政治上的责任和义务、富有爱国精神和公益精神的公民”。③

虽然公民自由与国家权力之间的关系在表面上存在冲突，但两者并非完全不能相容。美国联邦党人就一直试图实现公民与国家关系的融合。“在制宪会议遇到的困难中，一个很重要的困难必然在于把政府需要的稳定和能力与对自由和共和政体应有的神圣的关注结合起来。不充分完成他们这一部分事情，他们就不能非常完满地

① 江国华：《宪法与公民教育——公民教育与中国宪政的未来》，武汉大学出版社 2010 年版，第 19 页。

② 王世杰、钱端升：《比较宪法》，中国政法大学出版社 2004 年版，第 26 页。

③ 参见刘诚：《现代社会中的国家与公民——共和主义为研究范式》，武汉大学 2005 年博士学位论文。

实现他们制定的目标或公众的期望。”① 在联邦党人看来，强大的国家是公民自由的保障。公民与国家、个人自由与国家理性、公民自由与政治权力并不是相互矛盾的价值，对它们的选择也不是非此即彼，而是统一于共和体制。

（二）国家认同与民族认同

国家是指在一定的领土范围内对其所辖的全体国民进行控制并拥有最高主权的一种特殊的社会组织形式。民族的含义则相对复杂，一般认为，民族包括以下特征：“适当的名称、共同的神话、共享的历史、共同的公共文化、占有祖地、共同的权利与义务、单一的经济。”② 国家是一个“法律上的政治性组织，拥有要求公民对其顺从和忠诚的权力”，而民族则是“一个某类人群的共同体，其成员依靠团结观念、共同文化和民族意识联结在一起”。③ 现今世界上，存在着大量潜在的民族，民族的数量“可能比能够独立生存的国家的数字要大得多”④。因此，已经不存在民族与国家完全同质的现象：一个国家总是包含有多个民族，而一个民族也总是分散于多个不同的国家。在同一国家之内，多民族情况的出现，引起了国家认同与民族认同的危机。

认同概念，是哲学、心理学、人类学、政治学、社会学等多个学科所共同研究的问题。由于各个学科研究重点不同，对认同的概念的界定也存在不同。为了研究的方便，我们认同弗洛伊德对认同所作的界定：认同是个人与他人、群体或被模仿人物在感情上、心

---

① ［美］汉密尔顿、杰伊、麦迪逊：《联邦党人文集》，程逢如等译，商务印书馆 1980 年版，第 180 页。

② ［英］安东尼·史密斯：《民族主义——理论 意识形态 历史》，叶江译，上海世纪出版社 2006 年版，第 13 页。

③ ［英］休·希顿沃森：《民族与国家——对民族起源与民族主义政治的探讨》，吴洪英、黄群译，中央民族大学出版社 2009 年版，第 1 页。

④ ［英］额内斯特·盖尔纳：《民族与民族主义》，韩红译，中央编译出版社 2002 年版，第 3 页。

理上趋同的过程。① 认同包括个人自我认同，也包括集体的身份认同。无论是自我认同还是集体身份认同，都是在存在着可供参照的情况下才得以实现。正如亨廷顿所说："任何层面上的认同，只能在与'其他'——与其他人、部族、种族或文明——的关系来界定。"②

国家与民族，是对个人而言最为重要的两个集体。每一个社会的人，都具有民族的、国家的两种不同身份。在民族国家建立之后，出现了以共同根源为基础的民族成员身份和以国籍为共同体归属依据的公民身份两种不同的身份划分。这种双重身份的划分意味着一种双重认同——对民族共同体的文化认同和对国家的政治认同。应当如何处理国家认同与民族认同之间的关系，不仅关系到社会中个人的安身立命，也同样关系到社会的发展与稳定。

所谓国家认同，就是一国之内，个体对国家的身份感。换言之，国家认同就是"一个人确认自己属于哪一个国家以及这个国家究竟是怎样一个国家的心理活动"③。他是个人对自己所生活的政治共同体——国家，所抱有的一种心理活动状态，一种表示认同自己属于该政治共同体的心理承认。而所谓民族认同是指："一个民族的成员相互之间包含着情感和态度的一种特殊认知，是将他人和自我认知为同一民族成员的认知。"④ 从某种意义上说，一个民族是否被视为独立存在，取决于该民族成员民族认同感的强弱，而

① 弗洛伊德认为："首先，认同是与一个客观对象形成感情联系的最初形式；其次，它以回复的方式成为性本能对象联系的替代，就像是将对象注入到自我之中；再次，它可能引起除性本能之外的各种新感受，即自我与他人同享某种共同品格的感受，这可能意味着某种新联系的发端。"转引自郭艳：《全球化语境下的国家认同》，中共中央党校2005年博士学位论文。

② ［美］塞缪尔·亨廷顿：《文明的冲突与世界秩序的重建》，周琪等译，新华出版社1998年版，第134页。

③ 江宜桦：《自由主义、民族主义与国家认同》，中国台北扬智文化事业股份有限公司1998年版，第12页。

④ 王建民：《民族认同浅议》，载《中央民族学院学报》1991年第2期。

非单纯取决于是否具有共同的语言、共同的生活环境、共同的经济生活和共同的文化等因素。

在民族国家，民族认同和国家认同并不存在冲突。但是，当前世界上并不存在纯粹的民族国家，任何一个国家都是由两个或两个以上的民族构成。因此，民族认同与国家认同便存在一定的冲突。国家共同体与民族共同体之间在内涵上并不完全相容。国家共同体以国籍—公民作为构成的主要要素；民族共同体则以血缘—种族作为构成的主要要素。公民与国家的关系是权利与义务之间的关系；个体与民族则并不存在权利与义务的关系。同时，“民族身份具有历史延续性，是历时性的，除了自我认同之外，他者的认定是至关重要的，因而通常情况下不能自我选择民族身份。公民的身份是共时性的，是法律的、政治的、契约的身份，因而可以变动，有多元选择性”①。两者的冲突体现在社会个体对国家与民族的忠诚度上。

（三）公民意识对国家认同与民族认同冲突的和解

世界上已经不存在纯粹的民族国家，任何一个国家都面临着民族认同与国家认同之间的冲突问题。而多民族国家的社会个体，由于具有国家身份与民族身份两种不同的社会身份，同样面临着忠诚的选择问题。由于国家由多民族组成，对国家的忠诚并不等同于对本民族的忠诚。在某些情况下，对国家的忠诚甚至被定性为是对外民族的忠诚，是对本民族的背叛。如若对民族的忠诚高于对国家的忠诚，则公民对国家的权利义务必然受到影响，一国政治的稳定也必然受到影响。

处理国家认同与民族认同这种潜在的对立关系，必须理清国家与民族的优先性。一个无法泯灭的事实是，在现代社会，国家地位优于民族地位。对外而言，在国际社会交往之中，国家是最重要、

---

① 都永浩：《民族认同与公民、国家认同》，载《黑龙江民族丛刊（双月刊）》2009 年第 6 期。

最主要的国际关系主体①，只有国家才能承担着最主要的国际法上的权利和义务。对内而言，国家是维系政治共同体存在的必然选择，各民族必须选择国家作为其共同的政治权威才能维持民族之间的和谐与稳定。在社会交往日益密切的今天，建立纯粹的民族国家已经不存在理论和现实的可能。

国家地位优于民族地位，既需要政治上的确认，确认各民族必须维护国家的统一，同时还需要社会成员的高度认同，因为任何制度都必须建立在相应的社会基础之上，即使是经济基础对上层建筑的决定性作用，同样需要社会意识作为中间的传导。社会成员对国家优越地位的认同，体现为其公民意识优于民族意识。个人的民族身份对应着民族意识，进而体现为对本民族的认同和忠诚；公民身份对应着公民意识，进而体现为对国家的认同和忠诚。当公民意识发展到一定程度，就会在社会成员之间形成一种共识——国家是民族存在、发展的前提。

我国是多民族国家，在对待民族问题上一直采取“民族平等和民族团结、民族区域自治”等多项有利于各民族充分发展的民族政策。在今后的民族政策之中，一方面要尽量淡化对民族身份的过分强调，另一方面，要重点加强少数民族地区公民教育。

强大的国家是自由的保障，个体在发展民族意识，忠诚于本民族之外，必须树立公民意识，培养对国家的忠诚。对于我国当前而言，更要积极地强化各民族的公民意识，提升对国家的认同和忠诚。

三、公民意识与宪法政治

纵观我国百余年宪法政治发展历程，路途艰难、灾难重重。只

① 国家是否唯一的国际关系主体在理论上存在争议。伴随着民族独立运动和跨国集团的运作，开始出现民族与国际组织作为国际关系主体的理论主张，甚至个人也被主张为在某些特定情况下可以成为国际关系主体。虽然存在此种发展变化，但是在国家是国际关系中最重要、最主要的主体这一点上，学界并不存在理论冲突，国际交往的客观情况也对国家在国际关系中的重要地位予以印证。

重制度建设，不重公民建设，是其症结所在。如果说制度是人的双手，那么公民就是人的双脚。忽视公民建设，也许可以挥动制度的双手抓住宪政的片点皮毛，但终究无法在宪政的道路上有任何前进的收获。任何制度的运行，都需要发挥人的作用，就如同再先进的机器设备，如果没有娴熟的操作人员，都不能充分发挥出效能。因此，宪法政治建设不仅是制度的建设，更是“新民”的建设。良好的公民，是宪法政治建设成功的关键所在。早在20世纪初，梁启超先生就曾大声呼喊“新民”。“他在自己变法改良的实践中，特别是从改良失败中深深地体会到，国民观念的改变是一切社会变革的基础。”① 梁启超提出，中国改革维新，“必自新民始”。所谓“新民”，应当具备国民的权利、义务、自由、平等纪律、公德、私德等公民意识。② 因此，宪法政治建设“不仅要求以实行市场经济和民主政治为其社会经济、政治条件，而且要求以宪政观念作为其思想条件。离开广大社会成员良好的宪政观念，‘宪政国家’的理想只会成为空中楼阁”③。离开了具有良好宪法观念的公民，再好的宪法制度也难以有效运行。这也正是公民意识对宪法政治建设的意义所在。

（一）公民意识是民主政治的重要保障

民主政治是宪法政治的核心，也是宪法政治建设的前提所在。发源于古希腊时期的民主，作为一种政治模式至今已有2500余年的历史，“而在头2300多年，它一直被看做是个坏东西，直到最近100来年，它才时来运转，被当做好东西”④。问题的关键在于民主可能引发多数人的暴政。

---

① 吕滨：《梁启超对新民伦理的探讨》，载《江西社会科学》2000年第7期。

② 参见梁启超：《新民说》，载《新民丛报》创刊号，1902年2月。

③ 周叶中、匡茂华：《宪政建设的基本条件》，载《现代法学》2000年第22卷第1期。

④ 王绍光：《民主四讲》，生活·读书·新知三联书店2008年版，第7页。

民主政治的本质在于多数人的统治，在民主政治之下，多数的统治是绝对的，任何人也对抗不了多数。当托克维尔对美国政治制度进行考察时，他敏锐地发现民主政治潜在的危险："在美国，多数在思想的周围筑起一圈高墙，在这圈墙内，作家可以自由写作，而如果他敢于越过这个雷池，他就要倒霉了。这不是说他有被宗教裁判所烧死的危险，而是说他要成为众人讨厌和天天受辱的对象"，"他只好表示让步，最后完全屈服，保持沉默，好像不该说真话而后悔了"①。

为防止民主偏离正轨，实现宪法政治的良性运作，人类进行了很多制度设计。针对这种情况，托克维尔指出，要充分利用法学家这一特殊群体的特性，利用他们的"思维方式、作风和爱好"来缓和多数的暴政。托克维尔眼中法学家特殊的思维方式、作风和爱好，其实质就是现代公民所具有的权利意识、宽容精神。正是这些精神不断促进着人的理性发展，有效防止多数政治可能产生的暴政。

（二）公民意识是法治发展的深层动力

法治是"人们提出的一种应当通过国家宪政安排使之得以实现的政治理想"②。它不仅是人类理想书于纸面的静态文本，也是一个动态的治国之道。"法治在功能上表现为对专制权力的决然否定和对民主政治的完善和维护；在价值取向上意味着对正义的追求和对人人平等自由权利的保护。"③

法治是人类社会的一种制度模式，但从更深层次来看，法治更是一种人类的生活状态、人类的行为方式。法治"是一个规范系统和多维机制，它不仅包括法律制度、司法机构、法律共同体等制

---

① ［法］托克维尔：《论美国的民主（上卷）》，商务印书馆 1988 年版，第 293 页。

② ［英］戴维·米勒主编：《布莱克维尔政治学百科全书》，邓正来等译，中国政法大学出版社 1992 年版，第 675 页。

③ 周叶中主编：《宪法》（第三版），高等教育出版社、北京大学出版社 2011 年版，第 173 页。

度性要素，也包括公民文化、法律信仰等内在性的深层要素，尤其是公民文化，对法治秩序具有极其重要的内在驱动和支撑作用”①。必须“将法治精神融入公民生活”②，形成公民文化，才能积极推进法治发展。

公民权利意识是“人们对于一切权利的认知、理解和态度，是人们对于实现其权利的选择，以及当权利受到损害时，以何种手段予以补救的一种心理反映，它构成了公民意识和宪法精神的核心”③。对于公民而言，要积极树立公民权利意识，既要勇于“为权利而斗争”，又要理性对待自己所拥有的公民权利，不滥用权利，实现公民的自由和自律。具体而言，当代公民要做到：

第一，积极实现自己的权利诉求。保护自己的权利，不仅是公民个人对自身利益的维护，更是对国家利益的维护。当公民的个人权利受到侵犯时，国家所制定的法律的权威也同样受到了损毁。只有积极地维护自己的权利，才能使被侵害的权利得到救助与弥补。保护受到攻击的权利不仅是权利者对自身负有的义务，也是对国家的义务。

第二，树立理性的守法精神。法治是“已成立的法律获得普遍的服从”④，公民必须积极捍卫法律的权威、维护法律的尊严。更为重要的是，公民必须自觉履行法律所设定的义务，“自觉地、以理性的精神和法律意识进行自我约束和定位”⑤，确保法律的有效实施。

---

① 刘雪松：《公民文化与法治秩序》，中国社会科学出版社2007年版，第185页。

② 周叶中：《将法治精神融入公民生活》，载《人民日报》2008年1月2日，第13版。

③ 辛世俊：《公民权利意识研究》，郑州大学出版社2006年版，第102页。

④ ［古希腊］亚里士多德：《政治学》，吴寿彭译，商务印书馆1965年版，第199页。

⑤ 刘雪松：《公民文化与法治秩序》，中国社会科学出版社2007年版，第203页。

（三）公民意识是宪法政治运行的终极屏障

制度是一种稀缺资源，不存在无限创新的可能，因此必须最大限度地发挥现有制度的全部功效。但是，由于受到人类认知能力的限制，制度的设计者在设计制度之初难免存在考虑不周及考虑不到的情况，留下制度的漏洞。在美国的制宪历史上，麦迪逊曾明确表明："制宪会议计划可能含有错误，是由于以前关于这个复杂而困难的问题的经验的缺点。"①

宪法制度的漏洞作用于当代，也必须由当代的人予以解决。在宪法政治的发展过程中，应对宪法制度设计上的漏洞，不仅仅是少数政治精英所能解决的问题，更需要社会民众的积极参与。如果政治精英解决宪法制度漏洞的方案不能获得社会民众的理解、认同与支持，那么，不但不能解决原有的制度漏洞，甚至可能会引发更大的制度混乱。

在举世闻名的"水门事件"中，独立检察官考克斯向法院申请，要求时任总统尼克松交出白宫全部录音带，白宫则以总统"行政豁免权"予以拒绝。这一争议最终进入美国联邦最高法院。联邦最高法院裁定：总统显然享有行政豁免权，但是，这种豁免权不可以压倒刑事司法的法律既定程序所提出的根本要求。② 该裁定一出，立即引发社会紧张：联邦最高法院虽然作出法律上的裁定，但是尼克松作为美国总统，是三军统帅。按照法律规定，军人必须服从命令。如果尼克松要求军队保卫白宫，甚至提出更进一步的要求，将引发美国宪政危机。

事实上，时任白宫幕僚长黑格已经当即提出，有必要调动第82空降师围住白宫，保卫总统。"在这最关键的时刻，聪明绝顶的犹太裔国务卿基辛格，只轻轻一句话，就永远打消了白宫有可能冒

---

① ［美］汉密尔顿、杰伊、麦迪逊：《联邦党人文集》，程逢如等译，商务印书馆1980年版，第186页。

② 参见林达：《总统是靠不住的》，生活·读书·新知三联书店2006年版，第192页。

出来的类似念头。基辛格说，坐在用刺刀团团围住的白宫里，是做不成美利坚合众国的总统的。”在联邦最高法院裁定 8 小时之后，尼克松发表声明：“我尊重和接受最高法院的裁决。”这一个简单的声明，化解了美国历史上一次重大的宪法危机。①

从美国这次宪法危机我们不难看出，没有任何制度设计会是完美的。在人类有限的理性之下，所有的制度设计都会随着社会的不断发展而出现漏洞。当宪政制度漏洞出现之时，既需要政治精英的政治智慧，也需要全社会民众的宪法素养。如果不是尼克松总统自身的政治智慧，“水门事件”有可能演化为更加严重的一场社会危机。同样，如果不是美国民众所具有的良好的宪法素养，总统也不会坚定地支持让他陷入危机的宪法制度。

① 参见林达：《总统是靠不住的》，生活·读书·新知三联书店 2006 年版，第 193 ~ 194 页。

第二章　中国公民意识在清末民初的发展及启发①

1840年鸦片战争冲开了尘封的国门，中国这个历经两千多年封建统治的东方古国，这个曾经自诩为“天朝上国”的文明之邦，面对西方列强的坚船利炮，逐渐一步步沦为帝国主义的势力范围和殖民地。此时的中国，清政府政治上腐败无能，统治摇摇欲坠；经济上国困民贫、人民生活在水深火热之中，阶级矛盾尖锐对立；对外不能抵抗列强的侵略和瓜分，对内不能安抚风起云涌的农民起义。面对内忧外患，似有大厦将倾、国将不国的危境。伴随着西方坚船利炮而来的，除了先进的军事科学技术外，西方的民主法治、宪政共和的理念也一并而来。康梁“公车上书”的呐喊，洋务运动的失败和“维新变法”的失利，让国人，尤其是国家的统治者、先进知识分子们初步认识到，救亡图存和强国兴邦不能依靠腐朽的清朝统治者，也不能仅仅通过器物的更新来抵御入侵，还必须学他国先进的政治法律制度，只有这样才有可能保家救国，实现中国之复兴。

反思清末洋务运动与立宪改革的失败，其经验教训集中为一点，是我们没有把公民意识的培植作为思想改革的重要手段，臣民意识、封建小农意识等思想还深深影响和主导着当时的各种改革。没有主体意识、权利义务意识、民主法治意识，即便在体制上有些许革新、制度规范上有些许创制，整个社会变革还是会因缺乏自我认知、自我信仰、自我服从的内在驱动力，从而沦为失败。清末民

① 部分内容参见黄振、沈芸、张玉君：《清末民初中国公民意识发展史探》，载《湖南社会科学》2011年第4期。

初公民意识的形成和发展，是中国处于千年巨变的大时局下的关键时期，其中保守的改良、温和的改革和激进的革命等观念和实践的斗争从来就没有终止过。它们以一种相互交织的形态贯穿始终，这个时期的历史记忆和发展痕迹，是中国公民意识发展的起点和开端。这种斗争不仅是对传统文化和制度的反思和批判，同时也是超越其上不断丰富的新思想和新观念，而从五四运动到1949年，中国社会上的价值观念一直在自然的转化之中，没有再发生突破性的运动。① 从历史的角度看，研究清末民初公民意识发展的起源就是探讨中国近现代公民意识的历史、文化和传统，它们有的在当今社会已经消失，但更多的却被保留了下来，以一种新的形式展现在公民眼前。

公民意识是一国公民主体性和实践性相统一，历史和现状相结合的观念形态和价值判断，它是“以公民的个体自由和理性自律为核心，以民主法治为基本内容，以权利义务意识、责任意识、国家意识、道德文明意识等为主要内容的，关于公民特征、内涵及价值的一种理性的主观映像和观念反映。公民意识、公民文化及其相应的社会政治制度和规范，是民主社会和政治发展的产物，是整个民主政治的基础。但是中国传统政治文化，是建立在君主政治和等级制度的基础上，濡化和培育的是‘臣民’和‘仆从’，难觅‘公民’的影子，更无从谈起公民意识。从这个意义上说，没有公民身份转变和公民意识培养，清末民主的政治体制改革和宪政建设注定是不能成功的”。“清末民初是中国公民意识引进和萌发的开端，也是公民意识激烈转变的期间。清末民初的思想启蒙和制度改革，正是在吸收和借鉴西方民主发展的前提下，于批判中延续了历史的文明。这些相互矛盾又融合一体的意识成为民族的记忆，而被新的民族国家继承下去。”② 鉴于此，通过认真考察这段特殊的历史时

① 参见余英时：《中国思想传统的现代诠释》，江苏人民出版社1998年版，第69页。

② 黄振、沈芸、张玉君：《清末民初中国公民意识发展史探》，载《湖南社会科学》2011年第4期。

期，了解中华民族千年转变的大时局、大变革，才能真正掌握中国公民意识发展的历史脉络。而历史是经验的沉淀和文化的积累，清末民初公民意识发展的智识性、文化性和社会性的障碍，于近现代中国以不同形式出现，对历史的解读有助于对今天问题的反思。

第一节　清末民初中国公民意识萌发的主要动因

如前文所述，公民意识的树立和发展不是凭空产生，而是建立在一定的政治、经济、文化与社会基础之上。中国公民意识萌发于内忧外患迫于民族生存和发展的历史时局下，城市的兴起、新知识分子的产生开启了中国从技术救国到制度救国、思想救国的发展道路。清末民初，整个社会的政治体制、经济制度、社会结构与思想观念等都产生极大的变化，为中国公民意识的产生和发展提供了新的生产要素和社会发展环境。

一、从开眼看世界到西风东渐——迫于民族生存发展的客观要求

清末民初，中国面临数千年未有之大变革。迫于民族生存发展的客观要求，中国的统治阶级、士人阶层和知识分子等开展了一场前所未有的制度和思想改革。中国公民意识的萌发正是随着西方列强殖民的加剧和民族存亡的加深而逐渐发展的。

1840 年的鸦片战争打破了“天朝上国”的幻影。战争中，国家领土不断被蚕食、主权独立不断被侵犯，晚清政府的腐败无能、统治者的保守落后都暴露无疑。民族存亡危难之际，为了继续维持专制统治，维护其既得利益。晚清统治者、满清贵族和掌权汉臣中的开明人士，艰难地开展了一场以学习西方先进技术为手段，以继续维护封建伦理纲常为目的的“自强运动”。这个改革将中国被动卷入到世界现代化的潮流中，也正是这场运动推动了中国公民意识的萌发。

战争的失败是促使自强运动的直接原因。林则徐是开眼看世界的第一人。他敏锐地意识到外国列强器械的精良以及中国了解西方

的必要。魏源的《海国图志》明确提出了“师夷长技以制夷”的思想。而率先倡导“自强”的是冯桂芬的《校邠庐抗议》，他在书中指出，中国以往所知的旧世界与已经强压过来的新世界之间存在巨大差距，所以中国应采纳西洋的坚船利炮、在通商口岸开设造船厂等工厂。这个思想是1861—1895年整个“自强运动”的精神动力。1861年总理衙门的设立既是“自强运动”的开端，也是中国行政机构半殖民化的标志。自强运动的主要内容，是学习西方的先进科学技术，其中以大力发展军事工业为重中之重。“自强运动”前期，主要是建立翻译馆、兴办新式学堂、派遣留学生、培养军事和外交人才，中后期又建立轮船、铁路、开矿等重工业，发展缫丝、棉纺等轻工业，但发展工商业的目的主要是为国防军事提供资金保障。洋务运动本来希望以技术改革来挽救垂亡的清政府，但1894年甲午战争中北洋水师的全军覆灭，打破了国人近代以来洋务救国的幻想，使洋务运动所取得的近代化成果化为乌有。军力上的优势并没有促成战争的胜利，相反，体制的不足和国内矛盾的对立却更加明显。一言以蔽之，失败不是败于技术和军事，而主要是败于政治制度。① 因此，学习西方，尤其是学习德日君主立宪，成为政治体制改革的新方向。1898年，维新变法就是这样的一次尝试，但是以戊戌政变光绪帝被囚而告终。义和团事件后，慈禧迫于西方列强的压力和国内改革变法的呼声，佯装进行立宪运动。这个运动在1905年，日俄战争后达到顶峰，因为对很多中国人来说，西方的大专制国家被东方的小君主立宪国打败，是立宪政体有效的证明。而此后，立宪主义在士人、社会领袖和督抚中迅速传播开来。② 1911年的“皇族内阁”戳穿了清朝统治虚假立宪的阴谋。世人认识到继续在维护清朝统治下的立宪改革的想法被证明是行不通的。

---

① 参见杨光斌：《制度的形成与国家的兴衰：比较政治发展的理论与经验研究》，北京大学出版社2005年版，第169页。

② 参见徐中约：《中国近代史》（上册），香港中文大学出版社2002年版，第409~413页。

1911 年辛亥革命敲响了晚清政府的丧钟，迎来中国历史上第一个资产阶级国家——1912 年建立的中华民国。但民国的建立并没有带来和平、秩序和统一。相反，民国早期是道德沦丧、君主复辟、军阀割据，以及外国势力分割中国现象的加剧。采用共和制带来的政治面貌，并不足以革新国家，还需要一场更基本的运动来唤醒国家及人民。① 在新知识分子的领导和青年学生的参与下，逐渐酝酿了一场新的思想和社会革命，1919 年五四运动就是这整个思想革命的标志。五四运动是一场思想的革命，首要的成就就是思想的觉醒和改革，其次才是社会平等方面的变革。② 五四运动高举"民主"和"科学"的旗帜，在民族主义和爱国主义的激励下，展开了一场轰轰烈烈的思想和社会运动。五四时期对中国传统的伦理、道德、风俗和制度的主要挑战，来自以自由、民主、科学这类观念所体现的西方思想。③ 它所提倡的不仅是全新的革新，彻底推翻陈腐的旧传统，也是中国新型知识分子对人权和民族独立观念的觉醒。同时，五四运动也是新文化运动的重要组成部分。它的领导者是新知识分子，他们学习接受西方民主科学，具有较独立批判的思想，是完全不同于传统士人阶层的知识阶层。随着每次西方列强瓜分中国的加深，他们成为新文化运动、五四运动、共产主义思想、民主、法制等思想的介绍者、传播者和推动者。

可以说，清末民初每次战争的失败，丧权辱国条约的签订，都深深刺痛着探求救亡图存的中国人民的民族精神和感情。在西方的坚船利炮和现代文明冲击的时候，我们的国人经历军事技术救国、立宪变法图存的探索过程，在纷繁的乱象和虚假的承诺破灭后，我们最终决定与传统的礼教纲常决裂，倡导并促进全新的思想和政治革新，这个过程既是中国公民意识萌发的社会历史背景，也是促进

① 参见徐中约：《中国近代史》（上册），香港中文大学出版社 2002 年版，第 495 页。

② 参见周策纵：《五四运动：现代中国的思想革命》，江苏人民出版社 2005 年版，第 361 ~369 页。

③ 参见周策纵：《五四运动：现代中国的思想革命》，江苏人民出版社 2005 年版，第 14 页。

公民意识形成的社会性要素。

二、传统士人阶层的瓦解和新知识分子的产生

中国传统社会士人阶层从来就不是政治改革的革命阶级，随着科举制的废止、新学堂的建立和专制皇权的瓦解，士人阶层逐渐丧失了知识分子对社会政治改革和意识思想的引导力和影响力。随之而起的是新知识分子的产生和发展，一批接受国外新思想的知识分子和新式学堂培养的新青年，宣传新文学、新道德、新思想，成为引领清末民初社会思想改革的重要推动力。

中国传统的士人阶层是与封建王权相伴而生，主要通过科举制度得到实现。在古代中国，士绅主要是具有生员以上功名及退休官吏组成的群体。士人阶层在传统中国社会中的地位和作用十分突出。在政治上，他们与皇权专制统治相伴而生，维护并巩固专制统治。在“皇权不下县”的专制形态中，起到连接和维系中央与地方关系的重要作用，实现了地方乡村的政治自治功能；在思想领域，他们是道统和儒家思想的传承者，并以“道统”的伦理权威为依据，有限约束王权对自身利益的侵蚀；在社会伦理上，他们怀着对宗族等级制度和家族利益维护的道德义务感，是宗族家长和乡村自治的利益代言人和保护者；在文化教育领域，他们又是乡村教育的承担者和传播者，坚持保守落后的三纲五常等宗法伦理道德，为士绅阶层的“家”、“宗族”特权提供文化意识形态支持。这也是清末民初中国绝大多数士人阶层的主要特征。1905 年科举制废止使士人阶层失去了制度性的参与政治的渠道，从而不能与皇权结合而成为享有身份特权的官僚；经济上，深受包括太平天国起义、西方列强入侵的战争侵袭和国内自然灾害的破坏，大量的农民流离失所，土地废弃，士人阶层失去了剥削的经济来源；而新式学堂的设立，特别是城市化发展后，现代教育的推行，士人阶层逐步失去对教育等意识形态的掌握；皇权崩溃、科举废止、土地荒废、教育改革等，使得士人阶层依托的制度资源逐渐丧失，士人阶层开始瓦解。由于士人阶层并非一个完整统一的阶层，其内部存在很多分层。作为官僚的政治精英是一种人，而作为在乡的地主则是另外一

种人，这中间还有等级上的差异。① 因此，他们瓦解后的处境并不相同。处在城市中的士人们或者投靠其他权力能继续享有自己的特权，或让自己的子弟占据新学堂以及出国留学的机会，很快就变成近代工商业者、新知识分子或新式军人。而那些散居在基层乡下的士人，在新知识分子的冲击和大革命浪潮的打击下，要么选择因循守旧成为老朽，要么成为失去社会整合能力的单纯的地主和高利贷者。② 清末民初士人阶层的瓦解，社会需要新的知识引导者和革命改良的舆论空间的构建者，同时，传统社会结构的解体、新式教育的发展，一批具有一定西方知识的新知识分子阶层出现了。③

新知识分子同中国传统的士人相比，存在很大的差异：新知识分子突出的是人格独立和精神自由，强调人的权利意识和社会责任感，重视个人的道德自律和创造精神。而传统的士人是君主政治和封建文化的产物。士人的价值支点——以天下为己任，人生目标是“内圣外王”，人格结构是“权威人格”、“泛化的群体人格”和“政治人格”。④ 因此，新知识分子有三个典型的特征：第一，以知识的创造和传播为谋生的手段；第二，具备强烈的社会政治批判精神；第三，对人类发展的终极关怀。他们的来源主要有两种：第一种是自强运动、洋务运动以及民国政府派遣出国的留洋学生；第二种是在新式教育下逐渐成长的知识分子。第一种知识分子在中国清末民初推动思想启蒙，是民主和科学的倡导者。他们中间除了像容闳等以技术见长的留学生外，还有留法归国的陈独秀和蔡元培、留日回国的郭沫若和鲁迅、留美归国的胡适等知识分子，他们引领并推动了民初中国思想的大变革，宣扬和推动了民主观、国家观、

① 参见赵旭东：《逝者如斯的结构秩序》，载费孝通：《中国士绅》，赵旭东、秦志杰译，生活·读书·新知三联出版社 2009 年版，第 239 页。

② 参见王奇生：《革命与反革命：社会文化视野下的民国政治》，社会科学文献出版社 2010 年版，第 319 ~ 323 页。

③ 参见周策纵：《五四运动：现代中国的思想革命》，江苏人民出版社 2005 年版，第 6 ~ 9 页。

④ 参见葛荃：《中国政治文化教程》，高等教育出版社 2006 年版，第 90 ~ 97 页。

权利观、文学观等新观念。陈独秀主办《青年杂志》(1916 年改名为《新青年》),提倡自主、进步、进取、世界、实利和科学的新文化,并和胡适等人大力宣传白话文改革,“打倒孔家店”,批判封建儒家伦理纲常,倡导个人的解放和男女平等。1918 年北京大学学生成立《新潮》杂志,讲求批判的精神、科学的思维和改造的修辞。《新青年》、《新潮》以及包括《每周评论》在内的许多其他杂志,对传统主义的堡垒——旧文学、旧道德、旧式的人际关系和儒家——进行了猛烈的批判和攻击。而新知识分子追求的是科学、民主、科技、实用主义、自由主义、议会制度和个人主义。① 第二类知识分子是五四运动的主力军,五四运动展开前,中国将近 1000 万人接受过某种形式的新式教育。五四运动期间,以包括青年学生在内的知识分子成为爱国救亡运动的重要力量,掀开了中国新民主主义革命的序幕。在新文化运动后期,五四运动期间,李大钊等人取经俄国十月革命的经验,宣扬共产主义的阶级革命观念,为后期中国共产党的成立和工人运动的开展进行了舆论宣传和思想准备。除此之外,还有留洋归国的孙中山,他根据时局变化探索救亡图存的革命道路。在孙中山的领导下,成立改组了兴中会、同盟会、国民党、中华革命党等。通过政党组织的完善和国民党的改造,希望利用政党的组织凝聚力量领导中国革命的发展。② 政党的党纲、宣言、组织形式、党员的权利和义务等都反映了孙中山对中国未来革命发展和共和国建立的思想和打算。虽然 1911 年辛亥革命的打响并没有带来政治社会的安定,相反却导致军阀割据和战乱频繁,但民主、自由、权利、共和、政党政治、议会责任内阁等近现代民主法治观念却得到了人民的认同,深入到知识分子和世人的心中。

① 参见徐中约:《中国近代史》(上册),香港中文大学出版社 2002 年版,第 497 ~502 页。

② 参见王奇生:《党员、党权与党争:1924—1949 年中国国民党的组织形态》,上海书店出版社 2009 年版,第 1 页。

三、城市的发展为中国公民意识的传播创造了一定的社会条件

清末民初城市的发展为市民提供了相对安全的社会环境、开明的言论空间、充足的资本保障，同时也是新式教育和新鲜思想的传播和集散地。城市的发展对于中国公民意识的萌发提供了一些基础性的社会条件。

城市的发展首先诞生了一批产业工人和新商人，他们成为公民意识的接受者和传播者。中国城市发展有内外两个方面的原因。外部因素是，中国城市是在西方列强的强力推进下缓慢发展的。清末民初以来，每次战争西方列强都会通过不平等条约，强压清政府在沿海和内陆地区开放城市和商埠。西方列强在这些地方建立包括铁路、矿业、金融等实业和工厂，因此这些沿海和条约口岸，形成了外国资本相对集中、社会秩序相对安定、就业机会相对充裕的城市，而在战争和自然灾害中失地的农民也越来越多向城市集中。内部因素是，晚清政府在洋务运动，以及辛亥革命在军阀割据统治的期间，他们为了自身的利益都兴办了大批工商企业，如晚清政府在洋务运动中，兴办了大量的军事和民用企业。而辛亥革命后，不少军阀官僚也是企业的投资者。在1912—1922年，共有547人次的军阀投资和创办了197家企业。① 而这197家企业中，官僚投资的企业占同期新办企业资本金总额的71%。工商企业的发展、城市的建立最直接的影响就是培育了大批掌握一定技能的产业工人，根据有关统计，中国工人总数1918年增长到1749339人，而从1920—1927年中国城市工人、矿山、铁路工人数为200万人。② 虽然，产业工人的发展未必立刻能带来现代意识的传播，但相对于传统分散的小农而言，他们将具有一定技能的工人聚集到了一起，为

① 参见虞和平主编：《中国现代化历程》（第2卷），江苏人民出版社2001年版，第391页。

② 参见周策纵：《五四运动：现代中国的思想革命》，江苏人民出版社2005年版，第385页。

新思想的传播和社会改革的推进提供了基本元素，他们也逐渐成为中国革命坚定的支持者和主力军，是现代公民意识传播的重要力量。其次，中国资本主义的发展，契约和规则意识逐渐在商人阶层中形成。虽然中国资本主义具有天生的软弱性和两面性，而不能成为先进的革命领导者和主力军，但是法制、规则等平等商品经济的思想多少是在这些阶层中产生发展。随着社会革命的发展，工商业资本家们也产生了资产阶级的政治口号和行动，1922 年的国事会议，是资本家阶级政治参与意识初步形成的标志，充分体现了他们的政治自主意识。

总之，民族生存发展的客观需求，新知识分子的文化宣传和社会实践，及其城市资本主义的发展带来的人口集中等条件为中国公民意识的萌发和传播提供了社会的动力和发展的环境。

第二节　清末民初公民意识发展演变的特点

公民意识是对公民身份和公民现象的反思和映像。公民源于西方的古希腊、古罗马的城邦公民的概念，是对城邦生活的政治自由民的一种表述，古希腊人给予公民以政治上的内涵，古罗马人将之扩展到私的领域，后来倡导公民身份的大成者，马歇尔认为近代公民资格涉及成员的政治身份或地位，包括公民的（civil)、政治的(political)、社会的（social）三个要素。① 随着社会不断发展，又赋予公民新的内涵，公民意识的内容也逐渐丰富。从公民意识发展的历史脉络看，公民意识无疑是主体性和实践性相统一的概念，是个人对公民身份和公民资格的主观映射和反映。

19 世纪中叶以来，中国进入了一个全面变动的历史阶段，社会结构、意识形态和传统价值体系遭到最严厉的挑战。鸦片战争后，一方面，我们面临救亡图存、变法改制的制度性需求；另一方面，传统价值理念和现代民主观念激烈交锋，共和、自由、平等、

---

① 参见［英］T. H. 马歇尔等：《公民身份与社会阶级》，郭忠华、刘训练编，江苏人民出版社 2008 年版，第 3 页。

民主等西方民主思潮不断涌入。在传统中国，士人是既有着独立道统追求的个人，也是辅佐统治阶级的工具；清末民初，在制度和观念的冲击下，士人阶层逐步向知识分子转变，作为社会的知识阶层和“精英阶层”，他们引领了几乎整个社会观念的变革。固执己见者与变法创新者，交融抗争，其争论和宣扬的思想与观点，反映了当时整个时代的需求和呼声。而现代的价值观念和行为的变迁，追根溯源，是从知识阶层逐渐向全社会渗透的①，因此，对当时转变中的士人和新知识分子的思想考察，可以清晰地把握清末民初中国公民意识发展的脉络。清末民初公民意识的传播和介绍，就是建立在对民主法治、国民公民、权利义务等基本观念的学习、批判和借鉴中展开，“这些认识所使用的概念和价值标准与传统的臣民观念截然不同，意味着一种崭新的公民观念已经冲破传统观念的藩篱，开始向人们的意识渗入”②。这种传播和发展既遵循了公民资格发展的一般原理，也有自己的国情和历史特色。从内容上看，它们围绕对臣民的奴性批判、对国民的内涵介绍，以及国家观念、宪法观念、权利义务意识、自治精神等展开；从公民意识的实践看，主要在于对西方公民意识的引进、民主法治的学习、舆论宣传的介绍、宪政实践的探讨；从公民意识演进的时间看，新文化运动体现民初公民意识发展的新内容和探索途径，标志着民初公民意识的转变和深入发展。

一、国民奴性之批判及国民性探讨

这种学习批判首先是从对国民奴隶性的批判展开的。清末民众奴性的特点就是精神思想萎靡，既无斗争之志，更无对国家的责任感。梁启超曾一针见血地指出：“‘身奴’可以通过斗争或借助外力获得解放，而‘心奴’却是‘如蚕在茧，著著自缚，如膏在釜，

① 参见余英时：《中国思想传统的现代诠释》，江苏人民出版社 1998 年版，第 46～47 页。

② 刘泽华：《论从臣民意识向公民意识的转变》，载《天津社会科学》1991 年第 4 期。

日日自煎’。”① 邹容说得更透彻，不仅从民众心理上指出国人的奴隶性，还将斗争的矛头直指专制统治和愚民教育，“柔顺也，安分也，韬晦也，服从也，做官也，发财也，中国人造奴隶制教科书也。举一国之人，无一不为奴隶，举一国之人，无一不为奴隶之奴隶”。② 国民的奴隶性就造成国家责任感的缺失，老百姓不关心国家公益、不关心民族存亡，“百姓关心的只是个人不要遭受损失，而不顾公共财产会怎样”③。这种贬低人、压抑人，将人称为奴隶的批判，其实是在亡国灭种的紧要关头，中国知识分子给国人打的一剂强心针，是一种民族自我觉醒和反思。但是，这种对国民性的反思毕竟浅显，随着实践和斗争的发展，这种批判反思更加深入，更加理性。

清末特殊的时空背景赋予“国民”近代化的新内涵，国民概念本身的运用就体现了公民意识的发展。先秦的时候，在《左传》就有“先神命之，国民信之”的提法，但这个国民既不是和国家社会相连的政治共同体的一员，也不包含国民的权利义务观念。清末最早使用国民一词的是魏源的《海国图志》，甲午前，国民多指外国国民，如“法国国民”等，它的这个国民实为儒学在经世致用取向下形成的万国观的一部分。而称中国人为“国民”则是发生在甲午后。梁启超给国民注入了近代化的含义，他认为“国民者，以国为人民公产之称也。国者积民而成，舍民之外，则无有国。以一国之民，治一国之事，定一国之法，谋一国之利，捍一国之患，其民不可得而侮，其国不可得而亡，谓之国民”④。这时的国民与国家紧密联系，称为一国之民。这样国民超出了儒学经世致用的范围，称为民族国家的组成单位，反映出人们认识到国家主权

① 梁启超：《论自由》，载《饮冰室合集·文集之五》，第19页。

② 邹容：《革命军》，第50页。

③ ［美］亚瑟·亨·史密斯：《中国人的性格》，学苑出版社1998年版，第94~95页。

④ 梁启超：《论近世国民竞争之大势及中国前途》，载《饮冰室合集·文集之二》。

是由国民权利合成。①

随着认识的发展，人们将国民与奴隶对立起来，指出“同是一民也有国民、奴隶之分”②，为了宣传国民概念，陈天华特别写《国民必读》，小标题为“奉一般国民要争取权利义务”。将现代意义的权利义务作为“国民”的核心内容。清末民初的国民观念，除了以国民的权利为核心外，还有平等性、独立性、合作性、自治性等特征。但是由于中国近代内外交困，具有反殖民瓜分、反专制统治的双重使命，因此，国民的内涵上具有强烈的爱国主义感情，即国民不仅是民众对国家归属感的认同，而且突出强调中国人不仅要有家、天下、朝廷的观念，还要有国家观念；由于当时的清朝统治是外族统治，当时的革命者便把反清政府与反他族联系在一起，强调“种族复汉”的狭隘大汉族主义观点；同时也高扬人的主体自主，民权观念。③ 这一切都是当时国民观念的重要特征。这些说明，“国民”证明中国人摆脱王权的现代国家意识，也是寄生在忠孝断裂结构之上的。④

二、新民观的出现及反思

当时的改良派和革命派都在批判国人奴隶性的同时，通过报刊杂志宣扬国民或新民观念，梁启超的“新民观”对于民众公民意识的启蒙和觉醒起到了十分重要的作用。戊戌变法时期，严复提出“鼓民力，开民智，新民德”。而新民观的提出是梁启超在反思戊戌变法失败和接受资产阶级思想的结晶。它主要希望唤起中国人的自觉，从人格依附的臣民转变为个性独立的国民，它提出了现代国

① 参见金观涛、刘青峰：《观念史研究：中国现代重要政治术语的形成》，香港中文大学出版社 2008 年版，第 83 页。

② 《说公民》，转引自张枬、王忍之编：《辛亥革命前十年间时论选集》第 1 卷上册，生活·读书·新知三联出版社 1960 年版，第 72 页。

③ 参见陈永森：《告别臣民的尝试：清末民初的公民意识与公民行为》，中国人民大学出版社 2004 年，第 50 ~ 57 页。

④ 参见金观涛、刘青峰：《观念史研究：中国现代重要政治术语的形成》，香港中文大学出版社 2008 年版，第 83 页。

民应该具有的品格和准则，但梁启超的《新民说》以宣传新伦理为己任。强调“新民”必具“公德”的观念，并指出中国传统伦理是“私德居其九，而公德不及其一”。认为“新民”应该具备的人格特征有 18 种之多，他们讲究“采补的是公德，是国家思想，是进取冒险，是权利思想，是自由，是自治，是进步，是自尊，是合群，是生利的能力，是毅力，是义务思想，是尚武，是私德，是政治能力”①。这些都是新公民所应该具有的品质。为了达成这个品质主要有三种渠道：通过教育来培育新民，只有通过教育才能使民众成为具有人格、人权、理性、自治和独立精神的现代国民；②通过报刊，报刊宣传不仅可以启发民智，而且可以宣传监督政府；最后主张变革旧史学，创立新史学。因为史学是“国民之明镜也，爱国心之源泉也”。③ 梁启超的新民或国民，则更注重公民和国家的感情联系，带有强烈的民族主义色彩。所以，“新词‘国民’实际上起到了从‘一国之民’到完整意义上的‘公民’的过渡作用”。

如果说清末梁启超的新民观是他对国民意识的启蒙，那么民初政治挫败后，对国民素质的深思和民主共和政治的发展，都迫使梁启超在 1916 年再次发表《国民浅训》，这是他经过共和混乱政治后的重新思考。《国民浅训》是《新民说》的姊妹篇，它系统地阐述了国民的国家观、宪法观、权利义务观、自治精神和公共观念等。针对袁世凯借用共和称帝的叛逆行径，他的立宪和共和观念尤为值得注意，他认为共和成功需要两个条件：第一是需要立宪，并且国会需要掌握包括决议法律权、监管财政权和纠责政府权三项最重要权力；第二是立宪政治和共和建设需要公民共同遵守与实施，一部宪法是否在实质上起到作用，关键是全国上下能否共同遵守。而新民观后来就越来越向公民的抽象权利和人的主体人格性发展。

---

① 胡适：《四十自述》，远流出版社 1986 年版，第 57 页。

② 梁启超：《论教育当定宗旨》，载《饮冰室合集·文集之十》。

③ 梁启超：《新史学·中国之旧史学》，载《饮冰室合集·文集之九》。

三、权利观念的发展及嬗变

权利观念的出现标志着臣民向公民转变的突破，也是公民意识集中发展的阶段。权利的有无和权利实现的程度是臣民和公民或国民最大的区别。清末民初的权利观是作为公民权的重要内容探讨的，为了抵抗封建君主的“君权神授”观，提出“天赋人权”说和“人民主权”说，权利观不仅成为捍卫国民权利的重要手段，而且也成为革命的口号，“彼知权利当保守勿失，而不知权利以进取而始生”①。这个阶段的公民权利大致有这样几个方面：第一，国民权利是国民最重要的内容。以前康有为的“伸民权”不过是“伸绅权”，梁启超提出民权救国思想，国家由享有权利的国民组成，国民在国家中必须要有真实的权利；而此时的权利，在梁启超看来包括国民的生存权、选举权，以及集会、言论结社等权利。陈天华则认为国民享有政治参与权、租税承诺权、生命财产权等，可以说这时先进知识分子宣传的权利范围是广泛的，内容比较具体。第二，公民权利的平等性。既包括士农工商的职业平等，“士农工商，四大营业者，皆平等也，无轻重贵贱之殊”②，也包括男女平等。男尊女卑是封建社会最基本的社会观念，在儒家伦理下，男性处于绝对的支配地位，女性不过是附属，不仅没有独立的人格和财产，更没有包括选举权在内的政治权利，她们必须服从于父权和夫权。而清末的知识女性提出：“二十世纪之世界，为女权革命之时代。”③ 她们开办期刊杂志，著述宣讲女性独立和女公民权利，主张女性也要享有参政权、受教育权、婚姻自主权等权利。第三，权利义务的观念。“凡人所以为人者有二大要件：一曰生命，二曰权利，二者缺一，时乃非人。”④ 权利义务观念不仅仅停留在观念层

---

① 梁启超：《论权利思想》，载《饮冰室合集·文集之四》。

② 转引自陈永森：《告别臣民的尝试：清末民初的公民意识与公民行为》，中国人民大学出版社2004年，第129页。

③ 金天翮：《女界钟》，大同书局1903年版，第47页。

④ 张枬、王忍之编：《辛亥革命前十年间时论选集》第1卷上册，生活·读书·新知三联出版社1960年版，第10页。

面，也体现在近代中国政治变革中。1912 年《中华民国临时约法》及其他法令就以法律的形式将公民享有的各项权利和义务规定了下来。它明文规定中华民国的主权在民，全体国民一律平等，依法享有选举、参政、居住、言论、出版、集会等各项权利。资产阶级的临时约法虽然没能很好地实施，但是其产生本身就标志着国人走向公民、向封建的臣民决裂的决心。梁启超在他的《论义务思想》和《论权利思想》中就反复提到权利义务对于塑造国民公民权的重要性，“义务与权利，对待者也。人人生而有应得之权利，即人人生而有应尽之义务，二者其量适相均”①。陈天华在《国民必读》中，不仅列出权利的种类，还认为国民只有享受了权利，才能履行相应的义务。这些权利义务观虽然还是比较质朴，但是对于民智未开、不知宪法的国人来说，无疑是平地一声雷。第四，宪政实践体现公民意识的发展。改良派、革命者和民众通过立宪、成立政党社团，开办期刊杂志，宣传权利义务观念，民主法治思想。以《中华民国临时约法》中的结社自由为例，自武昌起义至民国二年，新兴的公开党会就有 682 个，具有近代政党性质的团体有 312 个。② 此外，总统制、责任内阁制等近现代的政体制度也被革命者频繁运用，如国民党人唐绍仪就任民国总理后，企图极力推行责任内阁制来限制总统袁世凯的权力。可见，包括选举权、参政权在内的公民权利不仅成为革命宣传的口号，也指导着民主宪政的实践。

四、新文化时期及五四运动的新思潮

新文化时期及五四运动是清末民初公民意识极具转变和发展的时期。新文化运动是五四运动的文化先驱和理性启蒙，它高擎“民主”和“科学”两面大旗，提倡民主就是要彻底地反封建，要求平等，实现“民主共和”；提倡“科学”，反对迷信和盲从；它主张提倡新道德，反对旧道德，倡导个性解放，反对封建的伦理道

① 梁启超：《论义务思想》，载《饮冰室合集 · 文集之四》。

② 参见张玉法：《民初政党的调查与分析》，载《中国现代史论集》（第 4 辑），联经出版社 1980 年版。

德观。具体实践包括1915年陈独秀成立《新青年》（原名《青年》，1916年改为《新青年》）、1917年胡适和陈独秀倡导新文化运动、1919年5月4日的“五四运动”。此时期，公民意识最突出的变化在于三个方面：第一，“民主”观念的发展演进，“民主”取代“共和”，“民主共和”取代“虚君共和”。“民主”是个十分丰富和模糊的概念，清末民初“民主”和“共和”作为西方先进的政治文明理念被介绍入中国。五四运动之前，由于“共和”强调参政者的道德性并区分公私领域，迎合了国内士绅阶层的精英主张和控权愿望，他们结合国人的国民劣根性，大肆宣扬“共和”观念，主张共和救国。这时期，“共和”的使用频率远大于“民主”，知识民众普遍认为“民主”的含义大多都在“共和”之中，在政治实践中，他们交替使用意义不同的“民主”和“共和”概念。① 由于“共和”观念固有的道德性和士绅阶层的精英统治欲望，结合当时的救亡图存的危机现状，共和之下更需要有强权式的人物才能力挽狂澜，“君主立宪”（当时“虚君共和”的同义词）的观念也沉渣泛起。五四运动后，“民主”逐渐取代“共和”，民主成为彻底与儒家礼教相决裂、同专制政体相分离的标志性观念。其原因有二：首先，民初共和政治的混乱和失败，让民众认识到共和理念也能同封建伦理相结合，“共和”不仅失去了反封建的意义，反为复辟称帝张目，学术论战中以康有为的体现“虚君共和”反对民主共和制的《共和平议》、《与徐世昌书》和《致冯国璋电》为代表，实践中以1915年袁世凯“洪宪帝制”和1917年张勋复辟为例子。其次，有别于传统士绅阶层的新的知识分子的诞生。他们是以陈独秀为代表的新青年，主张彻底地打倒儒家礼教，强烈反对士绅阶层对政权的垄断，要求全民参政的民主诉求；第二，响亮地提出了“人本主义”的口号。“人本主义”就是“要重新发现人”，以人为本，探索人的价值和生命的意义。五四期间的“人本主义”首先是建立在批判传统的基础上，即对传统的人的身

① 参见金观涛、刘青峰：《观念史研究：中国现代重要政治术语的形成》，香港中文大学出版社2008年版，第260~268页。

份和地位、人的价值和目的、人的行为和制度等进行全盘反思和检讨。① 这就为人从依附的臣民向独立的公民、愚昧的礼教伦理向先进的科学文明的转变，提供了批判的基础和思想启蒙。实践中的集中体现就是对臣民文化、儒教伦理道德和专制体制的批判。提倡自主和独立，以个人本位代替家族本位；提倡平等和法治，平等不仅包括性别平等、职业平等外，还包括权利平等，即政治、经济、文化、法律权利平等等。而法治则上升为契约精神和理性文化的高度，“宪法者，现代国民自由之证券也”②；倡导自由，李大钊认为人生在世，不自由毋宁死，“盖自由为人类生存必需之要求，无自由则无生存之价值”③。可以这样概括，清末知识分子发现的“国民”是在国家之下的以国家利益为重的公民，那么，新文化运动则突出了作为个体的“人”的存在价值。第三，五四运动带来了“平民主义”（populism）和“阶级公民”的观念。平民是指与贵族、官僚、资本家、军阀、中等阶级、知识分子相对立的群体。④ “平民主义”是从国民、公民向平民转变的公民意识的启蒙，它的产生交织着两个因素：首先，清末维新变法、君主立宪的失败，辛亥革命总统制和内阁制、虚君共和和民主共和、政党和议会选举的混乱，还有洪宪帝制和张勋复辟的反逆闹剧，让知识精英和政治改革派认识到，那些社会中上层的“公民”并没有把共和贯彻下去，更没有给国家带来强盛，反而带来的是混乱和衰弱。故而，把救亡图存、改革宪制的期望放到平民身上，希望发动更多的民众参与，通过更多具有公民意识的民众的遵守和实施来实现。其次，1917 年俄国十月革命一声炮响为中国的知识精英送来了马克思主义。第一次世界大战，巴黎和会中认识到帝国主义民主的虚伪，以及俄国无产阶级革命胜利的激励，都极大地激发着国人对中

---

① 参考张灏：《幽暗意识与民主传统》，新星出版社 2006 年版，第 186～189 页。

② 《李大钊全集》第 2 卷，河北教育出版社 1999 年版，第 449 页。

③ 《李大钊全集》第 1 卷，人民出版社 2006 年版，第 228 页。

④ 参见朱志敏：《“五四”时期的所谓“平民”是指哪些人》，载《历史教学》1988 年 9 月。

国救亡图存道路的新思考。陈独秀提出“只有做工的人最有用最可贵”，应该把“劳心者治人，劳力者治于人”倒过来说“劳力者治人，劳心者治于人”。① 李大钊在《庶民的胜利》中讲，资本主义和劳工主义势不两立，工人应该联合起来推翻资本主义的统治。劳工主义的胜利就意味着大家都是庶民或工人，一切所得都要靠自己的劳动。② 阶级对立和阶级革命的引进，极大地改变着国内公民意识的内容，首先是身份的对立，尤其是身份的阶级对立，强调阶级之间不可调和的统治与被统治关系；其次是斗争手段的激烈化。阶级革命和阶级暴力成为一种新的意识形态和政治口号；再次，公民意识的法律角色的弱化，公民意识中的平等协商、法律意识、秩序意识、宪政意识等都在不同程度地淡化；最后，整个国民的政治理性、民主思辨能力遭到新的冲击。民主意识中的对代议制、选举制度的看法，以及人的基本价值和平等等内容不断被侵蚀。民主与立宪、法治的联系逐渐脱离，民主道德化变得突出。③ 中国共产党成立后，民主专政成为中国共产党常用的政治术语，这就是民主的阶级化。之后民主主要针对资产阶级的虚伪民主和德国社会民主党反动的民主提出，对资产阶级民主的否定，就是对无产阶级民主的肯定，这样民主也就多了民主专政和无产阶级专政的两层核心含义。④

第三节　清末民初公民意识发展的影响因素

一、传统封建小农经济的束缚

“人们自觉或不自觉地，归根到底总是从他们阶级地位所依据

① 参见《劳动者底觉悟》，载《陈独秀著作选》第2卷，第135～136页。

② 参见《庶民的胜利》，载《李大钊文集》上册，第594～595页。

③ 参见金观涛：《〈新青年〉民主观念的演变》，载《二十一世纪》（香港）1999年第12期。

④ 参见金观涛、刘青峰：《观念史研究：中国现代重要政治术语的形成》，香港中文大学出版社2008年版，第279～280页。

的实际关系中——从他们进行生产和交换的经济关系中，获得自己的伦理观念。”① 中国公民意识迟迟无法形成和发展的重要原因是缺乏公民意识萌发的经济基础和相应的社会条件，以分散农民为主体的中国传统社会无法从小农经济和专制体制中产生主体性的公民意识。

自给自足的小农经济是中国古代的基本生产方式。“普天之下，莫非王土；率土之滨，莫非王臣。”这是奴隶制下土地所有权的真实写照。春秋井田制后，牛耕铁犁广泛使用，对土地的开垦能力大大加强，随着生产力的提高，新兴的封建势力在执掌政权后相继推行土地私有制，土地私有造成大量土地的兼并。到了唐中期租佃制后又产生一批在土地兼并中失地的农民，这样就形成了中国几千年的封建土地制度。与土地相连的是农民，封建中国的农民有两类：一类是耕种国家配给土地的个体农民；另一类是不占有或占有很少土地，以耕种地主土地为主的佃农。他们都是依赖土地为生的小生产者，在广大的地理环境中，容易形成分散的宗法村社，不是统一封建社会的组织力量。

中国封建的土地私有制度是在国家最高所有权支配下的土地私有制度，国家对土地享有所有权，在这种所有制下，农民可以租用地主土地进行长久耕种，只需要行使对国家纳税和服兵役等义务。小农的经济形式是以家庭为单位满足基本生产生活的自给自足的简单商品形式。这种商品形式的主要目的是自给自足，生产特点是各自为政，但也偶尔进行交易以满足生活需要。其实质体现封建社会一整套的阶级关系，即剥削与被剥削的关系。农民就是租税的缴纳者、受剥削的耕作者，其生产的剩余价值用来维持统治阶级和国家机器的生存。②“小国寡民”和“老死不相往来”是小农经济下社会生活的现实写照。它们构成了中国两千年来国民生活的主要内容，虽然农民基于生存需求，但采用相互隔离的生产方式，从生产

① 《马克思恩格斯选集》第3卷，人民出版社1995年版，第434页。

② ［美］黄宗智：《经验与理论：中国社会、经济与法律的实践历史研究》，中国人民出版社2007年版，第4页。

力总体上看是低下的，从组织结构看也是没有凝聚力的。这样就为政治上的集中统一提供了最基本的条件，马克思说过，自然经济的生产者“不能以自己的名义来保护自己的阶级利益，无论是通过议会或通过国民公会。他们不能代表自己，一定要别人来代表他们。他们的代表一定要同时是他们的主宰，是高高站在他们上面的权威，是不受任何限制的政府权力，这种权力保护他们不受其他阶级的侵犯，并从上面赐给他们雨水和阳光。所以，归根到底，小农的政治影响表现为行政权支配社会”①。这样的政治支配关系首先使国家土地的君主私有制成为可能；其次，君主也能通过专制集权和强大的统治工具进行经济调配，而公民通过纳税和服役等又不断给专制国家提供经济动力和物质支持。

在以农业经济为主导的封建社会，经济的增长即产量的增长主要依靠人口数量的增长，而统治赋税的增加关键是人口的增加，商业不仅会吸收大量可能进行农业生产的人口，而且商业致富的快速性也会动摇农业人口的安心耕作，从而影响统治阶级的赋税和农业产量的增加。因此在封建社会，重农抑商政策是统治阶级始终坚持奉行的“基本国策”。② 而与之相对的小农经济是全部封建政治统治及其文化建立的经济基础。历朝历代的统治者都十分注重土地问题，土地问题事关王朝统治的安定和存亡。将农民相对固定在土地上，使他们将土地作为安身立命之本，在行使专制统治之时，并以血缘为联系的宗族伦理道德观念，使农民产生被驯化和服从的心理。经过几千前的社会和文化熏陶，形成了这样的历史阻碍性：一是农业对土地的依赖以及封建保守、安土重迁的心理；二是对家族家庭的依赖以及与之相关的崇古崇老崇长心理；三是对男性家长的依赖以及与之相关的依附心理。同时，由于小农经济自给自足，也就不需要进行大量频繁的商品交换，没有平等主体之间的交换，也

① 《马克思恩格斯选集》第1卷，人民出版社1995年版，第677～678页。

② 参见包天为：《中国封建王朝和小农经济的形成——基于马尔萨斯理论和新制度经济学的解释》，载《今日南国》2009年第7期。

就不能形成商业文明和主体认识，更难产生主体性意识。这就是整个封建社会臣民意识和专制统治的命门所在。

二、儒教伦理道德的长期浸淫

古代中国是伦理本位的社会。① 伦理社会最大的特点是伦理道德与政治规范互化，即任何政治规范和政治社会行为都要符合伦理道德的要求，体现伦理道德的精神。这些伦理道德是包括三纲五常在内的诸多的等级规范、礼仪规定、克己寡欲、教化修身等维护君权和父权的规定。而最大的伦理道德是要尊天道，行人道，“王道之三纲，可求于天，天不变，道亦不变”②。王道具有最高的道德性。

传统中国封建统治主要有两个重要的手段：一是政治上通过“君权神授”获得合法性，依靠乡里家族和等级权威来贯穿从上到下的统治；二是儒家伦理的道德制约。中国传统文化是以儒家思想为基础的，即“坚持从道义上赢得政治权威并通过捍卫道德学说来表现这种权威”③。以此，构建道德政治为中心的伦理政治体系，从而为统治阶级提供合法性权威的理论渊源和现实制度建构的基础。这种伦理政治观，被有的学者总结为重伦常轻制度、重礼治轻法治、重家族轻国家。④ 这种道德观经过千年的浸淫已深入民众的骨髓。儒学的根本属性是政治哲学，社会人生是其致思逻辑的一个重要环节，人生与政治是不可分离的。⑤ 三纲五常不仅是道德义务，更是政治责任。儒家伦理道德的核心就是“三纲”、“五常”，

---

① 参见梁漱溟：《中国文化要义》，上海人民出版社 2005 年版，第 70～79 页。

② 《汉书·董仲舒传》。

③ ［美］詹姆斯·R. 汤森、布兰特利·沃马克：《中国政治》，顾速、董方等译，江苏人民出版社 1994 年版，第 42 页。

④ 参见李艳丽：《政治亚文化：影响当代中国政治发展的特殊因素分析》，武汉大学出版社 2008 年版，第 141～149 页。

⑤ 参见葛荃：《中国政治文化教程》，高等教育出版社 2006 年版，第 31 页。

“三纲”要求为臣、为子、为妻的必须绝对服从于君、父、夫，同时也要求君、父、夫为臣、子、妻作出表率。它反映了封建社会中君臣、父子、夫妇之间的一种特殊的道德关系。“五常”即仁、义、礼、智、信，是用以调整、规范君臣、父子、兄弟、夫妇、朋友等人伦关系的行为准则。“三纲”、“五常”是通过儒家的“礼”来贯通上下。“礼”不仅有至高的道德号召力，“人无礼不生，事无礼不成，国无礼则不宁。君臣不得不尊，父子不得不亲，兄弟不得不顺，夫妇不得不欢”①，还有至高的道德地位并贯穿人生始终，“在天成象，在地成形，如此，则礼者天地之别也”②，“礼者，谨于治生死者也”③。礼确立人的伦理道德关系，在这种关系中每个人都有自己需要恪守的基本操守，不同人归于不同等级，等级之间界限分明责任明确。但“礼”毕竟只是儒教道德伦理的核心概念，君主推广“礼”借助了两样东西，其一是强调人的道德主体性；其二是礼法合一，融礼入法。人的道德性就是说每个人都是一个道德的主体，通过克己复礼的修养，可以成为君子甚至是圣人，即“人皆可以为尧舜”。既然每个人都需要内修成德，那么就必须遵守礼的要求，恪守“三纲”和“五常”。礼法合一，融礼入法，就是通过法的国家强制性将礼的精神内核灌输到社会生活的各个方面，对于僭越礼制的行为进行严厉的司法打击，对符合礼制的行为进行司法政策和刑量的区别对待。法家思想的代表人物是先秦的韩非子，他提出“以法治国”④，“刑无等级”和“法不阿贵”的思想，即不分亲疏贵贱，一律严格执法，即“壹刑者，刑无等级，自卿相将军以至大夫庶人，有不从王令、犯国禁、乱上制者，罪死不赦”⑤，“法之所加，智者弗能辞，勇者弗敢争。刑过不避大臣，赏善不遗匹夫”⑥。法家思想造就了秦王朝一统天下、横扫六合的

---

① 《荀子·大略》。
② 《礼记·乐记》。
③ 《荀子·礼记》。
④ 《韩非子·有度》。
⑤ 《商君书·赏刑》。
⑥ 《韩非子·有度》。

帝业；但是法家“严刑峻法”天下“苦秦久矣”，秦不过二世，就被陈胜、吴广的农民起义掀倒。汉高祖刘邦建立汉王朝后，实行休养生息，崇尚黄老之学，经历文景之治，国力大为增强，但是同姓和功勋贵族的封建分封制造成地方势力做大，分裂势力猖獗；汉武中兴后，为了维护君王统治，接受儒生董仲舒“罢黜百家，独尊儒术”的建议，“春秋决狱”融礼入法从此成为那个时代直至以后统治阶级惯用的御民之法。从儒家经典里面寻求司法裁判和政治统治的理由，做到“微言大义”、礼法相应，臣民在服从阶级法律统治的同时，必须从礼制下身份的道德和规范要求出发，规训自己的行为。这样礼教法制就成为统治阶层传播意识形态的工具，成为控制民众的精神枷锁。

这种儒家伦理价值和身份规范的影响，在清末民初公民意识的传播中所起的负面影响是很大的。最主要的原因是儒家伦理关注的不是人的主体性，特别不是人的主体平等性；它们关注的是人的不平等性和人的身份差异性，它不是启发民智进行主体独立性的奋斗，而是要求民众安于身份之锁，恪守“礼制”，两宋的理学大师朱熹甚至提出“循天理，则不求利而自无不利；殉人欲，则求利未得而害已随之”① 的灭欲思想。中国古代的祖先们，在这样长期的主体性虚化的教育和实践中生活，就造成人的“奴性”和“国民劣根性”，“摇尾乞怜于外人之前，以求保其身家，甚或借外人之力，戕贼同类以媚外人”②。清末民初的知识分子和政治改革家，在宣传公民意识的时候，总是容易把国民程度低下和国家宪政体制改革失败的因果关系弄颠倒：认为国人国民程度低下所以立宪共和会失败，代议制政治会失败，故而需要“开明专制”。康有为的“虚君共和”、梁启超的国家主义情愫、陈独秀的“国家干涉主义”以及孙中山的“训政”思想等都是在这样思想下的产物。这种因果颠倒本身又进一步加大了人的身份差异和人的奴化教育。民主革

① 《孟子集注》卷一。

② 《说国民》；转引自张枬、王忍之编：《辛亥革命前十年间时论选集》第1卷上册，生活·读书·新知三联书店1960年版，第74页。

命的先驱之一孙中山的“差别党员”就是这样一个典型代表。①孙中山过世后，国民党“一个党、一个主义、一个纲领”的党化教育和“四维八德”的封建伦理育民教育，也秉承了这种身份差异、主体性抹灭的传统思维。

三、臣民文化的深刻影响

虽然在西方传统的政治法律思维中，臣民的概念与公民的概念并非完全被排斥。但在我国的话语体系中，臣民并非被视为“服从政治共同体”的公民，“作为公民的臣民”更是从来不存在。臣民是与公民相对的概念，是公民身份与臣民身份的对立。公民意识的萌发是建立在对臣民意识的批判反思之上，是对奴仆臣民及其义务客体的否定，是对人的自主性和权利义务的肯定。

第一，臣民抹灭了人的主体性和自律性，人没有独立的主体意识，沦为专制统治的工具和对象。臣民是个被动的依附性概念，它依赖专制君主而存在，没有自己独立的人格和自由意志，个人主体意识缺乏；而公民是独立的概念。君主是整个国家的中心和统治者，《诗》曰：“普天之下，莫非王土；率土之滨，莫非王臣。”“君也者，掌令者也，令行而禁止也。”② 中国传统政治文化中，个人是处于宗法关系网包围中的人，个人隶属于“君”、“父”，这种关系在封建小农经济条件下成为维护社会秩序和政治运作的必然。但也正是这种关系湮灭了个人，否定了人的自我意义。因此中国政治文化中的个人只能是缺少或失去政治主体意识的人。③ 中国的传统文化是建立在权威统治和臣民服从性人格的基础之上，那就是以三纲五常为主要的伦理基准，通过科举考试、宗族和家庭教育、社会教化，以及在制度上通过家长制、宗法制、皇权制、封建

① 孙中山将党员分成三等，其标准是入党时间的先后，不同党员享受不同权利，即“元勋公民”、“有功公民”和“先进公民”。

② 《春秋繁露·尧舜不擅移汤武不专杀》。

③ 刘宏伟、韩彦君：《浅议中国传统政治文化的现代化发展》，载《前沿》2004 年第 9 期。

等级制等论证皇权贵族统治的威权合法性。为其统治提供严密的制度支持和伦理观念，在这种观念下，人的主体性地位、自我意识的萌发和个人的权利义务意识都在不断被侵蚀。

第二，臣民意识只强调个人对君主的服从，要求履行对君主义务却忽视个人的权利。臣民是客体性概念，它是君主专制的对象。两千多年的封建王朝统治，君主权力通过天命观，即“受命于天，既受永昌”获得政权的合法性。每个人都需要服从天，天子也就是皇帝，就是代天巡狩，“四方之众，其义莫不愿为臣妾”①。在中国，传统的君主是政治权力的所有者和国家权力行使的最终决策者，君主配置的官员都是他的家臣和臣仆，他们食君之禄、必须忠君之事。经过历朝历代的政治实践和儒法伦理洗礼，官员和民众都形成忠君义务的价值观。虽然，历史上“民贵君轻”的重民思想和“施仁政”的儒家思想有助于臣民权利意识的萌芽，但是这些思想不过是为了缓和统治阶级的矛盾，最终目的是为了维护皇权贵族的既得利益。从这样的思想出发，“重民”和“施仁政”不过是以臣民义务为主要内容的牧民、弱民的手段，都是统治者维持统治的工具和策略，自始至终都不含有规定和保障公民权利和自由的内容，也不包含民众能够拥有法律保障的政治权利和身份。梁启超对此有过精辟的阐述：“言仁政者必言保民，牧之保之云者，其权无限也。”② 君主的政治统治是同封建伦理纲常结合在一起的，就是通过专制的文化、愚人的教育和三纲五常的伦理道德法治抹灭了人的主体性地位。君主推行“礼”，人们必须“非礼勿视，非礼勿听，非礼勿言，非礼勿动”③。教导民众“臣事君以忠”④，要求君子“其待上也，忠顺而不懈”⑤；在家庭中，要求“孝”，“孝悌也

① 《盐铁论·备胡》。

② 梁启超：《论政府与人民之权限》，载《饮冰室合集·文集之十》。

③ 《论语·颜渊》。

④ 《论语·八佾》。

⑤ 《荀子·君道》。

者，其为仁之本与!”① 认为孝道“塞乎天地”，“横乎四海”，“推而放诸四海而皆准”②。等级观念剥夺了人们的独立个性和政治自主精神，使人们不仅在实际生活中，而且在精神上做奴仆。中国家国一体，家是缩小了的国，国是放大了的家。对家长的孝道推广至国家，就是对君父的忠。在忠孝不能两全的时候，要弃孝从忠。在先秦诸子中，维护君主政治和君权也是政治思想的主流。③ 这样君权至上就成了臣民政治社会生活的基本价值选择。君权至上是政治社会生活的价值法则，即君主在社会生活中，具有绝对的权威，具有掌控一切，操夺生死大权的权力。在这种价值预设下，臣民只有忠君义务，没有法定权利。

总之，中国古代的家国同构的结构形式、血缘关系与政治关系结合而成的宗法制度，以及农业社会小农的极度分散和无依无倚，造就了民众的“子民”政治角色和“子民意识”，奴隶主义思想意识严重而深厚。④

四、政治参与匮乏及其思想传播的不足

中国古代政治参与不足，参与形式单一影响着国人政治参与的经验认识和参政效能，养成了国人奴性品格和臣民意识。专制下的臣民都是被统治驯化的对象，其政治参与的形式大体有两种：其一是通过科举考试，其二是通过农民起义。读书人一旦考取功名就进入士人阶层，在朝为官下野为绅。这种单一奴化的政治参与固化了民众政治参与的意识，在伦理纲常的训导下，缺乏主体意识的农民和士人也不会寻求其他的参与形式和途径。晚清是中国历史上最专制的时期之一，专制奴化的教育与科举考试，培养和提倡从属参与

① 《论语·学而》。

② 《礼记·祭义》。

③ 参见葛荃:《中国政治文化教程》，高等教育出版社 2006 年，第 149 页。

④ 参见李艳丽:《政治亚文化：影响当代中国政治发展的特殊因素分析》，武汉大学出版社 2008 年版，第 153 页。

型的政治心态。受这种心态模式制约的士人们，以掌握知识为手段，以干帝王业为目的，以忠君、治民、安天下为己任。① 士人阶层是专制统治政治上的盟友，经济上的寄生阶层，文化上的垄断者。他们不仅不会拓宽政治参与的渠道，也不能从民主政体上推进政府改革，不能成为现代公民意识的传播者。清末民初，自强运动、洋务运动、维新变法的主导力在顽固的王权保守势力和有限改革的满汉权臣的手中，自上而下的改革几乎都会失败，而自下而上的以地域性为基础的改革，思想上有限保守、民众参与上严重不足，这一切都严重阻碍了现代工业与观念的广泛传播。② 实际上，任何限制专制王权、削弱礼法纲常的举动必然遭到保守派的强烈反对和攻击，“清廷不是强有力地领导现代化，而是在中国积贫积弱的形势下小心谨慎地加强权力控制”③。这样，挂着“臣民”头衔的中国民众在政治上寻求参与的意愿、能力和途径就大打折扣并裹足不前。国人政治参与始终缺乏制度的渠道，更匮乏实践经验的积累，致使政治权利、民主权利等公民意识很难生根。

传统国人政治参与的不足已成缺憾，而新知识分子倡导的思想启蒙运动由于没能发动民众参与，致使无法深入社会而使改革受阻。辛亥革命建立了中国历史上第一个资产阶级共和国，民主共和、责任内阁、议会制度等近代法治思想和政治制度被引进中国，但革命尚未成功，任务依旧繁重。在辛亥革命后的那些年里，中国人的政治思想和行为都还近于传统的习惯。大多数民众依然是专横和极端保守的官僚们的牺牲品，像过去一样屈从于权威、武力、传

① 参见葛荃：《中国政治文化教程》，高等教育出版社 2006 年版，第 89 页。

② 参见徐中约：《中国近代史》（上册），香港中文大学出版社 2002 年版，第 449 ~ 452 页。

③ ［美］费正清：《伟大的中国革命》，刘尊棋译，世界知识出版社 2003 年版，第 148 页。

统伦理和政治教条。① 1916 年洪宪帝制的复辟闹剧，让改革派不断思索，为何共和政体举步维艰。除了几个武夫和反动学者外，没有开展全面的群众运动是一个重要的原因。即共和改革只是在新知识分子阶层宣传推广，缺乏广泛的群众基础。陈独秀曾一针见血地指出："吾国年来政象，惟有党派运动，而无国民运动"；② 而"第以共和宪政，非政府所能赐予，非一党一派人所能主持，更非一二伟人大老所能负之而趋。共和立宪而不出于多数国民之自觉与自动，皆伪共和也，伪立宪也"③。革命后，复辟闹剧，军阀割据、社会混乱、道德丧失的局面酝酿着一场新的思想和社会革命。新文化运动及其五四运动就是回应社会的革命，它是一场伟大的思想革命。首先是在西方自由、民主、共和等观点影响下的，对传统的礼法纲常、宗法社会、等级制度等展开的思想的斗争；其次才是一场全面彻底的社会革命。新知识分子仍旧是这场运动的主要领导者，但是国民素质的不足、战争危机的逼迫，广大的民众仍旧没有全面深入到运动中。正如鲁迅在新文化运动进行 10 年后，依然呐喊的那样："此后最紧要的是改革国民性，否则，无论是专制，是共和，是什么是什么，招牌虽换，货色照旧，全不行的。"④ 没有公民意识，特别是主体的权利和民主意识的制度改革是不成功的。价值意识一方面渊源于传统，一方面植根于生活的实践，不是少数人可以凭空创造而强加于整个社会的。⑤ 正是思想的启蒙和革命，从自强运动开始，延续五四新文化运动，到今天，很大程度上，这个任务仍未完成。这也是造成影响现今中国公民意识发展的一个历史性的阻碍因素。

---

① 参见周策纵：《五四运动：现代中国的思想革命》，江苏人民出版社 2005 年版，第 10 页。

② 《1916 年》，载《新青年》第 1 卷第 5 号。

③ 《吾人最后之觉悟》，载《新青年》第 1 卷第 6 号。

④ 《鲁迅全集》第 11 卷，第 30 页。

⑤ 余英时：《中国思想传统的现代诠释》，江苏人民出版社 1998 年版，第 70 页。

第四节 清末民初公民意识发展的启示

一、中国公民意识发展存在的主要问题

清末民初的公民意识发展所依存的经济基础、社会制度等都已不存在。但是儒家伦理道德的深刻浸染、臣民文化的潜在作用等都在不同程度，并以不同形式影响着近现代中国公民意识的发展。孙隆基认为：“中国历史上任何‘表层结构’意义的变动都是使‘深层结构’越来越没有变化的因素，因此，中国整个历史发展过程呈现出来的‘深层’结构遂表现为一个‘超稳定体系’的形态。”① 因而“以整个民族而言，我深觉中国文化的基本价值并没有完全离我们而去，不过是存在于一种模糊笼统的状态之中。中国人一般对人、对事、处世、接物的方式，暗中依然有中国价值系统在操纵主持”②。新中国成立后不久，十年“文革”动乱，那个以阶级斗争为纲、倾轧法律、蚕食人权的时代，是公民主体性和公民身份倒退的年代。新时期，胡锦涛同志在党的十七大报告中明确指出：“加强公民意识教育，树立社会主义民主法治、自由平等、公平正义理念。”公民教育成为社会主义法治建设的重要组成部分，事关社会主义法治建设的成败。可见，公民意识教育不仅是社会发展的内在需求，更是当前社会转型的迫切需要。

目前，我国公民对权利义务的漠视、公民道德感的缺失、对官员腐败的纵容、对权威体制的屈从等问题都反映出我国公民意识尚未能完全摆脱封建文化和伦理道德的深刻影响。公民意识发展迟缓，究其原因，笔者认为大致有这样几个方面：

首先，市场经济是公民意识萌发和发展的基础性要素。封建专

① ［美］孙隆基：《中国文化的深层结构》，广西师范大学出版社 2004 年版，第 9 ~ 10 页。

② 余英时：《中国思想传统的现代诠释》，江苏人民出版社 1998 年版，第 43 页。

制下的臣民文化就是依托小农经济、儒家伦理道德和专制体制的共同作用来维持君主的统治。小农经济下容易产生农民意识，即服从和固守安稳的臣民意识。市场经济是自由、平等和竞争的商品经济，要求人的主体独立和意思自治，即契约自由、所有权绝对和责任严格的基本原则。西欧早期资本主义萌发较早的地区和城市，都是市民文化发达的地方，公民的守法意识、契约意识和权利义务意识都很强。而中国两千多年以来一直处于小农经济社会，奉行"闭关锁国"和"重农抑商"的经济政策，国内商业发展缓慢，商人阶层深受封建余毒浸染，不仅在清末民初没有作为革命的重大推动力，反而态度暧昧甚至加入反动行列，成为改革立新的阻碍。中国历史上没有经历过市场经济的大发展，也就未能产生基于市场经济条件所形成的现代民主和法治思想。新中国成立后，生产资料公有成为国家的所有制形式，计划经济是调控经济的最主要手段。行政官僚的权力控制抑制和淡化了社会成员的公民意识；随后的十年"文化大革命"，更是公民意识惨遭扭曲和遗失的年代；改革开放以来，随着市场经济的开放和完善，公民的主体意识、规则意识等有所提高，但同时也存在不少问题，公民的拜金意识、权力意识等也随着人的独立和个性解放一同增长，公民的法治、义务、责任和公德意识长期处于缓慢发展的低潮状态。总之，民众的功利心理趋强而公德意识淡漠，自我意识趋强而主体意识薄弱。

其次，民主政治和法治政府是公民意识发展的实践性要素。公民意识是主体自觉自律的意识，是主体性和实践性的统一。社会成员权利和身份意识的变化，不仅和文化、历史延续有关，还和新的传统、制度框架有关。第一，民主政治和法治政府是宪法至上、法律之治理念在社会政治组织结构上的反映。封建的统治是专制统治，专制统治的核心是"人治"，即人大于法，权力高于权利，义务甚于权利。专制下个人不仅没有独立的主体性，更不可能有个人的权利观念，意识不到对政府权力进行监督和控制的必要性；对于专制而言，近现代社会的统治是法的统治，就是法律高于权力，人在法上，权在力上。现代法治的核心价值意义是相通的，即"确信法律能够提供可靠的手段来保障每个公民自由合法地享用属于自己的权利，而免受任何其他人专横意志的摆布”①。其基本内容的意识反映就是权利义务观念、民主法治观念。法治的核心理念，就是对国家权力进行制约与限制，并从制度体制上对专制进行彻底否定，由此带来政治的民主化与权力的法治化。这就要求政治的民主、政府的法治。第二，只有民主政治和法治政府才能给公民提供参与政治、监督政府的制度渠道和法治保障。人民需要在民主实践中学习民主，而民主政治和法治政府是法治统治的关键环节。我国公民意识发展缓慢与国家民主政治和法治政府发展迟缓是有关联的。

新中国成立后，我国的政治权力体制是高度集中的，这种权力的高度集中产生了权力腐败、官僚作风等许多问题。邓小平针对权力过分集中的现象指出，这“同我国历史上封建专制主义的影响有关，也同共产国际时期实行的各国党的工作中领导者个人高度集权的传统有关”②。政治运动化成为实现人民主权、阶级专政的最重要手段。这种简单、高效、运动加意识灌输的运动是公民政治参与的主要形式，但它却徒有其表，未得其实。这种政治参与强化的是权力意识、服从意识、暴徒意识，摧毁的是权利意识、主体意识、民主法治意识。改革开放后，社会利益分化、社会结构重构、社会成员多元价值期望和普遍权利要求，进而形成多元分散的社会权力和公私领域的明显分离。在这种大背景下，一元的价值观和单一的意识形态是不能整合如此复杂的现实情况，这时候就需要形成一种对公平正义、自由平等、民主法治的基本信仰和价值判断，能发自内心地尊重、遵守、运用这些观念指导下制定的规则和制度，“假如没有这种市民认同，一个多元化的社会就可能沦落为一场每个人对所有人的战争”③。总之，传统专

---

① 公丕祥：《国际化与本土化：法制现代化的时代挑战》，载《法学研究》1997 年第 1 期。

② 《邓小平文选》第 2 卷，人民出版社 1994 年版，第 329 页。

③ ［美］爱德华·希尔斯：《市民社会的美德》，载邓正来、［英］J. C. 亚历山大编：《国家与市民社会——一种社会理论的研究路径》，中央编译出版社 1999 年版，第 45 页。

制下形成的臣民观念和近现代民主政治发展的不足，都为当代公民意识发展设置了障碍。

最后，公民文化是公民意识的内在条件，是实现公民意识外化的驱动力。当今的公民文化是一种混合的政治文化，是村民取向、臣民取向和参与者取向的混合。① 它是以个人自觉自律、理性文化和法治信仰为特征的认知体系、价值评判和感情认同的综合体。现代的民主政治和法治社会需要有现代的公民文化，公民意识是公民文化中最重要的组成部分，通过公民文化的环境熏陶和启蒙教育，才能提升公民意识的认知度、完善民主政治的生态发展环境。邓小平指出："制度好可以使坏人无法任意横行，制度不好可以使好人无法充分做好事，甚至会走向反面。"② 而"一切社会制度若要得到民众最大的支持，必须拥有为全社会所接受的，行使社会权威的道德正当性"③。但是，当今中国社会民主政治发展仍旧受到传统儒法伦理道德的臣民文化的影响，即受权力至上、圣人掌权、清官依附、人格依赖、被动参与等非主动性、非竞争性和非功利化的伦理政治观的影响。④ "政治文化影响着政治体系中每一个政治角色的行动。同时，由现存政治结构所造成的机会和压力也影响着政治文化。"⑤ 而"中国古代社会臣民的奴隶主义思想意识和依附型政治人格是中国传统政治文化的一大特色，它主要表现为普遍存在的等级依附观念、忠孝观念和忠君观念"⑥。在这种臣民文化观念下，

① 参见［美］加布里埃尔·A. 阿尔蒙德、西德尼·维巴：《公民文化：五个国家的政治态度和民主制》，徐湘林等译，东方出版社2008年版，第29页。

② 《邓小平文选》第2卷，人民出版社1994年版，第333页。

③ ［美］丹尼斯·贝尔：《资本主义文化矛盾》，赵一凡等译，生活·读书·新知三联书店1992年版，第124～125页。

④ 参见毛寿龙：《政治社会学：民主制度的政治社会基础》，吉林出版集团有限责任公司2007年版，第121～129页。

⑤ ［美］加布里埃尔·A. 阿尔蒙德、小G. 宾厄姆·鲍威尔：《比较政治学：体系、过程和政策》，曹沛霖等译，上海译文出版社1987年版，第29页。

⑥ 柏维春：《政治文化传统——中国和西方对比分析》，东北师范大学出版社2001年版，第242～243页。

"制度"往往得不到社会成员的普遍认可与遵守，现行的民主政治和法治建设措施，总是不时发生扭曲、变形，甚至异化。这样以来，会产生以下的两点不利后果：

其一，人治思想浓重，轻视法治。几千年的封建统治，使中国社会沉淀了浓厚的臣民意识，而长期的计划经济又培养了一批顺民。臣民和顺民遵从国家行政权力主导的指令，只知义务而不懂权利，更不知如何争取和行使权利。新中国成立后，党和国家的建设长期面临人治和法治、权力和权利的角力。"不重视法律是中国封建政治传统的典型特征。在党领导人民夺取全国政权的过程中，由于没有合法斗争的条件，一切革命工作都是在突破旧法制中进行的，所以不信任法律、仇视法律的心理在党内和群众中有广泛而深厚的基础。新中国成立初期几次全国范围的群众运动取得了很大成绩，也在一定程度上助长了轻视法律的心理。"① 与此同时，这种重人治、崇权力权威的政治极权体制将政治权力的触角深入到社会生活的各个方面，也塑造了中国人民的权威服从意识和"官本位"意识。"政治对文化经济及其他社会生活领域的控制，使文化、经济等强烈地隶属于政治权威，并因而丧失了独立自由的品格。在这种社会存在的现实面前，政治至上的'官本位'自然就成了中国人意识结构中的主导价值观。"②

其二，权利责任观念和公德心等缺乏。改革开放以来，外来的制度和意识对我国传统社会和道德观念造成极大冲击。但是，国家在民主法治建设方面还相对滞后，更缺乏系统的现代公民意识教育。"离开了以民主法治的社会思潮的鼓动和宣传，就没有公民现代法律意识的形成和发展。"③ 这样，在多元的利益分歧、复杂的社会结构变化时，公民无所适从，道德公德心沦丧、民主法治信仰

① 董必武：《论社会主义民主和法制》，人民出版社 1979 年版，第 134～136 页。

② 陶东明等：《当代中国政治参与》，浙江人民出版社 2000 年版，第 28 页。

③ 刘洪旺：《法律意识论》，法律出版社 2001 年，第 224 页。

缺乏，进而公民逃避法律、规避法律、抵制法律；漠视社会权利、尤其是政治参与等权利；只愿意享受做国家主人的权利，不愿履行作为国家公民的义务等行为失范现象突出。没有以法治为基本内容的公民意识的形成，民主政治就缺乏存在和发展的基础，法治社会就没有推进和完善的核心元素。

国内有学者对法律和制度的影响进行实证调查。调查中，采访人就“您认为现在办事主要依靠什么?”进行选择，受访人的政治面貌是“中共党员”、“民主党派”、“共青团员”和“普通民众”，选项有“法律”、“党的政策”、“领导意图”、“靠人情”、“请客送礼”、“其他”六项。统计结果是，只有近20%的受访者认为通过法律可以解决问题，19%的人选择“党的政策”，但有近57%的受访者认为通过“请客送礼”、“依靠人情”等方式达成目的。①“请客送礼”、“依靠人情”等制度外的解决途径，往往是对传统的权力寻租和权力崇拜的意识反映。它不仅意味着当前我国社会矛盾解决机制的不畅通和低效率，更说明这些传统的臣民人治意识仍是公民意识发展的阻碍因素。

二、中国公民意识发展的启发及解决之道

公民意识是实践性和历史性的统一，公民意识的完善必然随着公民身份的演变、社会政治经济与历史文化传统的发展而发展。民主政治、市场经济和公民文化是培养当代公民意识的实践土壤和营养要素。面对目前国内公民意识发展滞后的现状，笔者认为要从以下几个方面出发培养和塑造公民意识。

首先，推进社会主义民主政治建设，为公民意识的培养和形成创造良好的政治环境。第一，社会主义的民主政治要推进和完善党的治国理念与执政方式的转变，完成从革命党向建设党的角色转变，做到从严治党、依法治党、依法执政，尤其是党和国家领导人要消除权力本位、官本位等落后思想的影响，带头尊重和遵守宪法

① 参见李艳丽：《政治亚文化：影响当代中国政治发展的特殊因素分析》，武汉大学出版社2008年版，第133页。

和法律；同时，还要转变执政思维，树立法治理念，学习用宪法思维和法治视角处理好包括党政、党和国家、党和人民等各种问题。第二，完善和加强公民的政治参与。通过公民政治参与，行使广泛而重要的宪法权利，让人民真正地实现“当家做主”。完善公民政治参与的制度，扩大公民参与渠道，使主体间有合理、流畅和高效的信息表达、接受与反馈机制，通过这种制度化的沟通渠道和表达方式，将人们的观念集中起来，进行整合进而形成普遍的社会共识，从而在实践中更好地检验和培育公民意识。第三，加强法制建设，完善社会主义法律体系。法律不仅仅是一种制度、一种秩序和一种统治工具，更重要的是，法律本身隐藏着一种公正的价值，代表了一种理想信念和文化力量。① 法制建设的首要之务就是要建立体系完备、逻辑严密、规范准确的成文法律系统，形成以宪法为根本法、各个部门法相互配合、其他规范性法律法规相互补充的完善的法律体系。第四，在立法、执法和司法的各个环节中注重建立健全科学完善的法律监督机制和规范制衡体系。整个过程必须坚持“宪法至上”与“良法之治”的理念，体现“有法可依、有法必依、执法必严、违法必究”的社会主义法制基本要求，实现依法治国、以法制权、人在法下的法治状态。通过推进民主政治、社会主义法治建设等培育和重塑公民意识的关键环节，形成一种法治的信仰、思维方式和行为模式，为公民意识提供实践的制度渠道和制度保障，也为公民意识的深入发展提供良好的法治环境。

其次，发达完善的市场经济能培养现代契约的精神，唤醒主体的权利意识和平等精神，是当代公民意识培育的重要经济性要素。市场经济是以私人财产所有权为核心，关注私人利益的商品经济形式，它能够通过完善社会主义利益分配机制、权利尤其是产权保障机制和利益反馈机制等，从而激起公民作为经济人的权利热情，形成以平等主体的意思自治为核心、契约权利为内容的竞争性、参与性和规范性的公民意识。市场经济的发达，不仅意味着自觉自律的

① 参见柯卫：《中西方法治意识的差异及启示》，载《求索》2006 年第 12 期。

主体身份及其相关权利义务确立，更重视法律在经济生活中的规范调控作用。它冲击传统的小农经济，要求打破熟人社会高成本的运行成本，主张通过法治保障、契约形式实现人的经济利益，保障人的包括产权在内的各项经济权利，从而实现人们的价值观、思想和行动的转变。同时，结合经济体制改革的稳健推进，大力培育公民社会或民间社会。市场经济的完善发展必然要冲破单一政治生活的束缚，契约精神的普及必然要求对传统的伦理社会进行批判和改造，市民社会的这种“政治解放一方面把人归结为市民社会的成员，归结为利己的、独立的个体，另一方面把人归结为公民，归结为法人”①。“消极”的市民将向“积极”的公民转变，传统的人伦社会的意识形态必然要向现代的契约竞争的公民意识转变。在这个过程中，建立和完善非政府组织、社会团体组织等民间组织，对于整合市民社会利益、完善表达机制等都有着非常巨大的作用。市民社会的完善也重构了公民身份，也就是重新建立起“公民”角色凌驾于其他角色之上的主权，从而提供一种政治手段，借助这种手段既能够使得个人在私人市场领域中的多重身份认同秩序化，又能使得这种认同与政治判断相一致。② 即通过完善市民社会，重构公民身份和公民意识的内涵，形成一种政治经济共同体的基本价值判断、思维方式和行为模式的理念体系，既消解政治改革中的动荡，也缓解经济发展中的冲突，实现政治生活和经济生活的统一。

最后，培育公民文化，大力开展公民教育。公民文化是一种混合的政治文化。其基本内容首先是参与者的文化，即是一种政治文化和政治结构相互协调的参与者政治文化。更重要的是混合的政治文化，是村民取向、臣民取向和参与者取向的混合。第一，公民文化中，参与者政治取向和臣民与村民取向是结合在一起，而不是前者取代后者。第二，参与者角色是对臣民角色和村民角色的叠加。这意味着积极公民保留了其传统的、非政治的关系，以及他作为臣

① 《马克思恩格斯全集》第3卷，人民出版社2002年版，第189页。

② 参见［美］巴伯：《强势民主》，彭斌译，吉林人民出版社2006年版，第241页。

民的更消极的政治角色。① 第三，这种混合的政治文化是一种平衡的文化，它既存在政治的积极性，但又对消极性、传统性和村民价值的责任性进行平衡。② 正是这种混合型的公民文化实现了多元政治结构的内在张力的稳定，保证了政治共同体的实现。现代中国在构建社会和谐的政治社会结构的建设中，公民文化的培育和发展无疑起着重大的文化认同和心理支撑。

政治生活的民主化、社会化和法治化的基础就是公民文化，体现于公民意识之中。教育是政治态度的最重要的决定因素。③ 民主的参与和责任的明确准则均可以通过教育而得以传播。④ 公民教育是培养公民意识的重要方式之一，公民教育的成熟度和实施状况直接影响着民主政治实践和法治社会建设。第一，公民教育是随着公民身份发展而不断演变丰富的。没有一般化的公民身份及其社会体制，只有不同历史中不断实践着的主体权力，它不断创造着具体的公民权贵及其身份。它是历史的、社会的创造。⑤ 当今中国面临全球化的冲击和现代化转型的阵痛，如何在传统文化和现代文化、国内政治结构转型和公民文化培养等方面进行整合，就需要构建新的政治共同体意识和新的身份认同。如果没有现代公民文化的心理基础及其统一的公民意识，就无法处理社会结构多层化、价值观念多样化带来的碎片化的肢解和意识形态冲击，如果不能促进参与者公民意识取向，就无法形成对民族国家共同体的理性文化和价值信

---

① 参见［美］加布里埃尔·A. 阿尔蒙德、西德尼·维巴：《公民文化：五个国家的政治态度和民主制》，徐湘林等译，东方出版社 2008 年版，第 422 页。

② 参见［美］加布里埃尔·A. 阿尔蒙德、西德尼·维巴：《公民文化：五个国家的政治态度和民主制》，徐湘林等译，东方出版社 2008 年版，第 28～29 页。

③ 参见毛寿龙：《政治社会学：民主制度的政治社会基础》，吉林出版集团有限责任公司 2007 年版，第 121 页。

④ 参见毛寿龙：《政治社会学：民主制度的政治社会基础》，吉林出版集团有限责任公司 2007 年版，第 121 页。

⑤ 参见张静主编：《身份认同研究》，上海人民出版社 2005 年版，第 13 页。

仰，进而造成公民对国家民族的认同危机，造成社会的合理性、合法性危机。公民文化的培养和公民意识的形成，需要社会成员通过一系列实践互动，去寻找、商议和界定新型的社会成员权的性质。即建构新的成员关系、新的行动规则认同和新的整合秩序。① 第二，公民教育是实现公民文化的重要手段。这其中最典型的是正式的学校教育，通过学校教育能够培养公民参与的政治认知技能。目前，我国公民意识的学校教育需要不断完善。以往的公民教育在教育思想上，侧重于法制宣传和单纯的守法教育，缺乏公民主体权利启蒙和民主政治等观念的教育；在教育形式上，尚未形成全民的分阶段、多层次、终身的教育。这样，在公民教育的思想深度和教育的实践维度上，缺乏时代的人文气息关怀和理论探讨的观照，无法将公民身份的变化、公民意识的转变和社会对公民能力的需求结合起来。而对民主有利的公民教育至少具有三种适当的形式：正式的教育；私人领域的社会行动以及政治参与本身。② 所以还要加强除学校教育外的其他形式的教育，如公民社团生活，家庭、伙伴群体、学校、工作场所以及在政治系统自身之中的实践。通过这样广泛又社会化的教育途径，人们可以学习到政治文化的不同方面，也可以把公民文化内在的矛盾性张力限制在最小的程度。

总之，在我国进行规范制度建构和文明法治建设的过程中，公民意识巨大的文化感召、共同体认同和价值整合的作用更为突出。“如果一个国家的人民缺乏一种能够赋予这些制度以真实生命力的广泛的现代心理基础，如果执行和运用着这些现代制度的人自身还没有从心理、思想、态度和行为上都经历一个向现代化的转变，失败和畸形发展的悲剧结局是不可避免的。再完美的现代制度和管理方式，再先进的技术工艺也会在一群传统人的手中变成废纸一

① 参见张静主编：《身份认同研究》，上海人民出版社 2005 年版，第 21 页。

② 参见［美］巴伯：《强势民主》，彭斌译，吉林人民出版社 2006 年版，第 274 页。

堆。”① 而公民意识为国家制度、法律制度提供着合法性信仰、有效认同和服从，为法治进程提供着不可或缺的重要内在驱动力。如果说民主政治和市场经济是法治得以存在和发展的正式制度要素的话，那么，以主体自由追求和理性自律精神为内核的公民意识，则是其非正式制度要素。正是二者的契合，才使具有普遍理性主义的现代法治得以呈现内在自觉、动态整合的非单一线性的总体性进程。② 可以这样总结，没有现代公民意识的启蒙和教育，就没有现代化的中国和中国的政治文明和政治法治现代化。而通过公民意识的内在驱动力和环境要素支撑，能为中国政治体制改革和法治建设提供强大的源动力，公民政治实践和法治发展又会反作用并推进公民意识的成长完善。

① ［美］英格尔斯：《人的现代化》，殷陆君译，四川人民出版社 1985 年版，第 4 页。

② 参见马长山：《公民意识：中国法治进程的内驱力》，载《法学研究》1996 年第 6 期。

第三章　公民意识与政治参与

第一节　政治参与与民主政治

党的十八大报告指出："加快推进社会主义民主政治制度化、规范化、程序化，从各层次各领域扩大公民有序政治参与，实现国家各项工作法治化。"民主是政治文明发展的内在要求，政治社会发展的高级形态是民主政治。现代民主的核心问题之一是公民如何以自我的主体身份参与到国家的运行管理中，通过有效的政治参与达到自治和对政府行为的有效规控，从而在国家、市场和社会间建立动态平衡的运行机制，推动国家、市场和社会的和谐发展。实践经验表明，民主制度和价值的实现，不仅需要依赖文明的政治制度，还必须辅助以健全的公民文化、丰富的政治实践来共同完成。因此，利益相关方，尤其是公民个人，对政治权力运行和监督的介入就显得尤为必要。而参与本身不仅是政治民主的体现，而且也促进民主政治的发展和完善。从这个意义上讲，政治参与是一个国家政治文明的重要标志，政治参与程度和政治参与水平反映了这个国家民主发展的程度和政治发展的水平。在整个过程中，公民意识的内在驱动力和对政治生态环境的形塑功能，对制度的有效运行、决策的有力执行和政治社会化的有序推进起着十分重大的作用。

一、政治参与的内涵

在政治国家中，政治参与是宪法法律赋予的基本权利，作为政治共同体下的公民个人，也有义务参与政治实践，实现对国家社会的管理。亚里士多德就认为，公民只有参与到政治生活当中才能实现自我的价值，作为城邦的动物一旦脱离了城邦，“不是一只野兽，那就是一位神祇”①。同时，政治参与作为民主政治和政治社会化的实现形式之一，对其本源性的追问能够更好地实现政治参与，促进政治实体的合法性、认同感和效能感。

（一）政治参与的概念

政治参与的概念存在不同解读，不同的研究视角和解读侧面都会得出不同的答案。西方学者如亨廷顿、纳尔逊、奥罗姆、诺曼·尼和西德尼·伏巴等人关于此概念都给出了自己的定义。② 其中心内容，就是“公民以自己的行动影响政治过程”。例如，将公民政治参与定义为“公民自愿地通过各种合法方式参与政治生活的行为”③ 或“按照一定的法律程序参与政治生活的政治行为”。④ 而《布莱克威尔政治学百科全书》则认为，“政治参与是大量普通公民参与政治的活动”，政治参与的对象包括了政治家、政府官员和普通公民，政治参与的方式是在政治制度内参与政策的形成过程。⑤

国内学界对此概念的定义也大同小异，只不过在界定该概念时侧重点不同。他们或强调参与的主体、客体，或偏向政治参与的性质或者政治参与的目的。如有学者认为，从一般意义上看，公民政治参与“是指公民、公民群体或公民团体运用自己的政治权利，

① ［古希腊］亚里士多德：《政治学》，吴寿彭译，商务印书馆 1965 年版，第 9 页。

② 亨廷顿认为政治参与就是“平民试图影响政府决策的活动”；奥罗姆将其理解为“被视为是让人们以各种途径，努力影响政治过程”；诺曼·尼和西德尼·伏巴认为，“政治参与就是平民或多或少以影响政府人员的选择及（或）他们采取的行动为直接目的而进行的合法活动”。

③ 《中国大百科全书·政治学》，中国大百科出版社 1992 年版，第 485 页。

④ 《当代世界政治实用百科全书》，中国社会出版社 1993 年版，第 173 页。

⑤ ［英］戴维·米勒、韦农·波格丹：《布莱克威尔政治学百科全书》，中国政法大学出版社 1992 年版，第 563 页。

通过影响政治权力或政治系统以满足自己的利益要求和实现自我的行为”;① 也有学者认为，政治参与就是“公民试图影响政府决策的非职业化行为”;② 还有学者则认为，政治参与是普通公民通过各种合法方式参加政治生活的行为。政治参与影响了政治体系的运行规则、运行方式和政策过程，体现了公民在政治生活中的地位与作用，是其实现政治权利的重要方式。③

总之，从公民“接近政府”和管理政府有效方式看，政治参与具有普遍性意义。结合我国政治实践的现状和基本国情，笔者认为，政治参与是指公民或公民团体以自己的行动作用于政治过程，并在最终政治决策中反映自己的政治诉愿，影响政治决策的执行和其他公共事务的治理活动。

（二）政治参与的类型和特点

政治参与作为公民实现其政治权利的一种行为，其参与方式呈现出多样化的特点。概括而言，在政治生活中，常见的政治参与方式主要有投票、选举、结社活动、政治表达、暴力等五种。其中，投票作为一种普遍的政治活动形式，是公民对于政策或候选人表示其偏好，作出选择的行为；选举是由组织、动员、投票等多个连续的政治活动组成的一种政治行为；对于政治参与而言，结社活动一个层面的含义是参加政治社团和政党，另一个层面的含义是以团体组织的方式解决政治社会问题；政治表达则是公民可以在宪法允许范围内以政治集会、政治请愿、政治言论等手段来进行政治观点和政治态度的表达；而作为政治参与形式的暴力行为，带有特定的政治目的，表达了公民某种政治意图，是一种旨在影响政府决策的暴动，颠覆现有政治体制的革命等的行为，但并非所有的公民暴力活

① 王维国：《公民有序政治参与的途径》，人民出版社 2007 年版，第 89 页。

② 陈振明，李东云：《“政治参与”概念辨析》，载《东南学术》2008 年第 4 期。

③ 参见王浦劬：《政治学基础》，北京大学出版社 1995 年版，第 207 页。

动都能成为政治参与的形式。①

政治参与根据不同的标准可以划分为不同的类型。

根据政治参与的主体，分为个体参与和组织参与两种类型。个体参与是指作为个体的公民依法行使参与政治实践的行为。以我国为例，宪法和法律规定公民可以通过选举、信访、申诉、听证、供职国家机关等多种形式进行政治参与。组织参与是相对于个体参与而言，指有着相同政治愿望和政治诉求的个人组成团体（包括政党、社会团体、利益集团等）参与政治的活动。② 这些团体有着较为统一的利益诉求，可以将分散、杂乱的公民利益进行一定程度的有效整合；有助于在政治决策过程中增强利益相同者的利益表达，改变公民个体参政时的弱势地位；同时在公民团体内部，成员联系较为密切，沟通较为频繁，团体可以有效引导其成员关心政治、动员成员参与政治活动，从而培养公民意识、增强政治实践的能力。

根据公民对政治活动的主观态度、关心程度、参与频率，分为积极参与和消极参与。积极参与表现为对政治体系、政治决策和政治行动的肯定性支持。公民的积极参与是理性合法有序的政治参与。公民通过制度内的各种参与渠道将自己的政治意愿和利益索求输入政治体系，并在政治输入一端依法实施法律和国家政策。公民的积极政治参与是政治实体合法性的基础，稳定着社会的秩序，“加强了政府的稳定性，以使高速经济增长成为可能”③。消极参与表现为对政治制度和规范的被动服从，它往往是公民在政治参与时并不抱有影响政府决策的任何意图。民主社会中，一定程度的消极参与对社会政治的稳定起到一定的积极效果，“一种系统的民主

① 参见郜文燕：《政治参与研究综述》，载《河北青年管理干部学院学报》2013 年第 2 期。

② 参见王邦佐、孙关宏、王沪宁：《新政治学概要》，复旦大学出版社 2004 年版，第 247 ~ 248 页。

③ ［日］浦岛郁夫：《政治参与》，解莉莉译，经济日报出版社 1989 年版，第 49 页。

程度越高，就越有可能遭受内在威胁的危害”①，因此，为了挽救民主，必须适当限制民主，发挥民主政治制度的作用往往需要某些个人或集团在某种程度上不关心和不参与政治。② 但是过于消极地参与政治实践，则容易走向漠视权利、放纵权力的极端。

根据政治参与的影响力是否直接作用于政治过程，分为直接参与和间接参与。直接参与是公民在政治参与活动过程中，不通过任何中介直接作用于政治过程并施加影响的行为，而间接参与则是参与者通过一定的中介并不直接对政治过程施加影响的行为。直接政治参与包括选举与被选举、基层自治、自由结社、参加政党等，直接参与是公民以自己的行动实现管理国家政治生活，落实“人民主权”的体现；间接政治参与包括间接选举、理论宣传、传媒参与、网络参与等。③ 间接参与是公民自由选择的政治参与方式，具有灵活多变、开放自由的特点，容易激发民众的政治热情和形成民主讨论的氛围。

政治参与是公民的基本政治权利，在其实现过程中有其独特的性质：政治参与具有原生性，即是公民人权的基本内核，不可剥夺或减损；政治参与具有利益性，反映各异主体的不同利益诉求；政治参与具有自发性，是主体觉醒和利益刺激后的必然结果；政治参与具有差异性。

首先，政治参与具有阶级性。即在阶级国家，公民可以通过政治参与影响与控制国家政策与公共决策，以维护或改变一定的生产关系，从而使自己和自己所属的阶级在这种生产关系中获利。④ 政治参与的本质既不是为了满足生存本能的需要而必须依靠国家有机

---

① ［法］米歇尔·克罗齐、［美］塞缪尔·亨廷顿、［日］绵贯让治合：《民主的危机》，马殿军等译，求实出版社1989年版，第7页。

② 参见陶东明、陈明明：《当代中国政治参与》，浙江人民出版社1998年版，第117页。

③ 参见陈振明、李云东：《“政治参与”概念辨析》，载《东南学术》2008年第4期。

④ 参见陶东明、陈明明：《当代中国政治参与》，浙江人民出版社1998年版，第118～121页。

体的冲动；也不是在“社会契约”下政府和公民个人抽象的缔约行为，或者是基于“趋利避害”的功利主义考量而在统治者和被统治者之间的共同选择。政治参与是社会历史发展的客观需要，是生产力发展和实现人民民主的必然要求。从这种意义上而言，政治参与是具体、历史和阶级性的，它必然随着政治民主化和政治权利的完善而逐步发展。资产阶级的政治参与，以美国的选举权为例，曾长期受到性别、财产、种族和年龄的限制，民众很少或不能参与选举，更不用谈行使其他政治权利。新中国成立后，公民通过各种途径和形式行使国家的权利，并得到宪法法律的制度和规范保障。

其次，政治参与具有利益性。马克思说：“人们为之奋斗的一切，都同他们的利益有关。”① 为了满足人们的需求除了努力创造更多的资源外，就是尽量合理地分配这些资源，以维持社会关系的和谐与稳定。人们的政治参与就是政治利益的反映和再分配。随着人类物质文明的高度发展，市场经济和契约精神的深入，现代公民意识也不断觉醒，为了追求利益最大化，同时保证利益得到国家和社会的认同和保障，就需要通过政治参与表达自身的利益和政治诉求，争取更大的话语权，获得更优势的社会利益。此外，利益的多样化和社会的阶层性是现代社会的基本特征，各种利益的诉求与表达在客观方面必然推动着公民社会的发展与完善，为促进政治参与提供坚实的社会基础。

再次，政治参与具有自发性，是主体觉醒和利益刺激后的必然结果。政治参与的自发性是同公民身份认同紧密相连的，即公民作为人，意识到了自己的权利和利益、责任和义务，意识到可以通过对政治共同体的参与来实现自身的合法权利和利益，实现对国家的管理、监督和控制；同时，这种自发性又同公民个人的利益相联系，当政治运行和决策分配涉及自身利益的时候，公民有通过参与反映自身利益诉求的内在冲动。主体性的发展和经济利益的刺激，促进了政治参与的发展，而政治参与实践又加强了主体性认识，满足其利益诉求。

① 《马克思恩格斯全集》第1卷，人民出版社1995年版，第187页。

最后，政治参与具有差异性。差异性的根源是由于政治参与者的利益基点不一致。当今社会，价值诉求多元化、政治结构复杂化、社会矛盾多样化，这些都导致不同主体产生不同的利益需求，差异的利益诉求需要不同的政治参与，并力图通过参与行使政治权利、表达政治利益、完成政治诉求等。公民政治参与还受到政治参与的知识和政治能力的限制。政治参与知识是公民对国家政治实体、政治体系、制度规范和价值理念的基本信息的掌握；而公民的政治能力则是公民通过参与政治实践，从而对政治实体运行进行影响的能力。政治参与还受到参与主体的年龄、受教育水平、经济状况等因素的影响。一般来说年龄较大、受教育水平较高、经济状况较好的公民有比较强烈的参政欲望，并且政治参与能力也较强。

二、政治参与的重要价值：民主政治的生长点

民主同正义一样有着一张普洛透斯的脸，变化无常。① 民主的内容十分丰富，无论是古典自然主义的民主或是自由主义的民主，还是多元民主、强势民主、精英民主、协商民主等近现代民主新论，都无法抹灭一个基本的事实，那就是民主是政治社会追求的重要目标之一，因具有相当的普世性价值而被广泛接受。在民主政治下，“多数”的统治基本是绝对的。但这也带来了民主政治潜在的危险，即“多数”会“在思想的周围筑起一圈高墙，在这圈墙内，作家可以自由写作，而如果他敢于越过这个雷池，他就要倒霉了。这不是说他有被宗教裁判所烧死的危险，而是说他要成为众人讨厌和天天受辱的对象”，“他只好表示让步，最后完全屈服，保持沉默，好像不该说真话而后悔了”②。因此，“多数人的暴政”和“选举精英统治”的民主难题仍旧缠绕着我们。同时，“自由竞争性选举”限制了大多数人参政的机会，“代议”限制了民众直接参

① 参见［美］博登海默：《法理学：法律哲学与法律方法》，中国政法大学出版社 1998 年版，第 261 页。

② ［法］托克维尔：《论美国的民主》上卷，商务印书馆 1988 年版，第 293 页。

与决策的机会，即便是普选的实现也无法改变选举的“贵族”、“寡头”色彩。① 因此，“代议民主”就像“一位心脏久佳的长跑选手；表面上跑得稳健，但内在力量迅速耗弱”，以致浮现出一些“症状”。② 在信息化全球化的背景下，社会层次多级化、公民认同多样化和利益诉求多元化，给政治实体的稳定发展带来巨大冲击。政治参与是政治现代化的标志③，扩展公民有序政治参与成为提高政治合法性和认同感、巩固政治共同体的稳定性、提升政治决策的执行力的最重要手段。此外，市民社会与政治国家、政府与公民的二元分离也需要一种有效的政治参与进入到政治体系的决策和运行中去，从而更好地监督国家权力的行使，以实现人民的民主权利。

作为民主的一个核心理念是一切权力属于人民，国家和政府都只是代表人民行使权力。统治的合法性和政治权威也只有建立在民主的基础上，才能够获得合法性的支撑。政治参与对于民主理念的塑造和完善、民主制度的建构和规范、政治共同体的存在和发展等都具有现实的意义，显得紧要而迫切。所以，政治参与是民主政治的生长点。其具体体现为：

第一，政治参与是公民政治实践的有效的方法。政治文明的发展完善，不仅仅是建立在完备的政治制度之上，还需要民众对政治实体的内在认同和信仰，即必须具备一定的政治观念和政治心理，此外，还要具备相当的政治技能和政治参与水平。④ 人们的政治训练主要通过家庭、学校、单位、社团等渠道进行正式或非正式的政治文化教育和政治技能训练。而政治作为一门艺术，对政治头脑训

① 参见王绍光：《民主四讲》，生活·读书·新知三联书店 2008 年版，第 33~56 页。

② 转引自郭秋永：《当代三大民主理论》，新星出版社 2006 年版，第 85 页。

③ 参见［美］塞缪尔·亨廷顿、琼·纳尔逊：《难以抉择——发展中国家的政治参与》，汪晓寿等译，华夏出版社 1989 年版，第 1 页。

④ 参见潘德金：《培养政治素养，建设政治文明》，载《政治学研究》2008 年第 6 期。

练和政治技能培训的最佳途径就是让人们亲自参与到政治实践当中来，而人们也正是在这种不断的政治参与过程中积累政治经验、获取政治技能。比如，在选举投票过程中，民众会根据自己对党派执政纲领的认识和对国家政治前景的愿望，用自己手中的选票来进行选择。当某党派的执政理念不符合自己的政治愿望或国家的政治抉择不能反映自己的政治诉求时，人们就可以选择放弃或投其他政党的票，从而影响或改变政府的构成。公民在这个参与的过程中将既有的政治观念或政治心理和现实的政治社会进行比对，深入分析并作出选择，从而不断改进和提高政治参与的技能和水平。整个过程也促使主体意识觉醒，逐步养成宽容妥协的精神，强化个体的政治认同感，形成共同的政治信仰和政治文化。

第二，政治参与体现了公民的主体性价值，需要通过公民教育逐步实现。公民的主体性首先就要求公民能意识到自己作为“人”和国家主人的社会角色。它的集中反映就是公民意识。当今国家，主体意识的觉醒，就是权利意识、责任意识、国家民族意识等的觉醒，意识的觉醒使得民众愿意关心国家和社会的发展，希望参与国家社会建设，依法承担推动社会进步和国家发展的法律责任。因此，公民意识为国家制度、法律制度提供着合法性信仰、有效认同和服从，这种信仰和服从为法治和现代政治文明进程提供着强大的内在驱动力。① 这种驱动力并不是每个国家与生俱来的，而是需要各种形式的学习和教育才可以得到。宪政法律框架下的政治学习主要有两种方式，即通过学校式的教育和政治实践的锻炼。学校式的教育能够传授与参与相关的认识技能，但不能培养公民对社会认知的社会态度、感情和评价；也不能使人们对社会产生信任和信赖；更无法让人们充分认识到公民文化内在的矛盾关系。② 故而，仅仅

① 参见马长山：《公民意识：中国法治进程的内驱力》，载《法学研究》1996 年第 6 期。

② 参见［美］加布里埃尔·A. 阿尔蒙德、西德尼·维巴：《公民文化：五个国家的政治态度和民主制》，徐湘林等译，东方出版社 2008 年版，第 447 ~ 448 页。

依靠学校式的教育来灌输抽象的主体、权利、民主、责任等概念并不能完全激发公民的主体意识、权利意识、民主意识以及责任意识。因此，公民还需要通过政治实践的锻炼来不断深化认识，并用意识反作用于社会实践。强势民主代表人物巴伯就认为："无论如何，只有直接的政治参与——明显具有公共性的活动——才是一个民主公民教育完全成功的形式。"① 公民政治参与的实践促进了公民意识的形成，公民意识的提高有利于公民更好地参与政治实践。

第三，公民的政治参与是政治社会化的实现途径。"政治社会化是社会个体在社会政治互动中接受社会政治文化教化，学习政治知识、掌握政治技能、内化政治规范、形成政治态度、完善政治人格的辩证过程；是社会政治体系的自我延续机制和功能运行机制。"② 政治社会化是政治性和社会性的统一，社会个体为了适应社会政治生活，必须参与到普遍的政治活动中，形成政治与社会的交流与互动。政治社会化是内化和外化的统一，内外是将自己对政治实体的认知、感情和评价作为自身的思维模式、行为方式；外化表现为个体通过政治实践，影响和教化其他社会个体的政治化。政治社会化的阶段性和连续性的统一，要求个体通过渐进、阶段性的方式参与政治，并最终形成常态的政治参与。总之，政治社会化是个综合的体系，在社会化的过程中广泛而有序的政治参与可以尽可能地照顾到各种利益需求，允许并保障参与者最大限度地利用制度供给的渠道，通过各种技术手段和方式对政治过程施加影响，最终满足公民个人的合法利益。公民的政治参与还能形成一种稳定政治实体的政治文化，理性、法治和健康的政治文化维系着社会政治体系的存在和发展，最终促进政治社会化的实现。

第四，广泛的政治参与是政治合法性的来源和基础。政治合法

---

① ［美］巴伯：《强势民主》，彭斌译，吉林人民出版社 2006 年版，第 276 页。

② 李元书：《政治社会化：涵义、特征、功能》，载《政治学研究》1998 年第 2 期。

性是政治体稳定、持续、有效运转的基础和前提①，合法的政治统治才能得到人们的承认和服从，它体现为人们对政治的认同度和忠诚度。合法性受到质疑就有可能遭受反抗甚至是革命。只有得到普遍的承认，政府统治才能稳定并持续。但无论是传统合法性、个人魅力的合法性，还是绩效的合法性亦或法理的合法性，其中最根本一点就是要求得到人们的普遍承认和服从。这种承认和服从也就是普遍民众对政治体系的认同，集中起来就是公众趋于一致的意愿的表现，在卢梭看来就是“公意”（general will）的体现。显然只有当人们对政治共同体有了相当的认同时才会接受它，并且才会积极主动地参与到该体系当中。民众广泛有序的政治参与能够促进人们对政治共同体的深入了解，有力地推动民主政治生活的社会化。公众通过对这些社会化的公共事务进行自由开放参与，形成公众舆论并进行理性批判，从而为公共权力提供合法性基础。② 同时，广泛的政治参与能够满足大多数民众的利益诉求，对于民众需求的满足可促进他们对该系统的信任感和归属感，进而使得政治统治能力得以增强、统治基础得以稳固。相反，对政治参与不充分或受到长期压制，其政府政策则无法反映民众意愿，因此该系统的合法性势必会遭到削弱。③ 社会的利益诉求阻塞，社会矛盾便会突出激化。

第五，政治参与是国家和社会良性互动的重要纽带，是维持国家和社会政治稳定的重要渠道。权力天生具有扩张性，社会的组织系统、自治能力、公民社会的私域都面临着这种扩张所带来的威胁。和谐有序的政治社会需要有协调稳定的政治结构，不同力量的制衡才能使这个结构不致于畸形而毁灭整个社会。公民参与政治生活，争取和表达自己合法的权利和利益，能够形成强大的社会力量进而与国家权力构成外在的平衡。因此，通过充分有效的政治参与

---

① 参见杨红兵：《政治合法性的特性论析》，载《齐鲁学刊》2007 年第 4 期。

② 参见［美］贾恩弗兰科·波齐：《近代国家的发展：社会学导论》，商务印书馆 1997 年版，第 96 页。

③ 参见焦方红：《关于扩大有序政治参与的思考》，载《社会科学战线》2004 年第 6 期。

实现民众对政府的有效控制，正是在国家与社会之间建立权力平衡机制的关键所在。① 政治参与除了从外部对政治决策施加压力外，还能向政治实体输送连贯性的信息和利益刺激，促使政治体内部的不断调整以适应社会和时代的发展需要。通过这种适时动态的调整和适应，保证了政治实体的稳定性，提高了其合法性。“政治参与反映出公民的意愿。当政府顺应民意，而且当公民通过政治参与同国家保持一体感时，其政治体制是稳定的。”② 所以有序广泛的政治参与有利于政治体系的自我进化、有利于国家社会之间的良性互动，推动政治秩序的稳定和谐。

政治参与是公民、国家、社会三者良性互动的重要形式和纽带，是进行公民政治训练的最佳实践场地，是培养公民意识、造就现代公民的实践课堂，是建立和扩大政治合法性基础的绝好途径，是国家政治稳定、社会和谐稳定的重要保障，也是现代政治制度完善的内在需要和发展趋势。

第二节　作为政治参与心理基础的公民意识

一、政治认同、政治参与与公民意识

马克思曾经指出：“即有法律的和政治的上层建筑竖立其上并有一定的社会意识形式与之相适应的现实基础。”③ 公民意识作为意识不是凭空产生，而有着社会历史的深刻基础。“人们自觉或不自觉地，归根到底总是从他们阶级地位所依据的实际关系中——从他们进行生产和交换的经济关系中，获得自己的伦理观念。”④

公民意识是市民社会和政治国家二元化进程中的政治解放和人

① 参见杨亚佳、刘艳梅：《政治参与与政治稳定》，载《社会主义研究》2001 年第 3 期。

② ［日］蒲岛郁夫：《政治参与》，解莉莉译，经济日报出版社 1989 年版，第 5 页。

③ 《马克思恩格斯选集》第 2 卷，人民出版社 1995 年版，第 32 页。

④ 《马克思恩格斯选集》第 3 卷，人民出版社 1995 年版，第 434 页。

的解放的产物，它呈现的是与民主政治和市场经济相适应的主体自由追求和理性自律精神。① 它是一国公民主体性和实践性相统一，历史和现状相结合的观念形态和价值判断，它是以个体自由和理性自律为核心、以民主法治为基本内容、以权利义务意识、责任意识、国家意识、道德文明意识等为主要内容的，是对“公民”现象的特征、内涵及价值的一种主观映像和观念反映。在政治参与实践中，公民意识不仅作为主动的观念性因素参与其中，同时也接受实践的经验反馈而反作用于政治参与。经过政治参与和作为政治参与心理基础的公民意识的双重塑造，最终形成了公民对政治共同体的认同感，即政治认同。也就是，公民通过代议制的选举、社会组织生活和其他各项政治生活实践，形成对这个国家的政治体系、政治过程、政治决策等的认知、感情和评价。这种通过政治参与和公民意识双重作用而塑造的政治认同感，提升了公民个人的主体意识、权利意识、民主意识和政治共同体的身份认同意识，体现了人民主权的民主要求，保证了政治共同体的合法性与稳定性。

首先，公民是政治共同体存在和发展的基础，公民意识形成并促进政治认同的产生和发展。共同体即“信任的制度化”，“公共权威的关键性职能”就是“增加在全社会人们心中普遍存在的相互信任”。② 政治认同是在政治体系中，政治成员对政治共同体的态度、价值判断和信仰，成员本身认同自己在政治共同体中的身份和地位，把自己看成是政治运行中的一分子。当今社会，异质的社会结构和多样的利益需求使得一致的政治认同很难形成。而对于政治体系的存续发展而言，政治彼此不信任和人心不齐使社会变成一盘散沙。③ 因此，作为理性权利人的现代公民，内在地要求为了保持政治系统的稳定，建立一种对该政治系统普遍依恋的政治信仰，

① 参见马长山：《公民意识：中国法治进程的内驱力》，载《法学研究》1996 年第 6 期。

② 参见［美］塞缪尔·亨廷顿：《变化社会中的政治秩序》，王冠华等译，上海人民出版社 2008 年版，第 22 页。

③ 参见［美］塞缪尔·亨廷顿：《变化社会中的政治秩序》，工冠华等译，上海人民出版社 2008 年版，第 24 页。

即“对政治系统的、共同感情信仰的一种认同”①。“假如没有这种市民认同，一个多元化的社会就可能沦落为一场每个人对所有人的战争。”② 而公民意识本身是村民意识、臣民意识和参与者意识的混合体，具有巨大的张力和身份整合能力，是“一种具有许多不一致的东西又能平衡这些对立特征的文化”，并能产生“政治认同感”。③

其次，公民意识内在地驱动政治参与，实现政治民主化和政治认同感。“一种政体如果要达到长治久安的目的，必须使全邦各个部分（各个阶级）的人民都能参加而且怀抱着让它存在着和延续的意愿。”④ 而“合法性意味着某种政治秩序被认可的价值”⑤。认可需要通过参与实践来达成，参与政治应该是让公民在参与中得到手段性和感情上两方面的满足。⑥ 政治参与的完善推进政治体系的发展，政策输入和政策输入的畅通促进公民利益的实现，形成公民对政治体系的认同感，而公民的认同感又促进政治参与进一步发展，最终促成政治体系的完善和政治认同感增强的满足，实现政治参与、政治认同和公民意识的统一。

最后，公民意识是公民政治文化的重要内容，公民文化促成政治参与的发展。“政治文化是政治关系的心理和精神的反映，它是

---

① ［美］加布里埃尔·A. 阿尔蒙德、西德尼·维巴：《公民文化：五个国家的政治态度和民主制》，徐湘林等译，东方出版社 2008 年版，第 447 页。

② ［美］爱德华希尔斯：《市民社会的美德》，载邓正来、［英］J. C. 亚历山大编：《国家与市民社会——一种社会理论的研究路径》，中央编译出版社 1999 年版，第 45 页。

③ 参见［美］加布里埃尔·A. 阿尔蒙德、西德尼·维巴：《公民文化：五个国家的政治态度和民主制》，徐湘林等译，东方出版社 2008 年版，第 447 页。

④ ［古希腊］亚里士多德：《政治学》，商务印书馆 1965 年版，第 210 页。

⑤ ［德］尤尔根·哈贝马斯：《交往与社会进化》，张博树译，重庆出版社 1989 年版，第 184 页。

⑥ ［美］加布里埃尔·A. 阿尔蒙德、西德尼·维巴：《公民文化：五个国家的政治态度和民主制》，徐湘林等译，东方出版社 2008 年版，第 435 页。

人们在社会政治生活中形成的对于政治的感受、认识和道德习俗规范的复杂综合。”① 政治文化促成政治体系的稳定和发展，“一个稳定的和有效率的民主政府，不光是依靠政府结构和政治结构：它依靠人民所具有的对政治过程的取向——即政治文化。除非政治文化能够支持民主系统，否则，这种系统获得成功的机会将是渺茫的”②。政治文化和民主系统的关系紧密，公民意识含有政治文化的意识观念，其丰富的权利义务观、身份观念、道德观念、政治体制认同观念等都为政治参与和政治认同提供了意识与文化的信仰支撑和心理关照。可以这样说，没有现代公民观的确立，就不可能形成对政治体的认同感，从而政治参与的心理驱动和政治文化的有效实现就无法顺利进行；而且，政治参与本身就是在公民意识的直接支配下进行的，合法合理有序的政治参与本身就是政治稳定、社会团结的重要保障；而没有政治认同的政治参与，本身将会是无序、混乱，缺乏政治合法性的参与，这种参与本身的缺陷又会导致公民意识的缺失，进而阻碍公民意识的形成和发展，从而形成一种恶性循环。

以我国政治改革为例，国内外一些学者通过实证调查的方式，将政治参与、政治认同与公民意识（中国民意）结合起来研究，见表1和表2：

表1　　**公民对政治改革的评价统计（1989）**

		满意（%）	不满意（%）
总体评价	改革/稳定	69.59	7.51
中国共产党	政策	57.48	38.15
	形象	30.26	61.88
	行为榜样	17.94	77.97

① 王浦劬：《政治学基础》，北京大学出版社1995年版，第307页。

② ［美］加布里埃尔·A. 阿尔蒙德、西德尼·维巴：《公民文化：五个国家的政治态度和民主制》，徐湘林等译，东方出版社2008年版，第443页。

续表

		满意（%）	不满意（%）
政治体制	立法	49.17	14.81
	选举过程	42.70	23.18
	透明度	33.09	25.13
	效率	15.11	54.66
民主化	支持	75.00	

资料来源：闵琦：《中国政治文化：民主政治难产的社会心理因素》，云南人民出版社1989年版，第106～108页。

表2　　您认为中国目前需不需要对政治体制进行改革

		频次	百分比	有效百分比	累积百分比
有效	最好维持现状，改革没用	19	3.9	4.0	4.0
	暂时不动，不然会前途莫测	9	1.9	1.9	5.9
	谨慎地实验，进行调整与改革	193	39.7	40.7	46.6
	对政治体制进行大手术，立即进行全面改革	54	11.1	11.4	58.0
	谨慎地实验	149	30.7	31.6	89.7
	不清楚	49	10.1	10.3	100.0
	总计	474	97.5	100.0	
无　效		12	2.5		
总　计		486	100		

资料来源：李艳丽：《政治亚文化：影响当代中国政治发展的特殊因素分析》，武汉大学出版社2008年版，第175页。

表1的调查数据反映了受访者对政治改革的认同度。其中，改革/稳定的满意度达到了69.59%，其中对中国共产党的政策的认可度为57.48%；对“立法”和“选举过程”的选择率也接近

50%，而对“民主化”的满意度居然高达75.00%。可见受访者对于以中国共产党领导的民主化政治体制改革总体上还是认同和支持的。但是政治体制的四个方面都没有超过半数，其中的“效率”和“透明度”的满意度只有15.11%和33.09%，反映了民众对改革缓慢的不满。

表2对当代政治体制改革进行数据调查。受访者中只有5.9%的人认为“最好维持现状”和“暂时不动”；占72.3%的受访者都倾向渐进式的有序改革方案，分别选择“谨慎地实验，进行调整与改革”和“谨慎地实验”。可见，当代中国民众对于改革的信念是坚定的，但是对于激进式的改革都持不赞成的态度。

通过以上两个政治体制改革调查统计表，我们可以看出，中国公民对于民主政治化改革是坚定支持的，虽然都希望“民主化”，但绝大多数人都比较理性，愿意通过循序渐进的方式推动政治体制改革，维持国家的稳定和经济的发展。沈明明也调查了“我国目前的政治制度是最适合中国国情的”的认同问题，其中“非常同意”和“比较同意”的占84%。① 李艳丽就我国国家结构形式的认同度进行了问卷调查，数据显示49%的受访者主张采用中央集权的单一制，而选择美国式的联邦制的只有14%。②

由此看出，我国政治体制改革的领导者——“中国共产党”、政治体制的改革路径——循序渐进、国家机构形式——“单一制”，这些政治体系中最基本最重要的要素，都是被中国绝大多数公民所支持和赞成的，而从1989—2008年近20年的改革历程，公民政治参与的理性化程度也大幅提升。这说明我国政治体制改革有着坚实的民意基础，这就可以解释为什么我国能取得改革开放30多年来的各项成绩。

改革开放之后，随着经济体制改革的逐步深入，政治体制改革

① 参见沈明明等：《中国公民意识调查数据报告（2008）》，社会科学出版社2009年版，第103～104页。

② 参见李艳丽：《政治亚文化：影响当代中国政治发展的特殊因素分析》，武汉大学出版社2008年版，第106～108页。

也坚实推进。人民代表大会制度和政治协商制度的完善、农村和城市基层的自治制度的确立和发展、法制的健全、媒体监督、政府信息公开制度和信访制度等都扩宽了公民政治参与的渠道，提高了公民的政治技能，加强了政治参与的效能感，形成了一定的政治认同感，最终反映到公民意识中，就是对民主化政治体制改革的支持、渐进性改革道路的认同和对政治体系的信任感。

二、公民意识对政治参与的促进

公民意识是同公民身份关系紧密联系的，公民意识只是对公民身份关系的主观性映像，它既反映公民身份关系变化的内容和结构，同时也反作用于公民身份关系的实践。身份系统的基本功能，是对社会成员所处的位置和角色进行类别区分，通过赋予不同类别及角色以不同的权利、责任和义务，在群体的共同生活中形成“支配—服从”的社会秩序。① 公民身份于法学理论而言，就是公民对自己处于国家和社会的位置与角色等的认识、感情和评价的关系，这种关系涉及不同角色的法律定位，不同的定位将依法享有和行使不同的权利。基于现代公民身份关系的法律规范性，现代公民意识包含几个基本内容要素，即自我的主体意识、清晰明了的权利意识、文明进步的民主意识、关心国家社会的责任意识。这些现代政治国家公民所具备的意识或素质，都不同程度地表现在公民的政治参与当中。而且，作为社会存在的公民意识，与公民参与的关系不是简单机械的单向关系，而是一种双向的互动关系。政治参与在实践中决定和制约公民意识的同时，也受意识的直接或间接的影响，成为推进政治参与不断深入发展的内在驱动力。

（一）主体意识与政治参与

主体意识首先是公民身份的认同意识，从法学或者政治学的角度而言指的是，作为国家的公民对自身权利、在国家社会中的地位

① 参见张静主编：《身份认同研究》，上海人民出版社 2005 年版，第 3 页。

以及公民对国家和社会应担负的一种责任和义务的觉醒和认识。主体意识的形成和转变是同公民身份资格和身份认同紧密相连的。所有进步社会的运动，是一个“从身份到契约的运动”①。这个过程中主体身份的转变就是主体身份关系的转变，“从身份到契约”并不意味着身份的消失（即使在契约时代，具有等级含义的身份仍然存在），它只意味着，社会成员的身份关系发生了转换，他们从一种身份关系转向另一种身份关系。② 在这种身份转变的过程中，新的社会身份发展出一系列的社会关系和行动规则，形成一系列以新身份为基础的标准化行为，即新的行事规则和权利义务关系。新权利关系的形成，需要制度沟通的实现渠道，政治参与就是实现这一主体性关系转变的重要渠道，而公民主体意识又内在驱动政治参与的实现。

公民主体意识启发了公民主体性的身份认同，要求政治体系通过包括选举等各种政治参与实现其政治主体性的角色、功能和价值，实现国民或人民主权。公民意识是一种自我主体意识的觉醒，其本质上认为，人是目的不是手段，每个人应当永远被视做目的本身。把一个人作为一种目的来看待，就是“永远把他作为具有内在价值的人来对待，而不管他可能碰巧具有的任何外在价值”③。政治参与只能是服务和服从于人的基本价值的实现，其实施的过程不仅实现了参与的工具性价值，也促成参与的主体性价值。在古希腊、古罗马时代，人们生活在“异质同构”的民主城邦政体，当时的社会条件是“公民身份的自然获得性，社会分层模糊性，利益预设共同性，政治参与同质性”④。在那里，每位公民都是直接参与城邦事务，做到统治者和被统治者的同一和重合。城邦的公民

① 参见梅因：《古代法》，沈景一译，商务印书馆 1959 年版，第 97 页。

② 参见张静主编：《身份认同研究》，上海人民出版社 2005 年版，第 5 页。

③ ［德］康德：《法的形而上学原理》，沈叔平译，商务印书馆 1991 年版，第 54 ~ 55 页。

④ 周国文：《现代视野下的公民伦理》，载《理论与现代化》2005 年第 2 期。

都普遍认为城邦是他们自己的城邦，管理城邦事务就是管理自己的事务，城邦的公共福祉和兴衰存亡与自己个人的自由幸福是连为一体。“公民”作为“城邦的动物”，参与城邦政治生活就是实现其个人私利与城邦共同体公共利益的统一。这种参与不仅是完成作为古希腊、古罗马公民身份的实现途径，更体现公民在城邦中的主人和主体性地位。然而，这里的“公民”排除了大量的奴隶和不具有政治财产权利的其他人，其范围极度狭小，限制也极为严格。公民权利的行使与其说是公民政治自由的体现，还不如说是少数人的特权，权利本身不仅意味着利益，更是一种特权和身份。这本身是对公民主体性的扭曲和异化。近现代国家则是宣扬主权在民的民主政治国家，公民身份抛弃了依据出生血统、经济实力、政治地位等划分标准，对政治生活的参与和公民权利的保障，纯粹是出于对抽象的人格尊严和主体性价值的尊重，即对公民主体本身的尊重。近现代国家实行政党政治、选举制度和代议体制，公民通过参与政党、实行政党政治进行利益表达、利益聚合和整合；通过选举议员或人大代表参与国家政治生活；又通过代议制度，将主体性利益和权利输送进入国家政治法律的领域，实现国民主权或人民主权。可以看出，包括政治参与等的所有制度，都反映公民为实现其基本人格尊严和人权价值的核心价值诉求。

公民主体意识反映政治参与的主体多元性，整合并形成共同的认同观，刺激公民对包括政治权利在内的利益的诉求。政治生活中的公民主体可以分成村民、臣民和参与者。这三种主体身份反映了三种不同的身份意识。臣民是不能意识到自己在国家政治生活中的地位，对统治者和政治体系不能提出任何要求，只是默默地接受政治统治者的政治影响。他们根本无法意识到自己在政治生活中的存在。传统的村民则聚居在相对封闭的环境中，依靠自己和一些乡绅进行着自我管理和服务。国家的政治体系很难渗入其中，村民也并不期许从政治系统那里获得任何东西。① 参与者的特征是“理性—

① 参见［美］加布里埃尔·A. 阿尔德蒙、西德尼·维巴：《公民文化：五个国家的政治态度和民主制》，徐湘林等译，东方出版社2008年版，第17页。

积极”公民，即具有理性的政治认知能力和信息判断能力，保证政治参与的有效性；又能积极主动地参与政治实践，参与政治事务。因而，臣民对政治实体表示顺从，村民与政治实体关系松散，而只有现代公民才会积极主动参与政治决策和政治过程输出。但是现代公民的主体意识是村民取向、臣民取向和参与者取向的混合，是一种混合的政治文化。① 这种混合的政治文化是一种平衡的文化，它既存在政治的积极性、政治卷入和理性，但又对消极性、传统性和对村民价值的责任性所平衡。② 面对当今政治多样化、利益多元化和全球化现代化的时代背景，正是这种混合型的政治主体意识，才使得公民主体形成广泛而深刻的政治认同感，保证了政治共同体的稳定。

公民主体性意识本身还是最大的利益意识综合体，它包括权利义务意识、责任意识、公德意识等其他各种意识的核心要素。马克思主义的政治参与观就认为，人之所以参与政治，是“为了通过控制和影响公共权威，来维护和改变一定的生产关系，并使自己和所属的阶级在这种生产关系中获益”③。人们参与政治从本质上就是要实现人作为人的最大价值和利益，除此之外别无其他。这个核心价值如此重要，以至于在不同的时空条件下会发展出不同的表现与实现形式，比如对代议制民主的发展、对政党政治的反思、对国家社会关系的重构等。为此，公民的主体意识就要求通过各种不同的方式对政治体系进行参与。要想对政治体系产生影响以实现自己的政治利益，就必须依靠公民的政治参与。主体意识还是平等的意识，它让人们认识到作为主体的人的价值不仅是无限的，且无法对这些主体的价值进行先后优劣的排序，于是人们在进行合理有序的政治参与时都要受到同等的政治待遇，任何歧视将被视为对主体的

① 参见［美］加布里埃尔·A. 阿尔蒙德、西德尼·维巴：《公民文化：五个国家的政治态度和民主制》，徐湘林等译，东方出版社 2008 年版，第 422 页。

② 参见［美］加布里埃尔·A. 阿尔蒙德、西德尼·维巴：《公民文化：五个国家的政治态度和民主制》，徐湘林等译，东方出版社 2008 年版，第 29 页。

③ 陶东明，陈明明：《当代中国政治参与》，浙江人民出版社 1998 年版，第 120 页。

不尊重和主体价值的蔑视而为现代政治社会所不能容忍。

表3是对受访人接触地方领导解决问题的调查，它将个人问题和集体问题分开。结合其他变量分析，发现向“本村委会/居委会/社区干部”、“本乡镇/区/县/市人大代表”、“本乡镇/区/县/市领导”反映“个人问题”的分别高达79.7%、61.2%和62.4%。而反映“村/居/社区问题”的却都不足40%。可见，受访者的政治诉求更多地是出于对个人利益的关注。沈明明对各种公民权利重要性的认识也进行了调查，通过数据统计，中国受访人提及最多的权利是生存权、劳动权，其次是个人隐私权、选举权和言论自由权。① 还有个与之相互印证的调查数据是，要求受访人“在民主和经济之间做一选择，选哪个重要”时，59.4%的受访人选择“经济发展重要”，选择“两个同样重要”的有21.3%，而认为“民主重要”的只有19.3%。② 这两项调查分别从权利重要性序列和民主经济的变量考察，其核心共同点是受访者更关心实在的经济和生活利益，“生存权”和“劳动权”提及最多，59.4%的受访人选择“经济发展重要”。从中可得出，个人利益是公民进行政治参与的最主要内动力，也是公民进行法治建设和政治体制改革首先考虑

表3 **受访人接触地方领导解决的集体问题和个人问题的比例（%）**

	村/居/社区问题	个人问题	受访人数
本村委会/居委会/社区干部	20.3	79.7	965
本乡镇/区/县/市人大代表	38.8	61.2	139
本乡镇/区/县/市领导	37.6	62.4	165

资料来源：沈明明等：《中国公民意识调查数据报告（2008）》，社会科学出版社2009年版，第203页。

① 参见沈明明等：《中国公民意识调查数据报告（2008）》，社会科学出版社2009年版，第170页。

② 参见沈明明等：《中国公民意识调查数据报告（2008）》，社会科学出版社2009年版，第145～147页。

的因素。当前，我国经济结构转型和政治体制改革的突出问题就是着力解决多样的利益分配问题，其改革的动力源于此，改革的阻力亦源于此，利益关系处理的好坏直接关系现今改革开放的成败。

（二）权利意识与政治参与

公民权利意识是指公民对个人在国家政治社会生活中所享有的权利义务的认知、感情和评价，公民的权利意识是公民身份角色的延续，既反映了公民个人与政治国家之间的身份联系，又反映了公民对个体价值和政治体系中政治秩序的参与和认同。人类的社会文明经历着从身份走向契约的转变，社会领域中也正经历从义务本位向权利本位的转变。权利本位是建立在自由主义的理论基础之上，反映了公民个人是政治生活中的主体和权利的主导者，社会发展、社会权完善都是为了服从和服务于公民个人的权利需求。① 权利的归属和行使，都是围绕公民权利主体这个核心开展的重要方面。"天赋人权"、"社会契约"、"人民主权" 等理论都认为一切权力都来源于人民权利。政治参与是公民行使政治权利的重要途径，政治参与本身既满足参与政治的实质价值诉求，又体现在代议制下公民管理国家事务、行使国家主权的工具性要求。现代国家是权力无所不入的政治实体，公民的权利和利益最佳的实现和保障途径就是依赖强大的国家权力，因此参与政治过程、表达政治诉求是权利意识觉醒的必然要求。公民权利意识的觉醒，除了意识到自己的权利外，还要求自己的权利获得全面的保障。同时，还会要求承认和尊重他人和社会的利益诉求，并且在政治参与中聚合形成强大的公民团体，进而获取对自身权利的有效保障。

表 4 可以在一定程度上，反映我国公民对目前公民权利保障的满意度。

---

① 参见秦前红主编：《新宪法学》，武汉大学出版社 2009 年版，第 85～87 页。

表 4　受访人对保障各项公民权利的满意度（%）

	非常满意	比较满意	不太满意	非常不满意	有效回答人数
生存权利	30. 5	60. 1	7. 7	1. 7	3335
言论自由	28. 1	60. 5	9. 5	1. 9	3313
投票权利	24. 1	54. 5	16. 5	4. 9	3302
政务信息知情权	15. 1	53. 3	25. 7	6. 0	2876
批评政府的权利	14. 8	49. 2	29. 2	6. 8	2858
参与社团的权利	14. 0	66. 3	17. 1	2. 6	2569

资料来源：沈明明等：《中国公民意识调查数据报告（2008）》，社会科学出版社 2009 年版，第 170 页。

表 4 的数据从总体看，受访者对目前我国的各项公民权利还是持赞成态度的，基本都在 50% 以上。从纵向比较，生存权利和言论权利满意率（包括“非常满意”和“比较满意”）最高达到 90. 6% 和 88. 6%；对政治参与相关权利的满意率相对较低。这一方面反映了改革开放以来，人民的物质生活水平得到很大改善和提高，公民认同以生存权为核心的一些公民权利；另一方面说明政治参与和依法行政改革还有许多工作要做，有近三成的受访者还是认为“不太满意”和“非常不满意”。

公民权利意识的发展与政治参与的深入关系极其密切。首先，权利的本质是利益。① 当今社会是利益多元化的政治社会，主体利益的多元化导致主体利益诉求的多样化，即公民权利意识的差异化、多层次化、多极化。公民权利意识的这种特质就内在和客观地要求政治参与形式和途径的多样化、渠道的多元化。在个体、家庭、社会组织团体、国家制度等多个方面，都需要相应的政治参与渠道，将他们的利益诉求和权利愿望吸收，并通过合理、有序、合

① 参见张文显主编：《法理学》，高等教育出版社 2003 年版，第 108 ~ 109 页。

法的政治参与进行有效地整合、表达并满足实现。其次，公民的权利意识是通过包括政治参与在内的政治生活实践来不断强化和发展的。权利意识毕竟只是权利主体对客观实践的主观反映，反映了主体的认知、感情和判断。只有通过公民的参与过程，才能使公民充分主张权利，发挥能动性并实现其主体性。有学者就认为：公民的这种参与权是属于主动权利的范畴，而主动权利得以行使的关键在于参与主体即公民所具备的公民能力。① 这种公民能力既包括公民资格又包括公民意识，而主体性权利的实现过程必定将增强公民的资格能力，强化公民的主体性意识，尤其是权利意识。因此，扩大公民参与渠道，形成合理、流畅和高效的信息表达、接受与反馈机制，通过政治生活实践和人际交往，在主体间形成公民意识的广泛共识和对政治共同体的广泛认同，从而有效地推进政治参与。最后，公民权利意识有助于解决当前政治参与中出现的深层次的文化难题，从而促进政治参与的合法、合理、有序、健康的发展。当前我国政治参与中遇到的主要困难，就是制度规范和现实情况的隔离，政治冷漠感、低政治参与率和政治参与的低下等问题。上述状况通过对基层自治投票率的调查就可见一斑。

表 5 的调查说明两个问题：第一，村委会/居委会/社区选举的投票率（50.6%）远高于乡镇/区级人大代表选举的投票率（14.6%），说明目前基层自治的民主化程度要远高于人大选举。这个原因比较复杂，但笔者认为最主要的原因是政治参与技能的掌握和政治参与效能感不同；此外城市市民的政治参与渠道更多，形式也更为多样，流动性也更大，这既缓解了对选举投票的需求，也加大了投票选举的难度。第二，整体投票率偏低。在“乡镇/区级人大代表选举”一级，“最近 5 年没有举行过选举或者不记得举行过选举”的投票率占有 75%，“没投过票”的占 10.4%。两类选举，总投票率分别只有 50.6% 和 14.6%。较低的投票率，反映出我国公民政治参与的冷漠感和低政治参与率。

① 参见［美］托马斯·雅诺斯基：《公民与文明社会》，柯雄译，辽宁教育出版社 2000 年版，第 14 页。

表5　受访人过去5年中在村委会/居委会/社区/人大选举中的投票率（%）

	村委会/居委会/社区选举	乡镇/区级人大代表选举
最近5年没有举行过选举或者不记得举行过选举	35.2	75.0
投过票	50.6	14.6
没投过票	14.2	10.4
有效回答人数	3982	3941

资料来源：沈明明等：《中国公民意识调查数据报告（2008）》，社会科学出版社2009年版，第214～218页。

有学者对我国的政治保守主义进行了调查，在一定程度上反映了普通民众的政治观与政府观。

表6中有7项观点，其中第1、2项反映的是保守的观点，主要是多数受访者选择政治服从而不是政治民主化；第5、6、7项是自由的观点，显示受访者多赞成选举、不赞成压制不同政见者和国家代表者的多元化；而第3、4项的数据比例相当，反映受访者对国家在扩大表达自由和促进社会多元的问题上存在较大分歧。从表6中还可以看出，权威主义的权力观是比较高的，有大约1/3的城市居民仍然认为政府应该控制不同政见者，只要政府能够反映公众意见，选举并不重要。

时至今日，中国公民对政治权威有较高的认同感，这对维持社会的稳定起着一定的作用，但如果缺乏对权威的监督和批判意识，就可能造成权力的滥用。虽然这些问题存在制度规范上的设计欠缺，但是公民权利意识的匮乏和传统臣民、顺民文化的浸染则是更深层次的文化因素。传统儒家政治文化中，“家族是中国文化最主要的柱石……人道观念的核心是家族不是个人”①。“家族的长期存在和成为社会的本位，遂使家族成为中国文化的繁殖和滋生点。

① 钱穆：《中国文化史导论》，商务印书馆1994年版，第51页。

表6　**政治保守主义（加权百分比），1999年“六城市调查”**

	同意	不同意	不知道
1. 涉及国家事务，人们应该遵从政府决策	70	26	4
2. 政治稳定是我们国家进步的最重要条件在当前的条件下，民主化只能导致混乱	59	27	14
3. 政府应该决定一种观点或理论是否公开	48	43	9
4. 如果人们的观点不一致，社会将会变成混乱不堪	45	48	7
5. 不支持政府是不爱国的	41	54	5
6. 政府应该管制不同政见者	37	51	12
7. 只要政府决策反映公众意见，选举并不重要	34	58	8

资料来源：［美］Tang，W. F.：《中国民意与公民社会》，胡赣栋、张东锋译，中山大学出版社2008年版，第60～61页。

中国的传统文化：忠孝、礼教、三纲五常、伦理，都和家族有联系，都是由家族而产生的。”① 家族形成的文化具有血源性、聚居性、等级性、礼俗性、农耕性、自给性、封闭性和稳定性等特征。② 家族意识与农耕生活下的小农经济、政治体制、心理习俗等相结合，形成了中国几千年不易的传统文化。这种稳定的文化强调集体而否认个人，强调权威而不强调自由，强调责任而不强调个人权利。儒家社会缺少个人权利抗衡国家权力的传统，而且认为个人权利是国家创造的。强调和谐与协作，不重视分歧和竞争。其核心的价值是秩序和尊重等级，认为思想、集团、党派的分歧和冲突是危险的、不合理的。儒家政治文化把社会融化在国家之中，没有为

① 何兹全：《中国文化六讲》，北京大学出版社2008年版，第37页。

② 参见王沪宁：《当代中国村落家族文化——对中国社会现代化的一项探索》，上海人民出版社1991年版，第22～28页。

自治的社会机构提供合法性以在全国的层次上抗衡国家的力量。①

在这种文化背景下，中国“没有个人观念，一个中国人从不为自己而存在。……在中国几乎看不见自己，在西洋恰是自己本位，或自我中心”②。因此，中国人的团体权利优先于个人权利，过去它们来自家族，当代它们来自集体、组织、单位、家庭。它们不仅作为正式权力结构的基础，也是社会整体的标准。团体吞噬了个人，集体和社会权利淹没了公民个人的权利。个人权利意识的泯灭，无疑使个人看不到自己与政治实体的深层次联系，意识不到政治实体对自己的责任和义务。然而，“一个民族的国家制度必须体现这一民族对自己权利和地位的感情，否则国家制度只能在外部存在着，而没有任何意义和价值”③。这种个人权利的遗失，就容易导致公民在参与中的政治冷淡、政治盲从和政治急躁，公民更愿意通过如私力、骚乱等非制度渠道，甚至是暴力的手段，表达对国家和社会的不满。在现代化转型中的我国，群体性事件的频发就是这种现象的体现。

因此，公民权利意识的形成和培养对公民政治参与的深入和完善意义重大。只有树立以平等主体间意思自治的契约精神为内核的现代权利意识，彻底反思、批判和扬弃我国传统的权力至上、圣人掌权、清官依附和人格依赖心理，将被动参与、非竞争性和非功利化的伦理政治观转变成权利契约观，才能从文化心理上为政治参与提供支撑。

（三）民主意识与政治参与

民主的核心理念是一切权力属于人民，国家和政府都只是代表人民行使权力。公民意识是村民、臣民和参与者意识的混合体。它

---

① 参见毛寿龙：《政治社会学：民主制度的政治社会基础》，吉林出版集团有限责任公司 2007 年版，第 126 页。

② 梁漱溟：《中国文化要义》，学林出版社 1987 年版，第 90 ~ 91 页。

③ ［德］黑格尔：《法哲学原理》，范扬、张企泰译，商务印书馆 1996 年版，第 292 页。

包含消极服从的公民意识取向，也包括“积极—理性”的公民意识取向。而公民的民主意识恰是以“积极—理性”公民的意识取向为主要内容的意识。公民的民主意识就是指公民在民主政治生活中，通过民主的理念、制度和程序，实现公民主体的自治和自我管理。

表7是学者对我国公民意识内容的调查，反映了当代公民对民主的观念与意识。受访者对民主的内容选择较为分散，其中比较集中的选择主要是“广泛听取、征求人民的意见”、“人民群众当家

表7　　民主意识内容调查（%）

		频次	百分比	有效百分比	累积百分比
有效	集中指导下的民主	55	11.3	11.8/24.98	11.8
	广泛听取、征求人民的意见	127	26.1	27.1/19.45	38.9
	人民群众当家做主	93	19.1	19.9/11.58	58.8
	少数服从多数	17	3.5	3.6/5.17	62.4
	为民做主	39	8.0	8.3/10.92	70.7
	人民能够选举政治领导人	31	6.4	6.6/6.55	77.4
	人民有效地参与社会生活管理	69	14.2	14.7/10.85	92.1
	限权分权	19	3.9	4.1/3.35	96.2
	其他/不知道	18	3.7	3.8/7.13	100.0
	总　计	468	96.3	100.0	
无　效		18	3.7		
总　计		486	100.0		

资料来源：李艳丽：《政治亚文化：影响当代中国政治发展的特殊因素分析》，武汉大学出版社2008年版，第168页。该表中“有效百分比”的数据分别是李艳丽和闵琦的统计数据。

做主”、“人民有效地参与社会生活管理”，分别占27.1%、19.9%和14.7%，前两项基本符合民主的基本内涵，第三项反映公民意识到政治参与和民主的关系。而选择“人民能够选举政治领导人”和“限权分权”的，仅占6.6%和4.1%。另一位学者也对公民的民主观做了调查，认为民主是“有权利”的人有31.2%，其次是“自由”占27.5%，再次是“平等、公正”占21.9%。① 通过上述的实证调查，民主的广泛参与性和权利性已经在一部分公民意识中形成，但也存在这样几个突出问题：第一，对民主内容的了解不够深入，选择率普遍较低；第二，公民认识到民主需要广泛的参与，可是选择“政治选举”和“限制权力”的很低，没有认识到民主与政治参与之间的关系，没有意识到公民个体是政府权力合法性的来源。这与我国政治体制下公民政治参与的现状有关，造成公民一定程度上的低效感、冷漠感。民主与政治参与的关系十分紧密，上述调查反映出我国部分公民已经意识到这种内在关联。笔者认为，公民民主意识主要在以下几个方面作用于政治参与。

首先，公民民主意识内在地要求公民进行广泛的政治参与。现代民主政治强调主权在民，人民是国家的主权所有者，行使最高的国家权力。公民不是政策的旁观者，而是参与政治的主体，“民主既不是多数人的统治，也不是代表的统治；它是公民的自治。如果没有公民，那么就只会有精英政治或者大众政治”②。这种民主是大众的民主，要求公民直接参与政治，通过协商、讨论等的对话形式得出最终的结论。通过政治参与，可以增强社会的稳定性，政府“由此提高统治能力”③。公民民主意识的增强，必然要求公民对政治权力的运行进行约束和监督控制，政治参与是达成此目的的有效途径。公民参与政治，不仅是公民民主权利意识觉醒的产物，也

① 参见沈明明等：《中国公民意识调查数据报告（2008）》，社会科学出版社2009年版，第139～141页。

② ［美］本杰明·巴伯：《强势民主》，彭斌、吴润洲译，吉林人民出版社2006版，第244页。

③ ［日］蒲岛郁夫：《政治参与》，经济日报出版社1989年版，第6页。

内含对政府权力进行监控的基本诉求。当今民主国家虽然对民主的理念和制度存在诸多不同的解读，但是每一个政治实体都宣誓政府国家的权力来自于人民，即“人民主权”。在实际建构中，基于国家管理和国情的实际，都会设立代议制机关通过选举代表来实现人民主权的统治。但是，人民选举的代表在不受监督下，很容易退化为人民的“主人”，发生主体认识的倒置和错位。“一切有权力的人都容易滥用权力，这是万古不易的一条经验。”“要防止滥用权力，就必须以权力约束权力。”① 因此，现代宪法政治都要求建立权力相互制约或民主监督的体制与机制。通过广泛民主的政治参与，公民才能够形成对代议制政府和国家权力运行进行有力的监督。反过来看，公民通过广泛有序的政治参与，也不断强化了公民的民主意识、完善了公民的民主理念、锻炼了公民的民主实践能力。

其次，公民民主意识是理性协商的意识。它要求通过有序、和平的方式将各种政治利益诉求，通过参与政治的方式进行民主表达。这种理性就内在要求民主的政治参与必须建立在政府对社会信息的有效收集和及时反馈的基础上。民众通过政治参与，表达自己的个人和公共的政治利益诉求；通过政治参与，将这种诉求有效有序地传导入政府收集的信息中，让政府感受到民众的期望与要求；同时，通过政治参与，使政府在决策制定和政策执行中，对利益进行合理配置，对诉求予以反馈实现。这样，理性民主的政治参与就可以在国家和社会之间稳妥地实现政府行动与公民意志的平衡。

再次，公民民主意识是一种规范法治的意识。它内在要求公民政治参与必须不断扩大，在扩大的同时要有序推进，尤其是要在法律制度的框架内有序推进。这种推进就是在规范法治的民主意识主导下，通过政治参与的广泛有序实践而不断实现。在新中国的历史上，曾经将政治运动化视为公民政治参与的主要形式。但这种政治参与强化的是服从意识、权力意识、暴徒意识，摧毁的是权利意识、民主法治意识、责任意识。当前，我国发展面临着社会利益分

① ［法］孟德斯鸠：《论法的精神》，商务印书馆1982年版，第154页。

化、社会结构重构和社会成员价值诉求多元化。在这种大背景下，各种冲突观念相互交织、利益诉求相互排斥，社会矛盾日益突出，群体性事件和严重暴力犯罪事件等都处于高发生期。如果我们采用运动式的政治管理和政治参与，无疑将对我们国家和社会带来巨大灾难。如何缓和冲突、化解矛盾，需要发掘和完善人们利益诉求的沟通管道，而且这种沟通必须是理性的、有序的沟通。这种有序理性本身也是对政治参与制度的认同，体现了一国国民的基本素质和政治实践能力。

最后，公民民主意识支配下的政治参与也提高了政府的合法性基础。统治的合法性和政治权威只有建立在民主的基础上，才能够获得合法性的支撑。政府的合法性基础来源广泛，近现代各国政府的合法性都是通过统治的绩效和法律上的“宪法治理”实现的：无论不同的文化传统和意识形态对宪政、民主和人权的解读是如何的不同，但在现代政治国家，宪政民主观及作为其制度化形态的宪法所确立的权力渊源制度（人民主权）、民主制度和人权保障制度所达致的程序性正义和实质正义，已构成了一国政治权力的首要正当性基础。① 而更为深层的思想因素则是心理的认同，即公民对政治实体的内心认知、感情和信仰。“一切社会制度若要得到民众最大的支持，必须拥有为全社会所接受的、行使社会权威的道德正当性。”② 而民主意识下的政治参与扩展了参与的主体和实现渠道，增强了政体合法性基础。公民民主意识的要求提升政治参与的实现程度，因为提高民主的性质和质量，就“在很大程度上取决于民主国家为了处理国民文化多样性问题而发展出来的各种安排”③。“公民通过政治参与可以学习如何发挥自己的政治作用，变得关心政治，增强对政治的信赖感，并感到自己是社会的一员，正在发挥

① 参见秦前红、叶海波：《宪法修正与宪政民主观的确立》，载《法学评论》2005 年第 2 期。

② ［美］丹尼斯·贝尔：《资本主义文化矛盾》，赵一凡等译，生活·读书·新知三联书店 1992 年版，第 124 ~ 125 页。

③ ［美］罗伯特·达尔：《论民主》，李柏光等译，商务印书馆 1999 年版，第 193 页。

着正确的政治作用，从而得到一种满足感。”① 通过完善政治参与的实体和程序规定，扩大参与的主体性，扩充参与的渠道，建立健全参与的协调和救济机制，公民的政治参与才能真正落实。

（四）责任意识与政治参与

在当代公民意识中，公民的责任意识是相对于公民的主体意识、权利意识、民主意识等内容而提出的。公民责任首先是建立在公民对身份认同的基础上，也就是公民对作为国家主权所有者、权利享有者和政治社会最主要参与者的社会角色的认同。在民主政治、市场经济和法治文化等体制和意识形态的相互交织下形成的公民角色，即公民身份，必然存在正反两个向度。在政治社会生活中，公民不仅是民主政治的理性参与者和积极行动的政治主体元素，也是消极被动的政治法律服从者和政治执行的受动者；在市场经济领域，公民不仅是具有自由意志的平等市场主体，享有契约自由、产权绝对等权利，同时为了公私利益平衡和经济协调发展，需要克减部分经济权利，成为公共利益和社会利益的参与者和捍卫者；在法治文化方面，公民脱离身份的财产和阶级区分，成为法律关系中抽象的权利享有者，但同时必须履行被附加的义务，即对他人、社会和国家的责任。正是在这样相互对立统一的系统关系中，公民身份出现并融合了正反两种价值取向、行为模式和观念判断。

公民责任意识正是对这种对立融合的身份关系的主观反映，但这种责任意识不完全是被动消极的，它本身也蕴含着主动积极的要素和价值。那就是对政治共同体稳定的促进、对理性政治行为的认同、对公民法律义务的履行，以及其对社会基本价值秩序和人际关系的信任和尊重。因此，从法学的角度出发，公民的责任意识是理性的，具有较强的自律性，要求权利的自限性，平衡私人利益和公共社会利益的关系，实行权利与义务的统一。公民对权利义务的履行，对政治共同体的理性参与和感情认同，不仅是公民行使主体权

① ［日］蒲岛郁夫：《政治参与》，解莉莉译，经济日报出版社 1989 年版，第 5 页。

利的体现，更是公民对政治国家和社会的不可推卸的责任。

笔者对公民责任意识进行了若干次个体访谈，下面将访谈摘要列出：

问：你知道“力拓事件”吗？

答：知道，泄露国家秘密，造成国家利益重大损失。

问：那你怎么看“保守国家秘密”的基本义务？

答：我认为这是公民应尽的义务，我们普法中倒是听过。

问：你参加小区居委会的选举投票吗？

答：参加。

问：你知道整个选举投票的流程吗？

答：知道，划分选区，选举委员会，公布候选人名单。

问：你觉得选举有什么不足吗？

答：我们最多投投票，其他的我们也不懂，也没精力和时间去弄，那都是他们划定好了的，倒是小区有很多事，比如安居环保、计生等事他们都在做。

注：受访者为武汉某投递公司职员，武汉人，男性，42岁。

通过访谈发现受访者对宪法法律规定的基本义务能知道一些，认同公民对国家的责任，谴责出卖国家秘密的行为。在精力和时间有闲的时候，愿意积极参与投票并向本小区反映情况。这个访谈只是随机挑选的个案，但随着我国普法的深入和民主法治的不断发展，公民责任意识会更加强烈。上升到理论的层面，我们可以剖析出更丰富的资源。

公民的责任意识包含对国家的责任和对政治共同体的认同感，其内在要求通过政治参与实现对国家和民族的责任。国家不仅是公民身份发源的起点，同时也是公民用以管理和行使人民权利的载体，具有治理和管理社会生活、提供公共产品和社会福利等基本政治功能。公民对国家的责任，就是要求公民积极行使作为民族国家一员对国家稳定、经济发展、文化繁荣和社会和谐的义务。这种责任意识将国家、政治实体和公民个人紧密连接在一起，将公民个人的利益和成就同国家的社会公共利益和发展结合在一起。政治实体下的国家，公民不仅是市民社会的私体，同时也是政治国家的公体，是私体与公体的统一。公民享有政治实体权力行使的主体资格，其政治参与的目的，不仅需要积极地构造政治实体的根本制度、促进政治实体的有效运行，也包含对政治实体的监督和约束，防范权力的滥用。这样，责任意识在促使公民关注国家发展的同时，也客观要求通过政治参与的方式实现政治民主和人民主权。通过公民责任意识的干预，公民在政治参与中的决策选择、行动执行就会更加主动。而目前我国公民的低政治参与率和政治参与的低效，其中一个原因是公民还没有充分意识到自己对国家和政治实体的责任和义务。因此，只有在公民责任意识指导下的政治参与，才可以提高政治参与的热情、提升国家政治共同的认可度和合法性。最终，对政治实体和国家社会的责任意识，促使人们将政治参与作为政治体系和国家社会进步的重要途径，人们也将政治参与以及参与程度作为实现个人价值途径和衡量个人价值大小的尺度。

公民责任意识同样追求和平理性的政治参与运动。它要求在政治参与的过程中，能够认识到个人对国家和社会的责任，认识到对社会稳定的渴望和对和平发展的愿望。公民在参与民主政治时，就需要通过理性的表达、平和的心态参与政治实践，通过选举等制度渠道参与国家的政治生活，维持正常的社会秩序，避免非理性的政治行为给国家和民族带来的伤害。我国历史上的“文化大革命”等运动型的政治参与活动，给党和国家造成巨大的损失，就是我们需要吸取和反思的深刻教训。在责任意识指导下的公民政治参与，还意识到参与权利和义务的统一性，即参与本身既是行使公民权利的表现，同时也要在参与中讲规则、讲法律、履行法定义务。随着主体意识等公民意识的复苏和发展，我国公民个人的政治参与热情逐步提高，各种利益诉求和参与形式日益丰富。但个体意识的强化，也使得诸多公民个人往往只关注私人的诉求，而忽视社会和国家的利益，将政治参与视为追求私利的工具，成为满足个人欲望的手段。如果私人的利益不能得到满足，就企图通过非法的甚至是暴力的手段，去破坏社会的秩序、社会的稳定。公民责任意识就是要强化公民的民主法治观念和责任义务观念，让公民在政治参与的同时既要积极行使权利，更要遵纪守法，在公私利益发生不可调和的矛盾的时候，能够牺牲小我成就大我。通过公民责任意识对政治参与的强化，也可以巩固整个政治体系的稳定性，增加政治参与的可预测性和秩序性，来实现政治参与的合法化、理性化和制度化。

第三节　政治参与对公民意识的推动

一、政治社会化与政治文化

政治社会化是政治文化形成、维持和改变的过程。每个政治体系都有某些执行政治社会化功能的结构，它们影响政治态度、灌输政治价值理念，把政治技能传授给公民和精英人物。① 它一般关注三个方面的问题：一是对政治体制的体认；二是党派态度；三是政治参与。前两者涉及政治态度问题，后者涉及政治行为的实际举动。② 而它的核心内涵包括两个方面：第一，政治社会化是一个过程。在一个特定的社会体系中个人依次学到关于政治以及个人与政治体系关系的价值、规范、概念和态度。第二，政治社会化是一个社会使自己的政治文化永恒化的途径。③ 即政治社会化使得政治文化得以延续、完善和发展。政治社会化是政治生活的社会化，包括了政治决策和参与制度外的其他非制度性因素。公民的政治参与是

① 参见［美］阿尔蒙德、鲍威尔：《比较政治学——体系、过程和政策》，东方出版社 2007 年版，第 83 页。

② 参见毛寿龙：《政治社会学》，中国社会科学出版社 2001 年版，第 109 页。

③ 参见毛寿龙：《政治社会学》，中国社会科学出版社 2001 年版，第 109～110 页。

政治社会化最重要的途径和手段之一，公民有序、理性和广泛的政治参与就是政治社会化的过程，就是体现和完善政治社会化的尝试。

政治文化是政治关系的心理和精神的反映，它是人们在社会政治生活中形成的对于政治的感受、认识和道德习俗规范的复杂综合。政治文化是作为一种观念形式而存在的，它是社会政治意识形态，是社会政治关系作用于大脑的产物，因此，特定政治文化的性质是由特定政治关系决定的。① 从文化角度分析，它是指文化的政治方面，它们本身组成一个系统的整体。② 其基本含义是指一个民族在特定时期流行的一套政治态度、信仰和感情。它是由本民族的历史和现在社会、经济、政治活动进程所形成。③ 政治文化可以分为乡土文化、奴隶文化和参与文化。④ 近现代政治文化是同公民身份的演变和公民意识的形成紧密相连的，当代公民意识是村民取向、臣民取向和参与者取向的混合。这三种意识不是相互替代的关系，而是相互并存，并发挥作用。这种并存混合的公民意识适应了多元化、层次化的政治体系发展的客观需要，在张弛有度的关系中，紧密地与该国的政治体制相结合，其中对政治体制的认知和态度，就构成了政治文化的核心部分。可见，它影响着政治体系中每个政治角色的行动。同时，现存的政治结构所造成的机会和压力也影响着政治文化。

政治文化作为一种文化形式和心理的内在动力。它内化于社会个体的心理之中，就会无意识地形成一定的“惯性”，成为特定的

① 参见王浦劬：《政治学基础》，北京大学出版社 1995 年版，第 307 页。

② 参见［法］莫里斯·迪韦尔热：《政治社会学——政治学要素》，杨祖功、王大东译，东方出版社 2007 年版，第 71 页。

③ 参见［美］阿尔蒙德、鲍威尔：《比较政治学——体系、过程和政策》，东方出版社 2007 年版，第 26 页。

④ 参见［法］莫里斯·迪韦尔热：《政治社会学——政治学要素》，杨祖功、王大东译，东方出版社 2007 年版，第 71 页。

"思维"和"观点","投射"到现实生活和他人身上,成为个人进行判断的一种价值观。政治文化是政治社会化最重要的心理和环境因素,政治社会化是通过重构国家和社会、政治与社会、政治与文化等的关系,重新推动政治社会化中政治文化的传播和发展。政治社会化本身就是一个学习、内化和践行政治文化的过程;同时通过政治文化的熏陶和文化内驱力支撑,又进一步促进政治社会化的和谐发展。脱离了政治社会化的政治文化,就成了空洞无意义的概念和想法;没有政治文化支撑的政治社会化,也是没有指导思想和价值灵魂的形式和社会过程。因此,在理解和考察政治社会化的时候不仅需要关注政治制度建构和运行的实效,更需要从政治文化的角度来思考政治社会化的时代背景和发展环境。

政治文化直接或间接地作用于国家的政治制度建设、规范伦理发展和民主法治实施。改革开放几十年,国内的政治文化逐步从从封闭保守的同质性文化,向开放多元的异质性文化发展。在现代化转型的关键时期,社会结构的分离、政治体系的重构、经济结构的转型等都造成中国政治文化的传统与现实、制度构架和文化理念的脱离。作为中国特色的社会主义国家,政治文化的内在核心任务仍旧是意识形态对国家社会的培育和塑造,以"邓小平理论"、"三个代表"重要思想和"科学发展观"为主导的社会主义主流的政治文化一直受到西方包括自由民主化的外来政治文化和国内传统的臣民权力文化的双重阻碍。这些都造成公民意识低下、政治参与消极、公益道德心丧失、责任义务观念淡薄等意识问题。可以说,这些文化领域和意识形态的冲突和矛盾,必然不利于民众在政治社会化过程中学习、接受和践行主流的政治文化。针对新形势下的新问题,我们党和国家采取了积极行动,胡锦涛同志在党的十七大报告中明确指出:"加强公民意识教育,树立社会主义民主法治、自由平等、公平正义理念。"这些理念实质上是一种政治文化理念,希望通过公民意识教育树立社会主义民主政治价值观。将涉及民主、人权、自由、平等、法治等与现代国家密切相关的一系列重大社会政治问题的文化观点依托教育载体,贯穿于整个教育过程的始终,实现政治社会化的政治文化教育。此外，我国还开展了一系列普法学习的活动。从1985年开始至今，我国共进行过四次大规模的普法宣传；从1986年开始，历届党和国家领导人都带头开展法律知识讲座。党和国家领导人、全体公民法治意识的增强无疑有助于社会主义政治文化的积累和社会民主法治的发展。因此，建立中国特色的政治文化，推广和传播先进政治文化理念，不仅直接关系政治社会化的性质和实现程度，还关系着国家社会发展和政治的稳定。

二、作为政治社会化方式的政治参与

政治社会化既包含政治态度，也包括政治行为的实际举动。政治参与是公民进行政治社会化的一种基本实践形式，它试图通过人们对政治活动的参与，引导人们的政治热情和政治行为，由此达到政治社会化的目的。① 政治参与既是一种因变量，也是一种自变量。一方面社会环境的变迁促使公民要为适应环境、改造环境而不得不参与政治；另一方面，公民通过政治参与达到影响政府行动或引起政府反应的结果，既是参与的影响，也是参与的目的，通过这种反复的影响和相互作用，最终实现政治社会化。② 由此，我们得出，政治参与本身就是政治社会化过程中的一种基本框架，通过它的制度构架和实践运行，将公民分散广泛而多元的政治利益和诉求进行吸纳，通过政治实体的整合和规范，形成集中理性的政治决策和有效果的执行措施，从而不断满足公民的政治诉愿。这种刺激、反映、吸纳、反馈、再刺激、再反映、再吸纳、再反馈的过程，就是政治参与于政治社会化中运行的基本形态和规则。

政治社会化是政治与社会相交融的过程。政治社会化带来了利益主体的多样化，而利益的内在驱动力又促成政治参与的可能，并提供了基础性条件。从法学角度出发观察社会，有两个相关联的维

① 马振清：《中国公民政治社会化问题研究》，黑龙江人民出版社2001年版，第133页。

② 参见朱国云：《政治社会学概论》，清华大学出版社1998年版，第126页。

度——作为客观实体的社会和作为法律建构下的市民社会。政治社会化的社会主要指建立在政治实体之上的社会，“政治国家没有家庭的自然基础和市民社会的人为基础就不可能存在。它们对国家来说是必要条件”①。它是社会的自然属性与社会属性的统一。随着生产力的发展和生产关系的变革，政治国家和市民社会逐渐分离，但“决不是国家制约和决定市民社会，而是市民社会制约和决定国家”②。其间，契约精神的传播和市场经济的深化，促成社会主体的价值多元化、政治结构多层次化、文化多样化，造成了个体价值和利益的差异化、异质化。在大的时代背景下，人们的思想观念、思维方式和行动模式都随着环境的变化发生深刻的改变，其主体意识、权利意识、竞争意识、民主法治意识等不断增强，而这一切的内因是利益。“人们为之奋斗的一切，都同他们的利益相关。”③ 利益分化就成为政治参与的内在源动力，也构成政治参与的一个基础性条件。社会需要利益的反映、整合和协调机制来化解由于利益的冲突而产生的各种矛盾。政治参与就是这样一个基本的制度，不论是从理论哲学的视角出发，还是工具主义的角度出发，政治参与都是这样一个利益收集、反映、整合和反馈的过程和运行机制。政治参与的本质是对利益的关注，体现于对个人权利的争取和保障。政治参与的制度建构、理论价值和实践经验，都可以从利益保障的角度进行解读。“只有当公民感到他的参与收益大于成本，或者获得积极的效果，或者免于惩罚，而不是使自己的利益受到损害，他才会有参与的可能性，无论是自主性参与，还是动员性参与，都是如此。”④ 我国当代的人民代表大会制度、选举制度、基层自治制度、听证制度等的改革和完善，很多都是自上而下与自下而上的利益需求刺激和推动的结果。

① 《马克思恩格斯全集》第3卷，人民出版社2002年版，第12页。
② 《马克思恩格斯选集》第4卷，人民出版社1995年版，第196页。
③ 《马克思恩格斯全集》第1卷，人民出版社1995年版，第187页。
④ 赵成根：《民主与公共决策研究》，黑龙江人民出版社2002年版，第169页。

作为政治社会化的政治参与，增强了政治参与的效能感，强化了公民之间的信任和身份认同。政治参与作为一种政治制度，具有道德和结构两个范畴。① 即能够在政治行动动态运行的过程中，不断满足不同主体的各类利益诉求，能够通过稳定、有序和法治的制度通道，将各种意见收集起来，协调整合后形成政治决策和政治行动。同时，它还具有道德感，体现在对多元主体的尊重和关怀，以及对政治参与的认同和信仰上。道德感是建立在政治制度完善和政治参与之上，但超出纯粹制度规范的范围，具有内心的认同和信仰，是一种比制度更稳定的内在因素。而只有有效的政治参与才能不断地强化政治参与的道德感，促成政治参与的完善。效能感是和对政治制度的信任及其合法性相联系的。② 公民的政治参与不仅提高了公民对国家的满意度，而且弱化了他们对国家行为的批评，确切地说是推动了他们对政府的正面看法。③ 政治效能和合法性的交织作用，提高了公民的政治认同感和信任感。这种信任既包括纵向的对政治制度的信任，也包括横向的人与人之间的信任。在集体性的政治参与活动中，人与人之间更容易结成利益同盟，而彼此的信任会增加利益表达的力度，促进参与效果的达成。最终，促成了人与人、人与制度之间的信任感。这种信任感又强化了对政治共同体的合法性认同和效能感，同时在政治实践中，也更容易形成稳定的公民意识。这种稳定的公民认同意识，能够超越或高于政治上的分歧，避免对政治团体的过度依附，而且还能在个人和政治系统之间起到缓冲器的作用，减少民众卷入不稳定的群众运动的可能性。表8是学者对我国公民政治效能感的调查。

---

① 参见［美］塞缪尔·亨廷顿：《变化社会中的政治秩序》，王冠华等译，上海人民出版社2008年版，第9~19页。

② 参见［德］海贝勒、舒耕德：《从群众到公民：中国的政治参与》，张文红译，中央编译出版社2009年版，第15~16页。

③ 参见［德］海贝勒、舒耕德：《从群众到公民：中国的政治参与》，张文红译，中央编译出版社2009年版，第8页。

表 8　　**受访人的政治效能感**

	非常同意	比较同意	中立	不太同意	非常不同意	有效回答人数
像我这样的人，无权评价政府行为	10.9	30.5	5.9	38.4	14.6	3618
政府官员不太在乎像我这样的人有何想法	14.9	41.5	7.9	28.5	7.1	3500
我觉得我对中国面临的重大政治问题很了解	5.3	24.0	8.8	47.8	14.2	3511
我觉得我比一般人知道更多的政治的情况	3.8	21.3	9.8	49.1	16.0	3536
我认为我完全有能力参加政治	5.2	16.7	8.8	47.0	22.2	3539
我也可以胜任领导工作	5.9	19.7	9.5	44.1	20.7	3547
政治太复杂，不是像我这样的人可以理解的	16.0	39.5	9.2	28.2	6.5	3507

资料来源：沈明明等：《中国公民意识调查数据报告（2008）》，社会科学出版社 2009 年版，第 205～207 页。

表 8 的数据表明，公民认为自己有权评价政府的权利的占 53.0%，56.4% 的受访人选择“政府官员不太在乎像我这样的人有何想法”，62% 的受访者认为自己并不了解中国面临的重大政治问题，65.1% 的受访者认为自己并不比一般人知道更多的政治情况，69.2% 的受访者不认为自己有能力参加政治，而觉得自己不能胜任领导职位、无法理解政治的受访者分别占 64.8% 和 35.5%。表 8 反映了两个大问题：第一，公民政治参与的效能感低下，有 56.4% 的受访人选择“政府官员不太在乎像我这样的人有何想

法”，即政治参与不能改变现状或效果不明显，因为公民认为政府并不关注自己的利益诉求；第二，公民政治参与的技能感不强，近七成的受访者不认为自己有能力参加政治和能够胜任领导职位。政治效能感低下既是政治参与不足的一种表现，又是导致政治参与不足恶性循环的原因之一。

表8调查结合性别、职业、收入、教育等参数发现，政治效能感低下的人群主要集中在社会弱势群体中，即低收入、教育水平不高的阶层，包括下岗工人、农民工和一些刚进入社会的年轻人。他们往往处于社会的底层，经济能力低下，受迫于经济生活的压力和政治参与制度的缺陷，不能通过有效合法的途径反映政治诉求；而即使反映，其结果多是迟迟不能得到解决，最终结果就使得“仇富”、“仇官”、“仇警”、“仇世”等心理蔓延，出现不满时往往通过非法游行、发传单等方式，甚至通过群体性暴力来泄恨，造成了社会动荡。目前，我国公民政治参与效能感低下的原因很多，既有传统臣民权力依附文化的深层次影响，也有参与制度供给层面的不足。高水平的政治效能感不仅是投入参与的前提条件，而且还表明了充分掌握信息、对政治感兴趣、忠诚而满意的公民的存在。效能感的程度愈高，对政府和政府官员的信任就愈高。① 我国公民政治参与的动力不足和政治技能掌握不够直接影响政治参与的效能感。“政治参与的主动性与人们对参与的功效感有关。”② 当人们“所面临的选择没有什么重大差异”，以及“所作所为无所轻重，不能有效改变结果”③ 时，人们参与政治的动力就差很多，而当政治参与不直接和个人利益相联系，公民就选择不介入。这样就造成了政治冷漠和参与率低下的情况。而较少的政治参与锻炼和政府工作信息的不透明，导致公民很难在政府决策前充分了解信息。总之，低

① 参见［德］海贝勒、舒耕德：《从群众到公民：中国的政治参与》，张文红译，中央编译出版社2009年版，第15页。

② ［美］塞缪尔·亨廷顿、琼·纳尔逊：《难以抉择——发展中国家的政治参与》，华夏出版社1989年版，第87页。

③ ［美］罗伯特·达尔：《现代政治分析》，王沪宁、陈峰译，上海译文出版社1987年版，第134～135页。

效能的政治参与意识源于低效的政治参与实践，最终又成为意识文化因素反作用于政治参与，恶性循环降低了政治参与的程度、减损了政治合法性认同感和公民身份认同感。

三、政治参与对公民意识的促进

（一）政治认同与公民身份观

政治认同就是公民主体在政治实践中对政治制度、政治运行和政治效果等内在赞同和信任。政治认同的前提与核心就是对主体身份的认知，并由此开展的各项参与制度都是围绕着满足主体身份的需求。从这个意义上讲，政治认同就是对公民身份的认同，政治认同感就是公民政治身份的认同感。

公民身份的解放和确立为政治参与提供了主体性要素。“公民身份是个人在一民族国家中、在特定平等水平上、具有一定普遍性权利与义务的被动及主动的成员身份。”① 公民的主体性身份是公民意识出发的起点，也是公民意识产生的基础性要素。首先，主体性身份是一种理性的抽象人的身份。它是随着市民社会的确立而初步建立的，市民社会的历史成为“人的定义历史”。② 一方面，它使公民个人摆脱对王权和神权的依附，以及政治生活一体化的束缚，在促进生产力发展的同时，加速了人从社会关系中解放出来的历史进程；另一方面，公民政治权利意识觉醒，要求广泛地参与政治生活，影响和控制政治决策和政治执行，并要求国家“必须实现法律的、伦理的、政治的自由，同时，个别公民服从国家的法律也就是服从他自己的理性即人类理性的自然规律”③。其次，公民身份观的核心要素是利益，在法治国家就是权利。“公民”身份是

① ［美］托马斯·雅诺斯基：《公民与文明社会——自由主义政体、传统政体和社会民主政体下的权利与义务框架》，柯雄译，辽宁教育出版社2000年版，第11页。

② ［德］尤根·哈贝马斯：《合法化危机》，刘北成等译，上海人民出版社2000年版，第167页。

③ 《马克思恩格斯全集》第1卷，人民出版社1995年版，第228页。

现代社会的产物，更是社会体制现代转型过程的产物。“从身份到契约”并不意味着身份的消失（即使在契约时代，具有等级含义的身份仍然存在），它只意味着，社会成员的身份关系发生了转换，他们从一种身份关系转向另一种身份关系。① 这种身份关系转变的关键是权利观念，即社会从义务本位向权利本位转变后，权利成了公民身份的核心关键词。这样，近现代公民身份关系的确立和转变，就是要实现权利利益的关系的确立和转变。最后，公民身份关系的发展要求政治参与能适时改变，通过完善政治参与的理念和途径满足身份关系的内在需求，化解关系发展中的张力。因为多元化发展使得原有的社会建制失去了整合的功能，需要社会建制作出适应性转型，形成组织化社会的新的内聚力量。新的社会身份发展出一系列的社会关系和行动规则，形成一系列以新身份为基础的标准化行为，即新的行事规则和权利义务关系。②

广泛有序的政治参与有助于促进形成公民的身份认同观。首先，政治参与提供了身份认同的制度供给，使得公民身份关系能通过实践的参与加以强化。制度是一个社会中的一些游戏规则；或者，更正式地说，制度是人类设计出来调节人类相互关系的一些约束性条件。③ 制度化的政治参与不仅体现了人的政治理性和政治文明，也反映了对公民主体身份的保障。即通过政治参与的制度化保障，使得公民有权利，能通过实实在在的制度来实现自己的利益。这种制度化的政治参与，就是政治的法治化，体现了对公民个人权利的尊重和保障；同时，这种政治参与是不断扩大的动态过程，国家不断进行制度创新以满足公民不断增长的政治参与需求，保证公民参与渠道的畅通。目前，我国基本形成了以宪法为核心，以法律、行政法规和地方性法规为主体，以行政规章为补充的一系列保

① 参见张静主编：《身份认同研究》，上海人民出版社2005年版，第5页。

② 参见张静：《身份：公民权利的社会配置与认同》，载《光明日报》2009年10月27日，第11版。

③ 参见樊纲：《渐进改革的政治经济学分析》，上海远东出版社1996年版，第15页。

障公民政治参与的法律制度体系。其次，政治参与能够增强公民身份认同。“参与是一种教育手段，通过参与，学到社会责任，证明自己具有体系内完整成员的资格，从而，有利于增强公民的政治责任感及对政府的认同感。”① 认同就是对事物的确认和归属，表达赞成或同意，从而形成信任。社会的信任促进了公民之间的政治合作，如果没有这种信任，民主政治便是不可能的。② 认同的功能机制在政治参与中的体现，就是公民通过选举、各项民主政治实践和其他非制度化的实践，掌握政治实践的知识和技巧，通过参与本身表达和满足自身利益，在政治效能的实现中，完成自己对他人、社会、国家的基本联系。公民在政治参与中，选择不同的政治参与形式和利益表达途径，经历不同的政治参与过程，本身就反映了对政治实体的认同和肯定。广泛有效的政治参与促使公民对自我在国家政治秩序中的身份和地位进行清晰的定位，在不断的参与过程中更加坚定了对自己的公民身份的认同。

（二）政治权利与公民权利观

政治权利是公民参与并影响政治生活从而得以在社会的政治生活领域实现人的内在需要的权利。③ 它有两个基本维度，其一是反映主体间特定的政治利益形态，是人民主权的实现形态和民主政治的具体设计，体现了作为手段而存在的维度；其二，政治权利本身是主体个人内在利益需要的权利，参与并影响政治生活，是作为目的与价值存在的。所以，政治权利是工具手段与实体价值的统一。从系统论的广义角度出发，政治权利是在公民权利确立后，公民在政治参与、政治实践中所享有的一系列权利和自由。公民权利与政

① ［美］格林斯坦、波尔斯比：《政治学手册精选（下卷）》，储复耘等译，商务印书馆 1996 年版，第 294 页。

② 参见［美］加布里埃尔·A. 阿尔蒙德、西德尼·维巴：《公民文化：五个国家的政治态度和民主制》，徐湘林等译，东方出版社 2008 年版，第 436 页。

③ 参见李琦：《公民政治权利研究》，载《政治学研究》1997 年第 3 期。

治权利在权利享有的主体、范围、内容和价值等方面都存在差异，但是以参政权为核心的政治权利是公民权利实现的制度性基础和行使的环境要素。公民权利观本身，也蕴含着对政治参与、政治实践等方面的利益诉求和制度需求，权利观本身的完善发展必定促进政治权利的实现。

政治权利从基本内涵上，大致包括政治参与权、决策权、监督权、政治知情权等。这些权利从性质上，既包含积极行动的权利或自由，也内含消极服从的义务和责任。从某种意义上，权利义务的统一性在政治权利行使的过程中也是存在的。我国宪法规定的政治权利就包括选举权与被选举权、监督罢免权、诉愿权等，它们直接或间接地促进了公民权利意识的萌发和发展。我国改革开放几十年来，政治权利的发展从权利的主体、内容和形式等方面，塑造了公民的权利意识。从主体上而言，政治权利的主体突破了人民和敌人的阶级划分，人权成了公民的主体性价值，人本身不再处于阶级性对立中。我国签署的《公民权利和政治权利国际公约》，以及第四次修宪将人权保障写入国家根本大法，“公民”正在被还原为本来意义上的人，享有政治权利的资格也不再以政治为评判标准，而是以法律确认和是否剥夺为标准。① 从内容上而言，公民政治权利的内容更为丰富、体系更为完善、保障更为全面，逐步实现了实体与程序的结合、价值与规范的统一。目前，基本形成了以宪法为核心、宪法性法律为主体、各部门法和程序法相互呼应的较为完整的体系。公民不但可以通过各级人民代表大会行使自己的民主权利，依法享有选举权和被选举权，享有言论、集会、结社及游行示威等权利，而且还可以直接参与管理国家事务、管理经济和文化事务，监督一切国家机关和国家机关工作人员。最后，从实现途径上而言，从解放后“群众运动”型的政治参与向有序政治参与推进，主要通过法治化、制度化的沟通渠道建设，不断将更多的政治诉求吸纳进来，逐步实现政治参与的多元化、民主化；同时，也加大了

① 参见杨雄：《六十年公民政治权利宪政历程的回顾与思考》，载《天水行政学院学报》2009 年第 5 期。

对政治决策、政治监督和政治协调的制度建设，真正实现公民政治权利。当然，政治权利实践的过程本身，更是政治社会化发展的必然要求，是政治文明和政治文化的内在需求。整个往复循环的过程，使得公民权利不断得以彰显、利益不断得以满足、权利意识不断得以强化。

以我国改革开放政治参与权利和民主意识发展调查为基础，我们可以清晰地看到政治参与的发展切实促进了公民权利意识的完善。调查中选择“生存权利”、“言论自由”的满意率（包括“非常满意”和“比较满意”）达到90.6%和88.6%。而对“投票权利”、“政务信息知情权”、“参与社团的权利”等涉及政治参与的权利也高达78.6%、68.4%和80.4%。① 从整体上看我国公民生存权利的满意率最高，而政治参与的满意率也基本及格。公民基本生存权利的满足为公民社会和政治权利的发展提供了基础，公民政治权利的完善为进一步提高生活水平和质量提供了制度保障。从这个方面看，改革开放30多年来，我国经济高速发展，民主法治建设逐步完善，公民的权利意识和政治参与意识不断提高，为将来的发展提供了新的动力。从反面看，这也是为什么公民会选择“集体散步”或“群体性暴力”来表达对政治参与阻塞的不满。故而，正方两个方面的经验教训告诉我们，在国内外利益格局迅速转变的背景下，社会的科学协调发展需要继续推进和完善公民的政治参与，而随着公民主体性权利的认识增强，参与的内在需求和表现强度又会更加突出，内外因素的累积共同塑造和推进了公民权利意识的形成。从这个意义上讲，积极的政治参与对于缓解社会矛盾、稳定社会秩序、提高公民权利意识等起着重要的作用。

（三）政治实践与公民参与观

政治参与是政治实践的一种形式，也是最重要的方式。政治参与通过制度的塑造和实践经验的积累，内化为公民的政治意识，形

① 参见沈明明等：《中国公民意识调查数据报告（2008）》，社会科学出版社2009年版，第170页。

成行为的思维模式。公民政治参与观就是公民对政治实践客观现状的认知和评价。公民参与观的形成和发展必须建立在政治实践的基础之上，通过实践不断检验修正参与观，而参与观又指导着政治实践的进行。

在政治实践中，参与本身是有合理限度的。政治参与的广度和深度并不是越多越好，参与程度需要和社会政治经济发展保持一定的比例。参与本身的理性不仅体现了参与的制度化、法治化，也体现在参与意识的积极与消极的融合上。因为，任何社会按照公民在政治参与态度和行为上的分类看都可能并存三种参与者：一类是基本上置于政治进程之外的“冷漠者”；一类是只在较低程度上卷入政治的“旁观者”；还有一类是一小群以若干方式积极介入政治的“好斗者”。① 他们以何种形式和途径参与政治实践并保证政治社会的稳定需要采取不同的策略。而且政治生活毕竟只是公民生活实践的一个部分，某些情况下甚至不对生活产生直接而紧迫的影响，那么这时候全民激进的“群众运动”就超过政治实体的吸纳能力，影响公民社会生活，也不利于政治社会的稳定。相反，民主政治参与的情绪冷漠，或者低参与率和政治参与的低效化，也不利公民政治利益对实体的输送，最终将影响公民的政权权利的实现。可见，过多或过少的参与都会给政治系统造成压力，阻碍政治系统的正常运行，从而不利于公众利益、愿望或要求的实现。那么什么样的政治参与，以及这种参与下的公民参与意识是对政治社会发展最佳的形态呢？合理有限度的政治参与，以及积极参与和消极参与相混合的公民参与意识是最佳的答案。公民参与意识从发生学上讲，既包含主动参与下的公民意识，也包含被动卷入而形成的公民参与意识。对主动参与的公民意识而言，政治参与是公民主动的权利要求和利益表达，参与实践需要满足公民民主政治的诉求，这样参与可以从正面塑造公民参与意识，同时也促进政治参与的合理有序化发展。而民主公民的“理性—主动性”模型的特征，确实是公民文

① 参见［英］戴维米勒：《布莱克维尔政治学百科全书》，邓正来译，中国政法大学出版社 2002 年版，第 609 页。

化的组成部分，但仅仅是该文化的一部分。① 对于消极的公民参与意识，公民是被动参与政治实践，但也必须对政治作出决策，进而影响政治实践。它的基本模式是“无兴趣—卷入—影响—后退”的循环模式。即公民对他自己的影响力的知觉增强；同时，此系统调整新的要求，并且能证明它的效能。于是，通过参与和有效行使而产生的忠诚，此系统变得稳定。该循环式的卷入，是保持积极性和消极性之间平衡式不一致的一个重要方法。② 只有这种积极和消极公民参与意识的混合，才能既使政府有权力，同时又保证政府有责任。③ 政治实践本身的实践存在积极和消极参与的现实和需求，而积极参与和消极参与的公民参与意识也适应了这种需要，为此，维持了政治参与的有序性，促进了政治实体的稳定。

表 9 是我国公民政治参与调查表。

表 9　　**受访人的政治参与（%）**

政治参与行为	所占受访人总数的比例
游行/静坐/示威	1.6
通过媒体表达自己的观点	2.7
在请愿书上签字	4.8
在互联网有关政治主题的论坛上发言或者其他	5.4
为某项特定的理想或事业加入组织等	5.9

① 参见［美］加布里埃尔·A. 阿尔蒙德、西德尼·维巴：《公民文化：五个国家的政治态度和民主制》，徐湘林等译，东方出版社 2008 年版，第 422 页。

② 参见［美］加布里埃尔·A. 阿尔蒙德、西德尼·维巴：《公民文化：五个国家的政治态度和民主制》，徐湘林等译，东方出版社 2008 年版，第 431 页。

③ 参见毛寿龙：《政治社会学》，中国社会科学出版社 2001 年版，第 121 页。

续表

政治参与行为	所占受访人总数的比例
通过社会组织表达自己的观点	5.9
向上级政府领导表达自己的观点	14.1
参与与政治有关的各种会议	15.3
为一项社会活动组织募捐等	21.1

资料来源：沈明明等：《中国公民意识调查数据报告（2008）》，社会科学出版社2009年版，第202页。

在表9的政治参与选择中，选择较多的是“向上级政府领导表达自己的观点”、“参与与政治有关的各种会议”、“为一项社会活动组织募捐等”分别为14.1%、15.3%和21.1%。而通过“游行/静坐/示威”的只占1.6%。可见，我国公民政治参与在整体上取向是理性、和平和法治的，但是，不排除在特殊环境下，通过游行、静坐和示威的可能。比如，2009年我国一些地区发生的严重刑事暴力犯罪事件和群体性打砸抢烧事件，就是一种极端表现。这些暴力的犯罪事件，是不得人心的。政治参与和政治参与观的相互关系并不是凭张表就能完全反映的，作为政治实践的政治参与对公民参与意识的培养和形成具有促进作用，即政治参与实践提供了各种途径的参与形式，使得公民能主动或被动地卷入到政治生活中，这种积极和消极的制度构造为政治实体吸收公民政治利益提供了可能，也加强了政治实体的矛盾调控和社会治理能力。

目前，我国政治参与的总体状况和主导形式正在经历着从动员型参与向自主型参与的转变；政治参与非制度化向制度化的转变；感情型政治参与向理性型政治参与的转变的过程①，但是仍然存在一些问题：首先是制度供给与公民参与需求还存在一定程度的差

① 参见许峰、王预震：《政治参与与当代中国政治社会化》，载《湖北社会科学》2002年第6期。

距。制度供给的渠道不能适应时代发展的需要，社区自治和网络行政、信息公开建设落后，而这些间接参与形式，是同公民生活息息相关，最能反映民意的渠道；同时，政治参与的制度和法律规范不够健全，很多的规范表述都较为模糊；已有的参与渠道由于程序性建设不强，从而导致公民为了实现政治利益必须通过非制度性的渠道表达。政治参与后的协调性机制也没有完全建立，公民积极的政治参与就不能很好实现。新中国成立后，集体主义的意识占了主导，个人权利和意识被吞噬，这种严格等级管控的社会使得个人发展完全依赖国家实体，形成了国家权利本位的基本模式。当前政治参与中非制度化参与行为的扩展和群体性政治参与行为的大幅增加，很大程度上也反映了这种历史发展的惰性影响，那就是公民参政的政治知识和技术能力的匮乏，政府行政中的官本位思想严重，大众参政的意识不强等。所有困难的解决与现状的改变都离不开社会生活领域中政治参与的实践。为此，需要从以下几个方面着手改进：第一，逐步建立和完善公民政治参与的制度体制，让公民的政治参与得到制度的全面有效的保障，促进公民参与意识的发展。即通过完善国家根本制度、基本制度和主要制度，从人大代表制度、选举制度、听证制度、信访制度和基层自治制度出发，不断完善实体和程序规定，做到体系完备、内容全面、程序规范。第二，加强政治参与的社会化建设，政治参与不是一朝一夕就能建成，必须在长期的社会实践中不断实践、不断检验、不断完善，形成政治参与的公民文化。从文化层面，为公民参与意识发展提供内在动力。第三，加强民主参与的制度化建设，形成多元的利益表达渠道，充分发展和利用民间组织、社区自治、网络行政等贴近民众实际生活的形式，为公民参与政治提供知识和信息储备、降低参政成本，提高参政效率。第四，创新政治参与的形式。政治参与只有不断创新和突破，才能不断适应新形势发展的客观需求，促进公民包括政治权利在内的各项权利实现。以湖北省随州市开展的“两票制”和“两会制”基层民主创新为例，它在法律和党的规范制度内，解放思想、大胆地进行民主体制创新。“两票制”就是在选村党支部书记的时候，先由全体村民对党员投信任票，按得信任票的多少确定村支书初步人选，再召开全体党员大会，由正式党员投票选举村支书。这项制度后来逐步发展并推广到用“两票制”发展党员、民主评议党员、推荐后备干部等环节；“两会制”是对于村集体决策事项，由村“两委会”提出议案，先交由党员大会讨论形成预案，再交由村民代表大会表决形成决议，最后由村务监督小组监督村“两委会”执行。即先党内后党外，先党员大会后村民代表大会的决策机制。“两票制”和“两会制”还权于民，实现人民当家做主和民主参与的良性结合，对基层民主发展和社会稳定起到积极作用。

作为政治社会化的政治参与是公民最重要的政治权利，是公民实现人民主权和基本人权的重要保障。政治参与作为政治社会化过程中的一个部分，需要通过广泛、有序而理性的制度或非制度渠道，进行利益吸纳、整合和反馈。当代公民意识是建立在公民个人身份确立和认同的基础上，它是政治参与的内在心理驱动力和制度规范建构的指导。政治参与是公民意识，特别是公民政治参与意识的基础性条件和基本环境要素，而公民意识也反作用于政治参与实践，对政治实践起到认知和评价的作用，为有序的政治实践提供意识和智识支持。它们之间的相互影响和作用共同构建和推进了公民文化的形成与发展。这种文化、意识和制度相互交融、彼此作用的良性状态，构成了公民意识指导和作用下的政治参与的全部内容。

第四章　公民意识与协商民主

公民意识与协商民主是互为促进的关系。公民意识是协商民主的前提和基础，在协商民主的实践中公民意识得到锤炼和提升。协商民主要求公民积极参与，从协商民主的内涵、程序、方式和发展等方面看，协商民主的实践史就是公民意识的成长史，协商民主的演进过程就是公民意识的教育及培植过程。从公民意识的构成要素和内容看，成熟的公民意识是协商民主成长发展的原动力和催化剂。本章中将深入研究公民意识的基本要素对协商民主的意义，进而揭示公民意识是如何在协商民主实践中得以培植的。

第一节　协商民主的基本理论

在西方世界，协商民主的理念可以追溯到古希腊的城邦民主时代，我国政治协商的实践则起源于新中国成立以前，中国共产党在反帝反封建过程中与其他人民团体及民主党派合作与协商。但协商民主理论上得以深入研讨和生活中得以广泛实践则是20世纪80年代以后的事。下面就协商民主的内涵、基本流派、协商民主在中国的发展和协商民主对公民意识培植的意义等问题进行分析。

一、协商民主的内涵

协商民主（deliberative democracy）在中文文献中有不同的表达，有的人把它译为“审议民主”、“审议式民主”或“审议性民主”；有的译为“商议民主”、“商议性民主”或“商议民主制”；有的译为“慎议民主”、“商谈民主”、“审慎的民主”或“慎辩熟虑的民主”。[1] 结合中国的语言习惯和实践历史，我们认为“协商民主”的译法最为贴切和传神。从不同的视角可以对协商民主进行不同的界定，笔者认为，协商民主最基本的含义是在公共理性的指导下，公民和公民团体广泛、开放、自由和平等地参与公共决策和治理，通过沟通、辩论、审议和商谈达到持续合作与团结的目的。协商民主既是程序的也是目的的，协商民主旨在通过公正、合理及开放的程序寻求公民或公民团体之间的合作与团结，最终达到公民的自我认同、社会认同和国家认同和谐共生形成强大的凝聚力和生命力。

协商民主必须在公共理性的指导下进行。康德在《何为启蒙》一文中把理性划分为公共理性和私人理性[2]，罗尔斯则把公共理性略等于“政治的正义观念”具有自由主义的品格。[3] 本书中采取康德的观点，把公共理性视为私人理性的对立物。公共理性是立足于公众立场，着眼于公共利益的真诚、宽容和开放的心态，不以私利利害得失为转移，至少不会损害公益来满足私益。私人理性立足于私人的立场，着眼于私人利益的最大化，往往采取使私益最大化的策略和手段。如果是仅仅涉及私人的利益，只要个人作出判断和选择即可，无须受制于公共理性诉诸公众的辩论、协商或审议。因此，协商民主是一种公共决策和公共治理的机制，适用的范围仅仅是公共领域。在协商民主中提倡在协商、辩论、沟通、审议中形成最好的观点和意见，反对私下的利益交换、讨价还价、权力控制、欺诈、欺骗等工具性策略。在商讨和协商的过程中，“公民们通过交换他们的公共理性在自由而开放的谈话中坦言相见，即使他们的理由没有说服对方，只要他们认真对待和回应对方关切的事情和所持的看法，他们也就能够得到对方对他们的看法的合理领会与思

① 参见谈火生编：《审议民主》，江苏人民出版社 2007 年版，第 6 页。

② 参见［美］约翰·罗尔斯：《政治自由主义》，万俊人译，译林出版社 2000 年版，第 226 页注释 2。

③ 参见［美］约翰·罗尔斯：《政治自由主义》，万俊人译，译林出版社 2000 年版，第 236 页。

考。衡量这些看法的尺度是‘自由公民’的‘判定’，自由的公民把他们的公共理性讲给范围很广的其他公民听”①。总之，公共理性要求协商民主真诚地对待他人的意见和诉求，如同对待自己的诉求和意见一样；包容不同的意见和诉求，协商中要有同情的理解和换位思考；抱持开放的心态，听取不同的意见，支持最好、最合理的意见。

自由和平等的协商民主。自由和平等是协商民主的基本精神，只有参与协商的公民能够平等、自由地提出观点和意见，平等与自由的交流、协商和审议才形成最好的观点，才能形成最终的共识，才能维护持续的团结与合作。如果协商是在权力或权威的控制或支配下进行，协商的结果必然是维护权力或权威的，最好的观点难以形成。在协商民主中，“每一个公民都必须拥有同样的机会来发表见解和采取其他任何人都可以采取的表达方式；每个人也必须拥有进行辩论和商讨相关领域问题的权利，并在决策的过程中拥有同等的地位和机会”。“协商中的平等必须强到足以保证所有公民包容在协商之内，并将外在的或内生的影响如权力、财富和已有的社会不平等排除在外的地步。”② 强调协商必须平等的目的，就是要防止或排除权力、权威、财富等因素对协商民主的控制和负作用。民主发展的经验表明，任何不对称的掌握权力、获得权威和占有财富的人都试图影响、支配甚至是控制他人，在协商民主中也不例外。

公正程序中的协商民主。协商民主应当在人人能够参与的公正过程中进行。科恩和哈贝马斯十分重视协商过程的公正性。科恩建议把协商的过程构建为自由、理性及实质平等的“理想协商程序”，在这一理想程序中“人们针对议程中的问题提出可供选择的

① ［美］詹姆斯·博曼：《公共协商：多元主义、复杂性与民主》，黄相怀译，中央编译出版社 2006 年版，第 7 页。

② ［美］詹姆斯·博曼：《公共协商：多元主义、复杂性与民主》，黄相怀译，中央编译出版社 2006 年版，第 32 ~ 33 页。

解决方案，以及支持他们的理由，最后通过决策而得出结论”①。哈贝马斯也认为协商民主的合法性是建立在理想协商程序之上。首先，协商程序的形式必须是信息和有依据的观点交换过程。其次，原则上无人受排斥，所有受影响的都有权参与协商。再次，协商原则上能无限期地延续或在任何时候都可恢复。② 纵观国内外各种各样的民主协商形式和实践，都是具有严格的程序和步骤。毫无疑问，只有在公正有序的协商过程中协商民主的目的才能实现，协商的共识才能达成，协商程序已经成为协商民主不可分割的组成部分。

协商民主的目的在于持续合作、达成共识和维系团结。协商民主就是要达成一种持续合作的目的。按照博曼的观点，“协商与其说是一种对话或辩论，不如说是一种共同的合作性活动”③。可以说，协商就是一种合作的表现形式。在复杂、多元的社会中公民和公民团体之间的冲突和矛盾在所难免，面对冲突和矛盾人们能够理性地协商、沟通和辩论，就相关的问题密切互动，相互倾听、相互回应，互换角度理解和思考，这本身就是一种合作表现。民主协商的目的就是要达成共识。有一种观点认为，“协商就是要达成全体一致”④。这种观点过于理想化，在高度分化和多元的社会中要就某一决策达成全体一致的共识是十分困难的，但这丝毫没有动摇协商民主就是达成共识的目的。经过充分信息交换、意见沟通及全面的协商或辩论，协商民主能够达成最低限度的共识。充分的协商不

① ［美］乔舒亚·科恩：《协商与民主合法性》，载［美］詹姆斯·博曼、威廉·雷吉主编：《协商民主：理论性与政治》，陈家刚等译，中央编译出版社2006年版，第56页。

② 参见［南非］毛里西奥·帕瑟林·等特里维斯：《政治合法性与民主协商》，载［南非］毛里西奥·帕瑟林·等特里维斯主编：《作为公共协商的民主：新的视角》，王英津等译，中央编译出版社2006年版，第10页。

③ 韩冬梅：《西方协商民主理论研究》，中国社会科学出版社2008年版，第28页。

④ 韩冬梅：《西方协商民主理论研究》，中国社会科学出版社2008年版，第27页。

仅可以发现最好的观点和意见，还可以在一定程度上改变他人的偏好和立场，最终达成一定限度的共识。如果说协商民主不可能达成共识，协商民主就是失去了存在的基本意义，协商民主不仅浪费公共资源还降低决策的效率，其存在的合法性就动摇。协商民主受人们青睐的主要原因之一就是协商可以达成共识，这种共识增强了公共决策合法性的基础。协商民主表达这样一种思想："民主决策是合理、公开讨论支持和反对某些建议的各种观点的过程，目的是实现普遍接受的判断。"① 协商的目的还在于维系团结。团结的维系不依赖于外在的压力和强制力，而是维系于成员间的感情和认同。成员间的感情和认同取决于在平等自愿的基础上相互包容、尊重和理解。投票等民主方式容易造成成员间分歧，甚至是分离。比较而言，协商民主不仅有利于培养尊重他人、相互包容、同情理解、容忍、节制等公共美德，还有利于造就对团体、社会和国家的认同，最终形成成员间强大的团结力和凝聚力。

二、协商民主的基本流派

关于协商民主理论的基本流派主要是针对西方协商民主理论而言，虽然我国协商民主的实践较为丰富，但在理论方面尚未形成基本流派的体系化形式。因此，在介绍协商民主的基本流派时，主要是介绍西方协商民主理论流派。

有学者认为，"协商民主理论中存在两大流派，有两个起点，分别是自由宪政主义和批判理论"②。即协商民主分为自由主义协商民主理论和批判理论协商民主理论，协商民主理论家约翰·S. 德雷泽克也持有同样的看法。③ 韩冬梅博士认为从不同历史时期所

---

① ［美］马修·费斯廷斯泰因：《协商、公民权与认同》，载［南非］毛里西奥·帕瑟林·等特里维斯主编：《作为公共协商的民主：新的视角》，王英津等译，中央编译出版社 2006 年版，第 41 页。

② ［澳］何包钢：《协商民主：理论、方法和实践》，中国社会科学出版社 2008 年版，第 21 页。

③ 参见［澳］约翰·S. 德雷泽克：《协商民主及其超越：自由与批判的视角》，丁开杰等译，中央编译出版社 2006 年版，第 2、13 页。

呈现出的不同特点，协商民主分为古典协商民主、共和主义协商民主、代议制协商民主和现代协商民主；根据协商的规模与形式，协商民主分为微观协商民主和宏观协商民主；根据协商理论的规范要求是伦理目标导向还是人际间的协商过程，把协商民主划分为：预先承诺型协商民主和对话程序型协商民主。① 以上学者划分西方协商民主理论流派的标准虽有一定的根据和理由，但在逻辑上和认知上都存在问题。如“批判理论在本质上仍然是渊源于自由主义的一种学说，它不具有与自由主义相对应的独立性，也不足以具备与自由主义并列而作为协商民主之理论渊源的资质”②。因此，我们认为，根据协商民主的理论形态，协商民主分为三大形态：目的论协商民主、程序论协商民主和激进论协商民主。

目的论协商民主的主要代表有查尔斯·泰勒、博曼等。目的论协商民主认为协商民主就是要通过协商达到特定的目的，这种目的要么是不同文化主体之间的理解、尊重和共融，要么是就某一主题达成共识，或者是公民间的合作。查尔斯·泰勒就提出基于独特集体认同的正当性对话协商，以达到相互间的尊重和理解。泰勒认为：“所有长期以来推动了社会发展的人类文化对人类都有重要意义。”③ 因此他主张不同文化共同体之间的协商和对话，不同共同体之间的跨文化交流目的在于不同共同体之间的相互理解、相互学习，以便相互尊重和共融。博曼认为：“交换理性的对话性过程，目的是解决那些只有通过人际间的协作与合作才能解决的问题情形。”因此可以说协商民主的目的就在于合作。

程序论协商民主的主要代表是科恩和哈贝马斯。基于社会的复杂性和多元性，科恩和哈贝马斯对协商是否能达成最终的一致或共识没有十足的把握，但他们都主张协商必须在理想的严密的程序下

---

① 参见韩冬梅：《西方协商民主理论研究》，中国社会科学出版社 2008 年版，第 31、36、39 页。

② 江国华：《协商民主及其宪政价值——以支持政治协商制度为视角》，载《湖南科技大学学报（社会科学版）》2007 年第 5 期。

③ 转引自［南非］毛里西奥·帕瑟林·等特里维斯主编：《作为公共协商的民主：新的视角》，王英津等译，中央编译出版社 2006 年版，第 8 页。

进行。科恩提出了理想协商程序："第一，理想的协商是自由的，因为它满足了两个条件：首先，他们对各种建议的考虑并不局限于预设规范或者必要条件的权威；其次，参与者假定他们都能够根据结果来行动，并通过协商达成某种决策的事实看成是依其行事的重组理由。第二，协商是理性的，因为协商各方需要表明自己提出、支持或批评各种建议的依据。第三，在理想的协商中参与者在形式上和实质上都是平等的。"① 与科恩强调协商程序的条件性有所不同，哈贝马斯则着重强调协商过程中协商主体间的信息的充分交换和平等的商谈，理想的言谈话语环境。哈贝马斯提出了"理想的话语环境"，即每一个进入话语论证的行为者都应该严格遵守四项条件："一、话语的所有潜在参与者，均享有同等参与话语论证的权利，任何人都可以随时发表任何意见，或对任何意见表示反对，提出置疑或反对置疑。二、所有话语参与者均享有同等权利，作出解释、主张、建议和论证，并对话语的有效性规范提出疑问、提供理由或表示反对，任何方式的论证或批评都不应该遭到压制。三、话语活动的参与者，不论其种族、宗教信仰、出身、文化背景如何，必须享有同等权利，以表达自己的好恶、情感和愿望。四、实现话语的民主、平等和自由的决定性前提，是在话语论证中彻底排除权力因素的干扰，每一个话语行为者，不论其社会政治经济地位如何，都必须作为绝对平等的共同体成员，参与话语论证。"② 显然，科恩和哈贝马斯所主张的理想协商程序是各有侧重的。

激进论协商民主的主要代表是约翰·S. 德雷泽克。激进论协商民主具有一种强烈的批判精神，他们批判了自由主义民主的宪政框架，主张用协商来代替投票，把协商民主推广到更为广泛的领域。德雷泽克批判了哈贝马斯把协商民主置于自由民主理论框架的

① ［美］乔舒亚·科恩：《协商与民主合法性》，载［美］詹姆斯·博曼、威廉·雷吉主编：《协商民主：理论性与政治》，陈家刚等译，中央编译出版社 2006 年版，第 56 页。

② 章国锋：《交往理性》，载《外国文学》2004 年第 1 期。

做法，并声称，这样扼杀了协商民主的巨大创造性。① 德雷泽克试图超越自由主义宪政民主构建一种理想的协商民主，他认为："话语民主应该是多元的，他意味着有必要在不消除差异的情况下进行交往；话语民主应该是反思性的，他质疑既有传统（包括协商民主本身的传统）；话语民主应该是超越国界的，它有能力超越国界，进入没有宪政框架的情景；话语民主应该是生态的，它与非人类的自然的交往是开放的；话语民主应该是动态的，它对民主化的约束和机会是不断变化的。"②

三、协商民主在中国的发展

一般来说，从两个层面可以较为全面地考察协商民主在中国的发展，一个是理论层面，一个是实践层面。从理论层面可以考察中国协商民主的理论基础和理论发展等问题，从实践层面可以考察协商民主在国家和民间的运行状况。在理论方面主要是关于人民政协和政治协商的理论，在实践方面既有人民政协会议的协商、中国共产党和各民主党派的协商，还有民间各种各样的协商形式如温岭的民主恳谈会、村民自治中的民主评议会等。

关于协商民主理论在中国的发展。协商民主理论在中国的发展分为两个方面：一方面是本土协商民主理论如统一战线、人民政协和政治协商，另一方面是中国学者对西方协商民主理论的引进和介绍。关于统一战线的思想可以追溯到《共产党宣言》中，马克思和恩格斯就明确指出："共产党人到处都努力争取全世界民主政党之间的团结和协调。"③ 中国关于统一战线的理论就是在马克思和恩格斯的统一战线思想理论指导下发展起来的。概括起来，马克思、恩格斯关于统一战线的思想理论主要有以下几方面：第一，在

① 参见［澳］何包钢：《协商民主：理论、方法和实践》，中国社会科学出版社2008年版，第22页。

② ［澳］约翰·S. 德雷泽克：《协商民主及其超越：自由与批判的视角》，丁开杰等译，中央编译出版社2006年版，前言第3页。

③ 《马克思恩格斯选集》第1卷，人民出版社1995年版，第307页。

统一战线中，无产阶级必须要保持独立性和掌握领导权；第二，无产阶级应当联合一切可以联合的中间力量；第三，在一定条件下无产阶级可以联合资产阶级以反对共同的敌人——封建地主阶级。以毛泽东为主要领导的中国共产党人在马克思统一战线思想理论的指导下结合中国的实际创造性地发展了统一战线理论，使“统一战线”成为中国革命的“三大法宝”之一。在武装斗争中，中国共产党以工农阶级为基础，紧紧团结小资产阶级，有条件地联合民族资产阶级，在抗日战争中甚至大胆地联合大资产阶级。在新中国成立后统一战线不断扩大，中国共产党团结海内外一切可以团结的力量为社会主义建设服务。

关于人民政协的理论。有的人这样概括人民政协理论的主要内容：“第一，打倒帝国主义、封建主义和官僚资本主义三大敌人，建立独立、自主、和平、统一的人民共和国是人民政协的政治基础；第二，人民政协是团结全国各民族、各民主阶级、各人民团体及各界民主人士的伟大的统一战线的政治组织；第三，中国共产党在人民政协中居于领导地位；第四，人民政协作为多党合作的组织形式在我国长期存在；第五，人民政协的重要任务是提出意见、调整关系、讨论人事、协商国际问题、组织学习。”① 可以说，政治协商是人民政协的主要功能之一，近年来有学者围绕政治协商的制度化和规范化、政治协商的基本框架、政治协商的主要内容和主要形式等问题展开研究。②

关于协商民主实践在中国的发展。协商民主在中国的实践表现为两种形态：一种是各级政协组织及中国共产党和各民主党派、人民团体的政治协商实践；另一种是分散化的、非制度化在地方立法或行政中的各式各样的协商民主。政治协商民主在中国的实践可以

① 李昌鉴：《人民政协理论与实践的若干问题》，载罗豪才等：《软法与协商民主》，北京大学出版社 2007 年版，第 11 页。

② 参见罗豪才、张世泰：《协商民主及其软法机制——对我国多党合作与政治协商制度的一种分析》，载罗豪才等：《软法与协商民主》，北京大学出版社 2007 年版，第 116 ~ 132 页。

追溯到新中国成立前。抗日战争胜利后，为了结束国共两党长期分裂局面，建立民主政权，中国共产党与国民党经过重庆谈判，于1945年10月10日签订了《政府与中共代表会谈纪要》（又称为《双十协定》）。这次谈判就是一次协商民主实践。参加这次谈判的有国民党、共产党、青年党、民主同盟和社会贤达等，讨论和协商的议题十分广泛，涉及民主化、军队国家化、政府组织、和平建国等问题。但是，由于国民党背叛协议、发动内战，致使《双十协定》的内容未能实现，也未能真正建立协商民主的体制。1946年6月中国共产党解放战争胜利在望，开始筹备新的政治协商会议，1949年9月，中国人民政治协商会议在北京胜利召开。这个时期全国人民代表大会尚未召开，人民政协行使着国家权力机关的职权，协商并选举了中央人民政府领导人及其组成人员，决定了新中国的国体和政体。后来由于"左"的思想和"文化大革命"的爆发，协商民主在中国的实践受到了极大的打击。改革开放以后，在中国共产党的领导下人民政协、各民主党派和人民团体的政治协商、参政议政、民主监督的作用得到了广泛的发挥。在新时期，政治协商围绕经济建设和国家的大政方针展开，主要包括：社会主义物质文明、精神文明、政治文明和民主法制建设；改革开放中的重要方针政策和部署；政府工作报告；国家财政预算；国家社会发展规划；国家政治生活方面的重大问题等。政治协商的形式主要有：全国政协委员会的全体会议、政协常务委员会、主席会议、常务委员会专题座谈会议、政协各专门委员会会议，中国共产党与各民主党派、无党派人士代表、人民团体、少数民族人士、宗教界人士和海外爱国人士举行的座谈会。

协商民主在中国各地方的实践主要表现为民主商谈会（民主恳谈会）、公民评议会、居民或村民会议等形式。民主商谈会主要的功能是听取群众的意见，给利益相关人提出诉求、发表意见、阐明立场和原则提供机会，目的在于就相关的政策和问题达成共识或作出决策。民主恳谈会往往涉及辖区内的公共政策、社区治理、社会规划和社区公共服务如医疗卫生、房屋拆迁、土地征收、基础设施建设等。以温岭的民主恳谈会为例，"市镇一级的民主恳谈会主要围绕干部的思想、工作作风、解决经济和社会发展中群众普遍关心的热点、难点问题，确保重点工程、重大政策实施的公开、公正公平来确定主题、听取意见；村一级民主恳谈主要围绕村级财务公开、村民普遍关心的重点工程等方面确定主题，群众出题目、干部做文章，村级‘学教’如火如荼；各厂矿企业单位民主恳谈围绕发展经济、推进社会公共事业和保障劳动者的正当权益确定主题”①。民主恳谈会的基本程序主要分为三个阶段：第一阶段是社区领导安排议程和程序；第二阶段是参与者表达他们的意见和偏好；第三个阶段是社区领导回答参与者提出的问题，在某些情况下当场作出决策。②

公民评议会是村民或居民评价和监督地方干部尤其是村委会和居委会成员的民主形式。公民民主评议会在中国大多数地方得到有效开展，有的地方政府职员因评议不合格而丢了职位或被扣了奖金等。有人这样描述公民评议会的意义：“评议活动不仅规范了村干部履职干事行为，提高了村干部自我约束、自我管理意识，起到了良好的预警作用，使村务公开由‘静态公开’向‘动态公开’转变，由‘结果公开’向‘全过程公开’发展，群众明白村里正在干什么、准备干什么、资金花到什么地方，而且密切了党群干群关系。民主评议村干部活动，村级家底清楚了，各项支出明白了，群众误解澄清了，干部和群众相互理解、相互信任，关系密切了，村级组织凝聚力增强了。”③ 一般而言，公民民主评议会的程序分为四个阶段：第一阶段，在评议会上，被评议的主体作一定时期的工作业绩报告；第二阶段，村民或居民提问质询、评议报告、交流意见和讨论被评议主体的工作表现等；第三阶段，村民或居民进行评议投票；第四阶段，公布评议的结果。

---

① 慕毅飞主编：《民主恳谈——温岭人的创造》，中央编译出版社 2005 年版，第 127、129、130 页。

② 参见［澳］何包钢：《协商民主：理论、方法和实践》，中国社会科学出版社 2008 年版，第 151 页。

③ 罗飞、刘文群：《召开民主评议会——百姓给村官打分》，载贵州基层党建网：http：//www. gzjcdj. gov. cn。

村民或居民会议是村民或居民进行民主选举、民主决策、民主管理和民主监督的基本平台。根据《村民委员会组织法》的规定，村民会和经授权的村民代表会议有权决定村集体经济所得收益的使用，土地承包经营方案，村集体经济项目的立项、承包方案，宅基地的使用方案，征地补偿费的使用、分配方案等。涉及村民切身利益的事项大多也是在村民会议或者村民代表会议上通过民主讨论、广泛协商的方式解决。如在温岭市的扁屿村就针对“新民之家”的建设和管理展开讨论，经过广泛的协商和讨论，听取各方意见后作出了民主、合理的决策。

四、协商民主对于公民意识培植的意义

梅维·库克在《协商民主的五个观点》一文中驳斥了“协商民主对公民具有有益的教育效果”的观点。① 梅维·库克的驳斥只能说明协商民主的教育效果不是实施协商民主的充分依据，但绝不可否认协商民主对公民教育的意义。协商民主的理念不仅和公民意识相契合，协商民主的价值也能滋养公民意识，同时公民意识在协商民主的实践中还能得到强而有力的提升。

协商民主的理念契合公民意识。对于协商民主的理念可能仁者见仁、智者见智，但协商民主奉行尊重、包容、倾听、对话和转变等理念应该是可以得到认可的。协商民主的这些理念无疑和公民的主体意识、权利意识、民主意识和责任意识是共通契合的。协商民主的尊重理念，要求参与协商民主的人既要尊重他人还要尊重自己：尊重他人就是不忽视他人的存在、不轻视他人的参与，尊重自己就是珍视参与机会、积极提出意见、主动参与沟通。包容理念即协商民主欢迎和接纳不同民族、种族、地位、立场、意见、观点的参与人。倾听理念要求协商民主的参与者以虚心、诚挚、善意和耐心的姿态了解和分享他人的意见和观点，其是思想和感情沟通的重要组成部分。对话理念的反面是封闭和对抗，协商民主要求参与者

① ［爱尔兰］梅维·库克：《协商民主的五个观点》，王文玉译，载陈家刚选编：《协商民主》，生活·读书·新知三联书店2004年版，第44页。

对协商主题知无不言、言无不尽，充分地沟通、商谈和交流信息。协商民主的目的就是要通过协商转变参与者的偏好，形成最好观点达到最低限度的共识。德雷泽克认为：“协商民主的一个典型特征是应为协商引起反思，所以，参与民主过程的个体会自觉改变其想法和偏好。”① 为此，协商民主还奉行转变的理念，即在对话沟通的过程中依据有理有据的观点时时地修正和改变偏好。现代公民主张和表现出前所未有的主动性、自主性、能动性和创造性，这就内在地要求人们尊重他人的主体性和权利、包容差异和多元、倾听他人的意见，并对自己的言论和行动负责，事实上，这些尊重、包容和倾听等公民精神正与协商民主的理念暗合。

协商民主的价值滋养公民意识。协商民主的核心价值在于重新阐释和实践人民主权原则，增强国家及社会治理的合法性。协商民主强调公民参与到国家和社会治理中，通过协商、沟通、商谈、审议增强立法、决策和治理的合法性。协商民主在挽救统治和治理合法性危机的同时滋养了公民精神，培养了公民意识。协商民主“能够改变个人，使他们变成理想的更具公共精神、更宽容、更有知识、更关心他人利益，以及个人利益的公民”②。协商民主培养公民的共同责任感，通过协商使人们认识到公共利益的维护和国家及社会的认同不再是某个人义务或责任，而是公民共同的使命。总之，协商民主的价值滋养了公民的主体意识、权利意识、民主意识和责任意识。

协商民主的实践培养积极公民。理性经济人的假设认为，每个人都以追求自身利益的最大化为目的。一定意义上，理性经济人的假设也是代议制民主理论基础之一，选民通过选票来表达利益诉求，民主作为实现自身利益的一种手段，期望以最小的民主代价获得最大民主收益，如果民主不能带来预期的收益，人们可能既不参

① ［澳］约翰·S. 德雷泽克：《协商民主及其超越：自由与批判的视角》，丁开杰等译，中央编译出版社 2006 年版，第 24 页。

② 陈家刚：《协商民主：民主范式的复兴与超越》，载陈家刚选编：《协商民主》，生活·读书·新知三联书店 2004 年版，代序第 7 页。

与选举，也不参与投票。这种民主观造就的是消极公民，即公民只关心自身的利益，如果民主与自身利益无关就很少甚至不参与选举等政治活动。西方社会近年来的选举投票率低就说明了消极公民越来越多。相反，协商民主造就的是积极公民。协商民主要求公民积极参与民主实践，通过实践可以提升公民的美德，形成集体责任感，促进不同文化群体之间的理解和包容，改变公民的偏好形成合理的观点，最终培养出不仅关注个人利益，同时也关心公共利益及国家利益的积极公民。

第二节　公民意识对协商民主的促进

如前文所说，公民意识的提升与协商民主的实践是互为促进的过程，但不可否认的是，在一定程度上，公民意识是协商民主发展和实践的基本条件，可以说，协商民主是公民意识发展到一定程度的产物。阿尔德蒙研究发现："只有在公民文化占主导地位的时候，民主才可能出现。因为在这种文化下，人们才对自己充满自信，对他人愿意宽容，对政府有很多期待，知道自己不满意的时候可以抗议，也知道自己可以选择自己的政治领袖，对政治决策施加影响。"① 公民意识对协商民主的发展也有类似的功效，尽管公民意识与公民文化的内涵所指不尽相同。下面将从公民的主体意识、权利意识、民主意识和责任意识四个方面来阐述公民意识对协商民主的促进作用。

一、主体意识是协商民主发展的原动力

主体意识就是自觉认识到人作为主体的存在，并以主体的立场或姿态去感受和认知包括自身在内的客体，力求把握客体、摆脱束缚的精神活动。首先，作为主体的人是现实的自我存在。对自我存在的自觉是主体意识的前提条件，人只有自觉为世界的主体并充分

① 转引自王绍光：《民主四讲》，生活·读书·新知三联书店 2008 年版，第 98 页。

认识到作为主体的地位和身份，才能成为真正的主体；必须要有主体的存在才可能产生主体的意识，如果没有主体，主体意识就是无源之水、无本之木。其次，主体意识的核心内涵是主体的自由意志。从某种意义上看，意志自由是不证自明的公理，只有意志自由才可能认识包括自身在内的客体，也才可能形成对客体认识的系统化知识。再次，主体意识力求把握客体、摆脱束缚。恩格斯说："人离开狭义的动物越远，就越是有意识地自己创造自己的历史，未能预见的作用、未能控制的力量对这一历史的影响就越小，历史的结果和预定的目的就越加符合。"① 因此，作为主体的人根据认知的内在尺度和目的使客体为主体服务、满足主体的存在和发展需求是主体意识的重要意义。而从法学或者政治学的角度而言，主体意识是指作为国家的公民对自身权利、在国家社会中的地位以及公民对国家和社会应担负的一种责任和义务的觉醒和认识。

人的主体意识往往体现为人的主体性，而人的主体性的意义在于把人自身从蒙昧中解放出来，人不再是被控制的对象和工具，人是富有自主性、积极性、能动性和创造性的存在物。其中，最主要的就是把人从宗教束缚（成为世俗化的有血有肉的人）和政治压迫中解脱出来（成为宪法中的公民）。摆脱宗教束缚目的是使人成为活生生的、有血有肉的、世俗化了的具有人格尊严、能够独立思考的主体。"宗教是还没有获得自身或已经再度丧失自身的人的自我意识和自我感觉。"② 显然，宗教作为一种意识存在是与人的主体意识和主体性相对立的，宗教是失去主体意识的人的避难所，虽然能够给人们带来精神的和心灵的暂时慰藉，但其永远难以逃离滋生蒙昧、欺骗和精神束缚的温床的命运。在伏尔泰和休谟等启蒙思想家看来，"宗教是一种没有任何积极价值的东西，它纯属谬误，出自是被称做传教士的这类人的肆无忌惮和老谋深算的虚伪；这些

① 《马克思恩格斯选集》第 4 卷，人民出版社 1995 年版，第 274 页。

② 《马克思恩格斯选集》第 1 卷，人民出版社 1995 年版，第 1 页。

人发明出来它，是用来作为一种支配人民群众的工具”①。在摆脱宗教束缚的过程中，应当用逻辑和理性的力量驱散宗教的蒙昧，实现人性代替神性、人权代替神权、主体自觉代替宗教崇拜，把人的主体性从宗教束缚中解放出来。解放政治压迫的目的是使人摆脱国家和权力的专制，人们普遍成为自主的、自由的、平等的和积极的掌握国家主权的公民。在宪政国家和社会出现以前，社会及其成员都存在于国家权力的绝对控制之下，国家作为统治阶级维护统治的工具把社会成员视为专制的对象，对人们的生命、财产予取予求几乎不受限制。在宪政国家和社会时期，国家作为阶级统治的工具的性质虽未改变，但国家的权力在宪政的框架下受到了严格的限制，社会成员不再是前宪政国家的被统治者，而是掌控国家主权、享有各种公民权利的公民，同时，国家的公共职能大大扩展已经成为公共服务供给的不可替代者。人们摆脱国家专制的标志是社会成员身份的转变——臣民转变为公民。这种转变不是文字或用词的变化，而是反映了划时代的历史变革；这种转变证成了国家权力的正当性和合法性；这种转变揭示了国家权力的有限性和可控性；这种转变造就了社会成员享有不可剥夺的公民权利；这种转变表明了社会成员才是国家的真正主人。臣民到公民的转变不是自发的，而是自觉的，是一个社会成员不甘于工具般的地位，争取独立、自主和自由的长期斗争过程。在斗争的过程中，人们的主体意识不断受到启蒙，逐渐地树立了人的主体性。

公民主体意识是协商民主实践和发展的原始动力。成熟的公民主体意识不仅是协商民主产生的基本条件，还是人们自觉参与协商民主的内在动力。协商民主属于直接民主的范畴，核心在于参与者直接参与治理或决策的过程，这就要求参与者具有成熟理性的主体意识。如果没有主体意识，协商民主的参与者就失去了参与的“魂”，这种参与是被动的参与，甚至是被迫的参与，这违背了协商民主的初衷。“主体意识能力不仅可以创造超越现实的映像或理

① ［英］柯林伍德：《历史的观念》，何兆武等译，北京大学出版社2010年版，第78页。

想的模型，而且还可以通过实践活动把主观的东西变为客观的东西。”① 具有公民主体意识的参与是自觉的参与，即参与者在自我意识和自由意志的控制下、深思熟虑参与的目的、意义和策略的基础上，自愿、自主和积极地参与。具有公民主体意识的参与是开创性的参与，即参与者不是被动的参与，即使出现参与协商民主的障碍，也要积极开创各种有利于参与的条件和环境。在协商民主参与的过程中，具有充分的公民主体意识的参与者才提出主张、表达意见、交流信息、转变偏好最终形成较好的观点，参与者的独立思考、自由选择及综合判断也无不源自于主体意识。

总体来看，当前我国公民的主体意识还有待增强。有学者调查发现，在日常生活中，“55%的受访人会谈论政治，其中，31%的受访人表示偶尔谈论政治，表示有时谈论政治和经常谈论政治的受访人分别是17%和6%。超过1/5的受访人曾经参加过有组织的政治活动，这包括：15%的受访人曾经参加过与政治相关的会议；5%的受访人曾经在请愿活动中签字”②。该调查数据说明，我国大部分公民对政治参与都是保有一种消极观望的态度，有相当的一部分人几乎不谈论政治，更遑论参与协商民主。鉴于我国经济、政治和社会发展的现状，当务之急是通过各种途径尽可能激发公民的主体意识和培育公民的主体性，进而推进协商民主的发展和实践。

二、权利意识是协商民主发展的助动力

公民享有广泛和普遍的权利是现代民主法治国家显著的标志。一般而言，一个国家治理越是民主、法制越是完善，其公民的权利意识越是强烈；同理，一个国家公民的权利意识越是浓厚，越有利于推进该国的民主法治建设。一般而言，公民的权利意识是指公民对其自身应当享有哪些权利、履行哪些义务、权利来源何处及对权

① 余金成：《社会主义的东方实践：解读马克思主义基础理论的现代形态》，生活·读书·新知三联书店2005年版，第95页。

② 沈明明等著：《中国公民意识调查数据报告（2008）》，社会科学文献出版社2009年版，第10页。

利如何进行救济的理解和认识。其一，公民对享有哪些权利，履行哪些义务的理解和认知。现代社会公民享有广泛的权利，包括政治、经济、社会和文化等方面的权利，在宪法和其他法律中都有对公民权利的系统规定，奉行“法无禁止即可行”的原则，同时，公民也应当履行相应的义务，在违反法定义务时，公民将受到法律追究。其二，公民对权利来源的认知。在宪法国家以前，社会成员享有的权利很少，但承担着对国家的无限责任，权利来源于统治者的恩赐。宪法社会中，公民的权利才是国家权力的来源，国家权力受到严格的限制。公民的权利先于国家权力而存在，国家存在的目的就是保护公民。其三，公民对如何进行权利救济的认知。权利救济分为公力救济和私力救济，在野蛮时代人们的权利大多是依赖私力救济；而在现代社会，公力救济则是法律救济的常态。公力救济就是诉诸国家权力的救济，主要是司法救济。公民权利意识的发展程度受到政治、经济、社会条件和文化各方面的制约和影响，成熟理性的权利意识需要一个相对较长的过程。

就我国公民权利意识发展的情况而言，近年来虽然逐渐觉醒，人们开始认识到权利对于人生存和发展的意义，通过各种途径争取和维护权利，但人们大多仅仅是有享受权利的冲动，对于权利的范围和权利救济的认识还非常感性。有学者这样评述我国公民权利意识的状况：“对权利有感性认知，但缺乏对权利实现的理性认识；权利意识不断增长，但法律至上观念并未完全确立；权利观念向西方社会取义，内心情感却向历史传统倾斜；权利价值观初步形成，但与现代法治理念尚有较大差距。”① 可以说，该学者对中国公民权利意识的评价是较为中肯和全面的，也是有实证资料来佐证的。有学者对公民对我国《宪法》中所规定的公民权利的了解作出调查发现，受访人中能够正确说出我国《宪法》中规定的2条公民权利的只占到18.4%，受访人能够说出1条的只占到13.0%，受访人不知道我国《宪法》中规定的公民权利或答错的占到68.6%。

① 吴斌：《中国公民权利意识状况评述》，载《云南社会科学》2009年第3期。

同样，该学者对公民对我国《宪法》中所规定的公民义务的了解作出调查发现，受访人中能够正确说出我国《宪法》中规定的2条公民义务的只占到13.6%，受访人能够说出1条的只占到11.1%，受访人不知道我国《宪法》中规定的公民义务或答错的占到75.3%。① 在对各种公民权利的认识程度上也表现出鲜明的特征，人们十分重视生存权和劳动权，对于选举权和其他政治参与权不是很重视。该学者调查发现，受访人中认为生存权最重要的占56.18%，认为劳动权最重要的占15.31%，认为选举权最重要的占7.57%，认为参政议政权最重要的占7.31%，认为言论自由权最重要的占5.55%，认为个人隐私权最重要的占4.67%，认为宗教自由权最重要的占1.45%，认为结社自由权最重要的占0.09%。② 出现这样的状况可能与我国所处的社会发展阶段——社会主义初级阶段有关系，也可能与我国的政治历史文化传统有关系。在公民对国家保障公民权利方面的评价，人们较为满意的是改革开放以来国家以经济建设为中心提高物质生活水平方面，人们需要国家加强保障的有知情权、参与权、批评权和监督权。在公民的权利救济方面，笔者发现，当权利无论是受到政府侵犯还是私人侵犯时，大多数人首先选择的不是通过司法途径来救济，而是选择寻找私人关系等非法律手段来获得救济，只有到了别无选择的时候才会选择法律诉讼。

虽然协商民主的主要功能不是公民的权利救济，但成熟理性的公民的权利意识却有助于推动协商民主的发展，质言之，公民的权利意识是协商民主发展的助动力。从某种程度上看，任何的公民参与制度都或多或少与公民的权利有关，有的参与直接以权利维护为目的，有的参与则是为保护权利创造各种各样的条件。协商民主是一种典型的公民参与机制，当协商民主在纠纷解决中运用时，它是

① 参见沈明明等：《中国公民意识调查数据报告（2008）》，社会科学文献出版社2009年版，第161～162页。

② 参见沈明明等：《中国公民意识调查数据报告（2008）》，社会科学文献出版社2009年版，第168页。

一种纠纷解决机制；当协商民主被用于国家立法、社会治理时，它是一种创造保护权利的条件的机制。无论协商民主是一种纠纷解决的方法，还是治理机制，协商民主的发展都受制于公民权利意识的发展。有的学者这样论述行使权利的重要性：“即使人们消极守法，履行法律规定的义务，但不是创造性地运用权利，或者放弃权利，这虽然也能使社会形成一种安定的秩序，但这种秩序是没有效率的，在这种秩序中，经济体制因人们不运用权利而不能产生效率，民主制度也会因人们不行使权利而无实效。”① 在协商民主中同样如此，如果人们不在权利意识的支配下参与协商民主，协商民主就会流于形式失去发展的助动力。公民具备成熟理性的权利意识，公民才能积极地参与协商民主，想尽各种办法排除协商民主的障碍，通过各种途径创造协商民主运行的良好条件。

三、民主意识是协商民主发展的推动力

在学术史上，民主是一个歧义丛生的概念。但无论如何定义民主，其核心都涉及公民直接或间接的参与，如果没有公民的参与，任何意义上的民主都不值得称颂，甚至很难称得上是民主。一般而言，只有具有普遍民主意识的人才会积极主动参与到各种民主活动中。因此，公民的民主意识是民主发展的基本条件。民主意识就是人们对民主内涵、民主制度、民主形式及民主价值等方面的认识和理解，以及由此形成的意志倾向。公民要具有一定的民主意识，首先得具备一定的民主知识。虽然民主知识的增加与民主意识的提高不一定是正向关系，但可以肯定，对民主一无所知的人不会有深厚的民主意识。其次，公民具有树立民主意识的动力，即可以感受到民主的效能，认识到民主可以带来改变，利用民主可以改善社会问题。如果民主对公民毫无效用，人们就会放弃民主。民主意识的成长受到多方面因素的制约，是一个长期的过程；民主意识对社会进步的意义不可能立竿见影，是一个逐步显现的过程。

---

① 黄建斌：《法的实现：法的一种社会学分析》，中国人民大学出版社1997年版，第151页。

随着改革开放的深入，我国公民的民主意识越来越强，但无论是在城市还是农村，人们的民主意识都还不是自觉的而是盲目的，人们对民主的理解带有片面性，人们参与各种民主活动的态度常常是消极的而不是主动的，总之，对于民主参与，人们要么是盲目参与，要么是被动参与。有学者调查发现，对于民主的理解有42.8%的受访人不知道民主是什么；在具体回答的民主是什么的人当中，31.2%的受访人认为民主就是“有权利”，27.5%的受访人认为民主就是“自由”，21.9%的受访人认为民主就是“平等、公正”，8.2%的受访人认为民主是“共同参与，大家一起商量做决定”，4.5%的受访人认为民主就是“选举”，3.5%的受访人认为民主就是“吃饱穿暖、生活富裕、经济发展”，3.2%的受访人认为民主就是“少数服从多数、不专制、民主集中制”。① 对于民主的作用，有1/3的受访人不知道民主的作用是什么；在知道理解民主作用的受访人当中，有73.5%的受访人认为“民主能够解决我们社会中的问题”，有26.5%的受访人认为“民主不能解决我们社会中的问题”。② 对于体现民主方式的看法，39.0%的受访人认为“国家的领导人能够关注民生”体现了民主，23.4%的受访人认为“人们有丰厚的收入”体现了民主，22.5%的受访人认为“国家的领导人由人民直接选出”体现了民主，15.0%的受访人认为“人们都自由地追求他们的理想”体现了民主。③ 对于民主重要性的看法，54.9%的受访人认为经济发展比民主重要，23.1%的受访人认为经济发展与民主同样重要，19.3%的受访人认为民主重要。④ 从学者们的调查数据发现，我国公民中相当一部分还缺乏基本的民主

① 参见沈明明等：《中国公民意识调查数据报告（2008）》，社会科学文献出版社2009年版，第139~140页。

② 参见沈明明等：《中国公民意识调查数据报告（2008）》，社会科学文献出版社2009年版，第144~145页。

③ 参见沈明明等：《中国公民意识调查数据报告（2008）》，社会科学文献出版社2009年版，第146页。

④ 参见沈明明等：《中国公民意识调查数据报告（2008）》，社会科学文献出版社2009年版，第147页。

知识，对民主的价值认识模糊不清，把民主仅仅看做发展经济或改善生活水平的手段。

虽然我国公民对民主的认识还存在诸多缺陷，但公民民主意识对协商民主的推动作用却是不言而喻的。正是人们日益增强的民主意识和涌现的民主需求，才推动了协商民主在中国的不断发展。恩格斯说：“推动人去从事活动的一切，都要通过人的头脑，甚至吃喝也是由于通过头脑感觉到的饥渴而开始，并且同样由于通过头脑感觉到的饱足而停止。外部世界对人的影响表现在人的头脑中，反映在人的头脑中，成为感觉、思想、动机、意志，总之，成为‘理想的意图’，并且以这种形态变成‘理想的力量’。”① 这说明，思想意识对于社会实践具有重大推动作用。同理，下面从三个方面说明民主意识对协商民主的作用。第一，随着公民民主意识的增强，人们发现既有的民主制度有诸多缺陷，需要新的民主形式即协商民主来弥补，进而推动了协商民主的发展。如学者所说“由于对当代民主实践存在着广泛的不满，社会出现了探讨公民参与的协商形式新一股热潮”②。选举民主选出的民意代表不关心选民的疾苦、不回应选民的诉求，公民的声音和诉求在国家的立法和决策中难以体现，公民在国家的治理中显得越来越不重要。面对以上的民主现实，公民强烈要求变革和创新民主模式，希望争取更多直接参与的机会，通过协商民主的形式参与国家的立法或决策，进而推动了协商民主的发展。第二，随着公民民主意识的增强，很多社会问题需要通过协商民主的方式来解决，从而推动协商民主的发展。近些年来，我国经济高速发展，在提高人们生活水平的同时，贫富差距等社会问题也层出不穷。这些社会问题轻则扰乱社会治安，重则影响社会稳定甚至国家的统治。面对诸多复杂的社会问题，以管制和堵塞为主的管理方法已经满足不了社会治理的需求。人们需要积极参与，并要求政府充分听取群众的意见、及时回应群众的诉求。

① 《马克思恩格斯选集》第4卷，人民出版社1995年版，第32页。

② ［南非］毛里西奥·帕瑟林·等特里维斯主编：《作为公共协商的民主：新的视角》，王英津等译，中央编译出版社2006年版，前言第19页。

因此，让民众充分地参与公共决策和协商的协商民主也得到改进和完善。第三，随着公民民主意识的增强，越来越多的人参与到协商民主实践中，从而推动协商民主的发展。任何一种民主制度，如果没有人们的广泛参与，无论其有多少优点也没有意义。民主制度在本质上是解决人与人之间的利益关系的，协商民主也不例外，如果没有人的参与，民主制度就只是摆设。人天生具有强烈的批判性和建设性，更多的人参与协商民主，就会有更多的人用批判的眼光审视现有的协商民主制度，提出建设性的意见改进协商民主制度。浙江温岭“恳谈式”的协商民主就是根据当地情况作出的一种创造性的改进。恳谈式的协商民主在浙江温岭落地生根，它不仅满足了公民参与及社会治理的需求，还对协商民主进行了创造性的发展。

四、责任意识是协商民主发展的保障力

作为现代社会共同体成员的公民，不仅要具有主体意识、权利意识和民主意识，还要具有责任意识。从一定意义上而言，公民责任是维系社会共同体良性发展的保障。如果公民没有责任意识和责任行为，社会存在的基础——公共秩序将无法得到维护。纵观西方现代社会的发展历程，笔者发现，公民社会的标志不是公民的主体意识、权利意识和民主意识，而是成熟理性的公民责任意识。换句话说，如果没有理性的、负责的公民，无论有多么强烈的主体意识、权利意识和民主意识的公民，都不可能组成良好的公民社会，甚至会出现主体意识、权利意识和民主意识越强烈、社会越动荡越混乱的局面。所谓公民责任意识，是指公民基于自身在国家和社会中的法律地位，对个人、家庭、社会和国家应当具有的义务和担当的理解而形成的认识。首先，公民责任意识的前提是社会成员成为宪法意义上的公民，因此，在没有宪法或宪法没有真正完全实施的社会中，不可能存在完整意义上的公民责任意识。其次，公民责任意识是公民对自身责任的系统认知，包括对自己、他人、社会、国家责任的理解。最后，公民责任不仅是法律责任还包括道德责任，法律责任是公民责任的最低要求。

相比主体意识、权利意识和民主意识而言，我国公民的责任意

识是比较缺乏的。换句话说，有的人只享受权利不履行义务、只想要回报不想要付出、只想要自由不想要责任，这可能是造成我国社会问题的一个重要原因。有学者就公民遵守法律的情况作出调查，他们设计了两个问题："如果很多人都不遵守某项法律，我也可以不遵守"；"法律如果不合情合理就可以不遵守"。对前一个问题的回答，3.8%的受访人表示非常同意、13.5%的受访人表示比较同意、44.3%的受访人表示不太同意、38.4%的受访人表示非常不同意。对后一问题的回答，13.1%的受访人表示非常同意，28.3%的受访人表示比较同意，39.8%的受访人表示不太同意，18.8%的受访人表示非常不同意。① 从他们的调查可以看出，我国公民中相当一部分人还缺乏遵守法律的意识，而遵守法律则是对公民最基本的要求，也是公民责任最基本的体现。可以说，遵守法律的意识是公民责任意识的第一要义，如果公民连法律都不能够遵守，更遑论履行其他公民责任了。有学者就好公民的条件作出调查，列出了八个条件："总是在选举中投票；从不逃税；总是遵纪守法；监督政府行为；参加社会和政治组织的活动；试图理解与自己持不同看法的人们；在国家需要时参军；总是帮助比自己境况差的人。"② 他们调查得出，在好公民的条件中，大多数受访人认为"总是遵纪守法"应当排第一，其次是"在国家需要时参军"，然后依次是"总是帮助比自己境况差的人"、"从不逃税"、"监督政府行为"、"参加社会和政治组织的活动"、"试图理解与自己持不同看法的人们"，排最后的是"总是在选举中投票"。可见，要把公民培养成为具有责任意识的、行动起来的公民是一项艰巨的任务。

公民树立责任意识极其重要，这既是公民社会良性发展的保障，也保障着协商民主的成长与发展。阿尔德蒙和维巴研究发现：

① 参见沈明明等：《中国公民意识调查数据报告（2008）》，社会科学文献出版社2009年版，第150页。

② 严洁等著：《公民文化与和谐社会调查数据报告》，社会科学文献出版社2010年版，第205页。

“公民文化适合于保持一种稳定的和有效的民主政治过程。”① 尽管公民文化与公民意识是两个不同的范畴，但二者有很多的重合与相通之处，公民意识，尤其是公民责任意识，对于民主政治稳定持续的发展起着重要的保障作用。就公民责任意识对协商民主的作用而言，主要体现在以下几个方面：首先，公民责任意识促使参与协商民主的人严格遵守协商民主的程序和规则，从而保障协商民主顺利进行。遵守法律、遵守规则和遵守程序的意识是公民责任意识的首要组成部分，一个合格的公民首先应当是一个遵纪守法、服从规则和程序的公民，在此前提下，公民才可能肩负起对个人、社会和国家的责任。在协商民主中，公民首先必须遵守协商民主的具体规则和程序。如果公民不遵守协商民主的运行规则，随意扰乱协商民主的秩序、阻断协商民主的程序，协商民主将无法维系。其次，公民责任意识促使公民认识到参与协商民主是一种公民责任，进而确保协商民主的有序与发展。现代社会中，人们对民主参与与团体活动普遍表现出消极和冷漠的态度。从某种意义说，这是缺乏公民责任意识的表现。负责任的公民不仅要遵守国家和社会的基本规范，还要积极地参与国家和社会公共事务。协商民主是政治参与的一种途径、国家与社会治理的一种方法，某种程度上，积极参与协商民主也就是公民的责任和使命。最后，成熟的责任意识促使参与协商民主的人相互间能够妥协、容忍，为了公共利益积极合作，不至于为了一己之私一意孤行，从而能够保证协商民主高质量的运行。如果说公民积极参与协商民主是协商民主存在和发展的保障力，那么人们参与协商民主的质量则是协商民主的生命力。协商民主的出现，就是为了应对多元社会中国家和社会的治理问题，挽救代议制民主的合法性危机，因此，协商民主需要高质量的运行和效果。如科恩所言，“妥协是民主程序的核心”②。同理，在协商民主中，参与人

① ［美］加布里埃尔·A. 阿尔德蒙、西德尼·维巴：《公民文化——五个国家的政治态度和民主制》，徐湘林译，华夏出版社 1989 年版，第 541 页。

② ［美］科恩：《论民主》，聂崇信、朱秀贤译，商务印书馆 1998 年版，第 183 页。

的意见和利益不可能是完全一致的，只有相互妥协才能找到共同接受的解决问题的方案。如果不妥协，协商就很难达成一致，长此以往，人们就会对协商民主失去信心。理性的妥协和容忍是公民责任意识或公民素质的一部分，人们只有秉持妥协和容忍的心态，寻求相互可以接受的利益平衡点，才能促使协商民主不断向前发展。

第三节　协商民主实践对公民意识的培养

对于公民意识的培养，除了一些基本的民主法治知识的传授之外，最重要的就是让人们充分地参与民主过程，在民主实践的过程中培育和塑造公民意识。同样，在协商民主实践中，培植公民意识的最好方法就是让人们普遍积极地参与协商民主活动，尽管，在初次参与协商民主时人们可能是缺乏技巧和自信的，但技巧和自信都只有在参与中才能提高。具体而言，协商民主的参与程序、协商民主的方式方法、协商民主的效果对公民意识的培养有着不同的影响和意义，下面展开深入的分析。

一、我国公民参与协商民主的现状

如前所说，我国的协商民主有两种表现形态：一个是从中央到地方的政治协商制度即人民政协，另一个是社会治理中的协商民主如“民主恳谈”、村民会议和居民会议、民主评议会等。人民政协在国家治理和社会建设中起到了集思广益、参政议政和民主监督的作用，在政治经济文化发展中扮演了极为重要的角色，但在人民政协运行的法制化、规范化和程序化方面还有待进一步提高和完善。另外，有的地方领导不愿意搞协商民主，其原因可能包括：第一，治理是领导的事，不愿意和公众来协商。有领导认为“村民没有资格到镇里开会，现在村民和我一样到镇里开会，平等了，甚至比我还大，老三老四，指手画脚告诉领导应该如此做”①，这样领导

① ［澳］何包钢：《协商民主：理论、方法和实践》，中国社会科学出版社2008年版，第148页。

心理不平衡。第二，“有些领导担忧，协商民主的结果会与政府的意见冲突，难收场，甚至怕失控，协商会有可能成为‘批斗会’”①。第三，有的官员认为“民主协商制度不在政绩考查之内，对升迁没有带来好处”。② 第四，有些领导觉得协商民主耗时费力，成本高，不愿搞协商民主。

本书中我们主要介绍社会治理中协商民主的现状，其中比较典型的是浙江温岭的“民主恳谈”，比较普遍的是村民会议和居民会议。民主恳谈是“在基层党委、政府或村民自治组织就公共事务作出决定前，现在干部和群众或群众代表之间，展开完全自由、平等、公开、坦诚、双向或深入的讨论，交流思想，分析利弊，论证观点，辨明事理，相互说服，在形成基本共识后，再经过一定程序，由基层党组织、政府、基层人大或人民群众自己作出决定”③。以民主恳谈为表现形式的协商民主在中国尚未全面展开，只是在浙江温岭得到充分的发展。有统计显示，截至 2005 年，温岭市全市 887 个村已经全部召开了民主恳谈会，参与人数达 37713 人，共收到各类原始意见建议 27107 条，梳理后有 6063 条，已经解决 1910 条，其余正在落实；全市召开乡镇、街道民主恳谈会 190 次，村级民主恳谈会 1190 次，社区民主恳谈会 16 次，150 多家企业和市土管局、计生委、新河中学等 10 多个市级机关、事业单位也举办了恳谈活动。④ 恳谈民主在浙江温岭的发展也存在恳谈会的议题确定程序不完善的问题，大多是领导先确定议题参与者来商议，容易受到领导人的喜好左右；恳谈民主的参与人遴选，在不能所有成员都参与的情况下如何公平公正地选出参与代表；如何处理随着参与代

---

① ［澳］何包钢：《协商民主：理论、方法和实践》，中国社会科学出版社 2008 年版，第 148 页。

② ［澳］何包钢：《协商民主：理论、方法和实践》，中国社会科学出版社 2008 年版，第 148 页。

③ 余逊达：《基层民主百花中的一朵奇葩》，载慕毅飞主编：《民主恳谈——温岭人的创造》，中央编译出版社 2005 年版，前言第 2 页。

④ 参见慕毅飞主编：《民主恳谈——温岭人的创造》，中央编译出版社 2005 年版，第 129 ~ 131 页。

表的增加，每个参与代表的发言时间和发言机会减少的问题；决策的程序也有待完善，协商的结果如何反映和体现在决策过程中有待明确。针对这些问题，中共温岭市委 2004 年颁布了《中共温岭市委关于“民主恳谈”的若干规定（试行）》，就恳谈民主应遵循的原则、恳谈民主的议题范围、恳谈民主的基本程序和恳谈民主的实施与监督等问题做了规定。温岭市松门镇制定了《松门镇民主恳谈制度的若干规定（试行）》、太平街道社区制定了《太平街道社区民主恳谈若干规定（试行）》、箬横镇制定了《箬横镇村级民主若干规定（试行）》，对民主恳谈的主要问题作出了规定。特别是在民主恳谈的范围议题上有了广泛的拓展，镇和街道办事处的主要恳谈议题包括经济社会发展规划的编制和调整、经济社会发展的政策制定、社会公共事务管理办法的制定和修改、政府投资的工程项目等；镇和街道办事处的党委党内民主恳谈的议题包括党代表提出的全局性和涉及面较广的议案、党建工作等；村和城市社区民主恳谈所涉及的议题几乎包括所有的村民或居民自治问题。一定程度上，在一系列的关于民主恳谈试行规定实施后，民主恳谈的规范化和程序化得到了加强。

相较于民主恳谈会，村民会议与居民会议在全国范围内有较长的实践历史，国家还颁布专门的法律来规范村民自治和居民自治。村民会议与居民会议的法制化、规范化和制度化比民主恳谈会较为完善，几乎形成了一套规范村民自治和居民自治的法律规范体系。但是，在村民或居民参与村民会议和居民会议的过程中，参与不足和参与过剩的情况同时存在。在经济较为落后和参与意识不发达的地区，人们的参与动力不足，有的村民不愿意参与村民会议和村民选举，有的是常年不召开村民会议，致使村民参与无门。在经济较为发达或参与意识较强的地区，有的为了家族和宗族的利益，不惜动用一切资源参与村民会议和选举，有的甚至采用非法的手段如贿赂、威胁等手段操控村民会议和选举，致使参与无序。

二、在协商民主的灵活程序中培养公民意识

实践证明，公民意识的培养的最佳方法就是让公民参与应当属

于公民的活动中来，在参与的过程中一点一滴地学习有关公民的知识，在实践中一步一步地感受作为公民的意义，规范的程序不仅能保障协商民主有序地进行，还能让参与人对各个程序运行环节充分地了解，并提出合理的预期，从而提升人们参与协商民主的主动性。合理恰当的程序能提高协商民主的效率，还能让参与人的意见得到完整的表达，进而提高人们参与协商民主的积极性。不同的群体和不同的议题需要相应的参与和协商程序，灵活多样的程序不仅可以满足不同人群的参与需求，还可以保障获得优良的协商效果，一定程度上，协商民主程序的好坏决定协商民主程序的成败。在协商民主的参与过程中，人们的主体意识、权利意识、民主意识和责任意识都会得到培育和锻炼。

在每一次协商民主开始前，全面做好协商会议的组织工作，尽可能为参与者提供方便，让他们有宾至如归的感觉，参与者保持一个良好心情，在轻松和谐的环境中参与协商和沟通，培养参与对协商民主的好感，使他们愿意参与、乐于参与。针对不同的参与议题确定发放议题材料的时间，确保参与人能够对讨论议题有全面的了解，做充分的准备，不至于到发言时参与者却无话可说；在协商会议的座位安排上避免出现主次之分和居高临下的情形，确保参与者在座次上体现平等，不至于使参与者有受到不同待遇之感；在音响设备的安排上，确保参与人的每一个角落都能清楚地听到他人的发言，也能发表自己的意见，避免因音响设备的原因影响参与人；在其他后勤保障上也要服务好参与人，使参与人全身心投入到议题的协商沟通中。

在协商主题的遴选和确定中体现民主和民意，让参与者选择急于通过协商民主解决的议题。理论上，任何话题都可以作为协商民主的主题，但实际操作中受到时间和其他资源的限制不可能把所有的议题都作为协商对象，只能选择有代表性的、利益涉及广泛的议题。如何选择和确定协商议题就成为协商民主程序中首先要解决的问题，如果选择领导或者组织者确定协商主题的方式，这不仅没有体现民主的精神，还会打击参与者的积极性。如果选择参与者确定协商主题的方式，在选择议题的过程中就锻炼和培育了参与者的公民意识。在选择协商主题时，可以通过民意测验和民意调查的方式，充分听取人们的意见，力求协商议题尽可能地回应人们的诉求。在现实中常常会出现领导人指定协商主题、参与人提出意见的情形，使民主协商会成为意见听取会，这样的协商民主不仅难以真正反映人们的需要，也往往缺乏参与的动力。总之，让参与人选择和确定协商主题的过程就是培育公民意识的过程，在一次次的选择中人们的主体意识、权利意识、民主意识都会逐步提高。

在协商民主参与代表的遴选过程中培育公民意识。一般而言，在村一级或村民小组一级的民主协商会无须遴选参与代表，年满18周岁的村民可以直接参与协商会议，此种情况下，不存在参与代表的遴选问题。在协商涉及的利益范围较广、人员较多的情况下，全民参与就不现实，需要遴选民意代表参与。如果采取民主的方式产生参与代表，在民主产生参与代表的过程中，村民或居民选择能够维护利益和反映诉求的参与人，此时，人们的主体意识、权利意识、民主意识和责任意识就得到了锻炼。例如，温岭市泽国镇是采取随机抽取的方式产生参与代表，把18周岁以上的村民编造在册，按每村（居）随机抽出占总人口的2‰的人数作为参与代表，这种产生方式主要体现了平等的精神，培养了村民平等的意识。如果采取组织或领导指定的方式产生参与代表，在产生参与代表的过程中，人们的公民意识不但得不到锻炼，还会使村民或居民对协商民主的真实性产生怀疑，甚至对协商民主采取冷漠面对、消极抵抗的态度。

召开民主协商会议的时间、地点也要求十分考究，时间和地点安排是否得当直接影响到村民或居民的参与热情和积极性。选择恰当的语言对于协商民主也很重要，一定程度上甚至决定了协商民主的成败。在中国农村大部分村民不会讲普通话，各地之间的方言也千差万别，因此，在召开协商民主会议时，组织者应当选择参与者可以共同交流的语言，确保参与者能够明确地表达意见和清楚地接收意见。如果组织者选择的语言是参与者不能使用的，就相当于把这类参与者排除在协商民主之外，这会让人产生被歧视的感觉，更遑论在协商民主中培养公民意识。在确定民主协商会议的地点时，应该选择距离参与人不远、参与人较为熟悉、环境宜人的地方。选择较近的地方不仅可以节省参与成本，也不会致使参与人路途疲劳；时间安排上，尤其是在农村应选择在农闲时召开民主协商会议，针对协商主题的难易程度安排合理的协商时间，复杂的议题时间可以较长，反之较短。如果协商会议的地点选择在距离参与人较远并且十分陌生的地方召开，参与人会感到胆怯，这会影响意见的表达和协商，如此，不利于培养参与人对协商民主的感情，也不利于培养公民意识。如果民主协商会议选择在农忙时召开，也没有针对协商议题的难易程度合理安排会议时间，很多村民可能忙于农活无法参与协商会议，即使参与了也可能只是走走形式，没有充分的时间商议。如果没有针对协商议题的难易程度合理地安排时间，协商可能难以深入，协商的质量就难以保障。很显然，村民不愿意把时间浪费在走过场、走形式，难以深入、缺乏质量的协商民主中，公民意识也不可能在这样的协商民主中得到培养。

在提出意见、听取意见、交换意见和修正意见的过程中培养公民意识。协商民主的参与人必须要提出意见，如果针对某一协商主题提不出具体的意见就失去了参与的必要；协商民主的参与人应当要听取他人的意见，如果不听取他人的意见协商就无从谈起；协商民主参与人应当要交换意见，如果不相互交换意见协商就难以取得共识，达到预期的效果；协商民主的参与人应当适时修正意见，如果参与人固执己见就没有协商的必要。参与人提出意见的过程就是主体对客体的认知过程，也是人的主体性的体现，参与人对协商主题的分析、综合与判断最终提出系统化的意见，这一过程就是主体意识不断提升的过程。听取他人的意见，是公民最基本的素养，也是尊重他人的表现，还是与他人沟通与交流的前提。我们发现，现实生活中人们的长官意识、家长制意识、唯我独尊的心态还普遍存在，这与公民的意识和素养背道而驰。在协商民主的过程中，协商民主的规则要求参与人听取他人的意见，协商民主的环境和氛围促使参与人听取他人的意见，如此，人们在一次次的参与协商民主中养成了听取他人意见的习惯、尊重他人的品德。在协商民主的运行中，参与人还需相互交换意见，了解彼此的诉求，在交换意见的过程中，参与人应当平等相待、相互尊重，力求在充分全面了解他人意见的基础上再质疑和辩驳，这样有利于培养温和理性的公民。在协商的过程中，参与人应当意识到自己的意见可能出错，应做好修正意见的准备，在听取意见和交换意见的基础上，采纳他人合理的意见，适时修正自己的意见。人不可能没有错，民主国家的公民应当相信错误难以避免，需要不同的意见。正如科恩所指出，一个信仰民主的人，应该培养这样一种"心境"，"即在实践中绝不认为任何有关事实、主义或道德原则的见解是绝对正确的，无改善的余地"。① 公民何尝不需要这种心境呢？在协商民主的过程中就可以培养这样的心境，因为参与人需要适时地修正所提出的意见才能形成较好的共同意见或达成共识，在修正意见的过程中，不仅增强了听取他人意见的能力，还提升了自我反思的意识。

三、在协商民主的主持人制度运行中培育公民意识

主持人制度可能是协商民主与其他民主，尤其是与选举民主区别最为显著的地方。在选举民主中没有主持人制度，选民根据候选人的表现直接投票就可以；协商民主则必须有主持人制度，如果没有主持人制度，协商民主很难顺利运行。如有的学者所言，主持人制度对于协商民主的公正、平等和理性的进行有着重要的意义。②首先，主持人制度有利于保障协商民主公正地进行。在协商民主的实践中，常常出现领导人就是主持人的情况，这一方面导致了领导人控制协商民主的问题，使协商民主不能公正地开展；另一方面，参与人在提出意见的过程中往往会出现言不由衷的发言，有的甚至不敢发言，有的发言人不是专门说领导人乐意听的话，就是保持沉默，协商民主达不到预定的效果。实施专门的主持人制度在一定程度上可以避免以上的问题，主持人可以按照协商民主的规则和程序引导参与人发言，参与人在发言时也可以减少顾虑。其次，主持人

① 李建军：《为什么反对是必要的》，载《当代文坛》2005 年第 3 期。

② 参见［澳］何包钢：《协商民主：理论、方法和实践》，中国社会科学出版社 2008 年版，第 118 ~ 119 页。

制度有利于保障参与人平等的参与协商民主。我们不难发现，协商民主的参与人能力参差不齐，地位高低不同、受教育程度多少有异、社会影响力大小有别，有的参与人可能是一定范围内的名人或能人，有的参与人可能是足不出户的农民，有的参与人可能是见多识广、能言善辩的强人，有的参与者可能是沉默寡言、老实巴交的弱女子。如此，在协商民主运行的过程中，就可能出现能人和强人控制协商民主过程的局面，这就需要主持人来引导和调节参与人的发言，这在一定程度上可以减少协商过程被强人和能人控制所导致的不平等。最后，主持人制度有利于保障民主协商的过程理性进行。在民主协商的过程中，参与人常常会出现情绪化和偏激化的倾向，从而影响了协商民主的正常运行，也难以达到预期的效果。主持人可以通过积极的提醒或引导，促使参与人的言行温和理性。总之，主持人制度是协商民主制度不可缺少的部分，其对于协商民主的运行有着举足轻重的作用。

在本书中，笔者着重讨论的是公民意识如何在协商民主的主持人制度运行中得到培育。从某种意义上而言，在协商民主中，主持人引导和指挥参与人发言、对话和协商的过程就是公民意识培育和塑造的过程。首先，在协商民主开始前，主持人宣布协商会议的规则、程序和纪律，同时作简短的开场白。对规则、程序和纪律的当场宣布突出了协商民主的严肃性，也有利于参与人对协商的规则、程序和具体步骤的理解和掌握，这无形中就培养了参与人的遵守规则的意识、讲求秩序的习惯。恰如其分的开场白不仅是协商会议开始的引子，还能活跃气氛、减轻参与人的紧张情绪与陌生和隔阂的感觉，这样就可以增强参与人对协商会议的好感，在协商中轻松愉快地发言。其次，在协商过程中，引导参与人温和理性地发言，从而培养参与人的公民意识和公共精神。当协商过程中出现少数人主导或控制发言时，主持人立即纠正，给予没有发言或发言较少的参与者发言机会，确保每一个参与人在发言机会上的平等，这就培养了参与者的平等意识；当参与者胡搅蛮缠、蛮横无理、大声喧哗时，出现情绪化或偏激化的言行，参与人应适时制止，提醒发言人“说话要讲道理”、“有理不在声高”等，启发和诱导发言人冷静发言、温和发言和理性发言，这可以培养参与者理性的精神；当参与者发言使用“外地佬”、“乡巴佬”、“土包子”等歧视性和侮辱性语言时，主持人应坚决制止，引导发言人使用恰当的称呼，这有利于培养参与者相互间的感情；当参与者发言时不愿意听取别人的意见、不遵守时间限制任意拖延发言时间时，主持人要适时提醒发言人“请注意听取他人的意见”、“请遵守发言的时间限制”等，恰当地制止发言人的不良习惯，这有利于培养参与人尊重他人、遵守规则的意识；当发言不着边际、离题万里、不分主次时，主持人提醒发言人“发言要具体”、“发言请围绕主题”等，引导发言人分清主次，归纳发言人的主要意思，这有利于培养发言人的逻辑思维能力和表达能力。

下面是两组模拟的协商对话：

话题一：卫生费是否应交？

主持人：各位代表，今天我们要讨论的是“是否应向‘新民’（非本地人）收取一定的卫生费用于村里面对日常垃圾的收集处理和公共厕所的维护等卫生工作”。

代表甲：作为一名“新民”，我觉得我每月向房东交纳了房租费，就不用交卫生费了，让房东交就可以了。我们赚钱很辛苦，赚不了多少钱。

主持人：也就是说，你认为房租费里面就包含了卫生费，你能给我们一个理由吗？

代表甲：这个我也说不上来，反正我是这样认为的。当然如果向我们收取少量的卫生费也是可以的，只要卫生情况能够好转。

话题二：村自留地的出租年限问题。

主持人：各位代表，今天我们要讨论的是村自留地出租年限问题。村自留地的合理开发利用对增强集体经济大有裨益，那么各位代表你们作为扁屿村的一员，对这个有好的建议或看法吗？

代表甲：我认为年限定得越短越好，这样可以适时调整出租价格，收取更多的租金。经济在发展，租金相应地应当可以提高。

代表乙：我认为定得长一点稳一点，一次性把钱拿到手更安全。年限短的话，万一有一年租不出去，这一年不是没有收入了吗？再说了我们也不是就靠这点钱生活的。

主持人：你们现在有完全不同的意见，一位认为年限短可以灵活调整租金的高低，收入更多；而另一位认为出租时间长点，一次性拿到所有的钱更安全。是这样的吧？

代表甲：是这样的，这样村里能够收入更多。

代表乙：啊，你说是村里的自留地啊？那我当然支持年限越短越好了。这样村里能赚更多的钱。

主持人：那你刚才理解错误了。①

从这两组模拟的协商对话中可以看出，主持人在对话中引导、鼓励发言人积极准确地表达，培养发言人的参与能力具有重要的作用。而主持人公正、中立、理性、温和、负责任的形象，也为公民精神的培养树立了示范意义。主持人在主持协商民主的过程中，平等地对待参与人，给予参与人平等的机会，鼓励表达能力差的发言人大胆发言；主持人在主持的过程中保持中立，没有观点和意见的倾向性；主持人在主持的过程中应说话有理有据、主题集中，不受到情绪的影响，有礼有节富有耐心地对待每一位参与人；另外，在协商民主的运行中有不同的交流和沟通方式如对话、质询和辩论等，这些方式对于公民意识的培育有不同而重要的意义。通过对话可以培养参与人合作与尊重的精神，通过质询可以培养负责任的村民或居民，通过辩论可以培养参与者的思辨和表达能力。

---

① ［澳］何包钢：《协商民主：理论、方法和实践》，中国社会科学出版社2008年版，第122～123页。

四、协商民主达成的良好效果激发公民意识

就协商民主的基本功能而言，协商民主是国家与社会治理的一种综合方法和具体途径，其中包括了参与、决策等环节。作为一种治理方法，优良的治理效果就是协商民主存在的生命。如果协商民主既不能扩大公民的参与，也不能增强决策的合理性，治理的效果平平，那么协商民主将失去其存在的价值。反之，协商民主的优良效果可以激发参与者的集体责任感和人们对公共事务的兴趣，提升参与者的社会共同体认同度及参与的积极性，还能促使人们不断地提出新的意见，增强参与维权的信心。这无疑激发了公民的主体意识、权利意识、民主意识和责任意识。

第五章　公民意识与公民教育

第一节　公民教育的基本理论

2007年10月，胡锦涛同志在十七大报告中指出，要“加强公民意识教育，树立社会主义民主法治、自由平等、公平正义理念”。这是继1982年党的十二大报告提出“加强宪法和公民权利，公民义务，公民道德的教育”和2001年《公民道德建设实施纲要》实施以来，党和国家正式提出要进行公民意识教育。公民意识教育被正式提上了社会主义法治建设和道德完善的议程。

一、公民教育的基本概念

（一）公民教育的古典内涵

公民教育的理论起源于古希腊，柏拉图认为公民教育“是从童年其所接受的一种美德教育，这种训练使人们产生一种强烈的、对成为一个完善的公民的渴望，这个完善的公民懂得怎样依照正义的要求去进行统治和被统治”①。

古希腊的公民教育强调的是一种对美德、理性和公民融入社会的能力的培育。古希腊人认为“教育的存在是为了指引它的公民

---

① ［古希腊］柏拉图：《法律篇》，张智仁等译，上海人民出版社2001年版，第27页。

进入国家的精神生活；反过来，国家政府的存在是为了教育"①。亚里士多德在《政治学》中将公民教育作为维持政体的最重要的方法，培养同政体相适应的公民精神成为他所认为的公民教育的核心内容。② 而柏拉图在《法律篇》中也指出："教育的真谛，不在于获得金钱或强壮的体格，或者甚至某种不受理智和正义引导的知识才能训练。"也就是说，只有正义的、培育美德和公民能力的教育才能符合公民教育的古典含义。从此种意义上来讲，公民教育的古典内涵应包括如下层次：

第一，公民教育的核心在于培养完善的公民。古典公民教育的核心即在于培养完善的公民，而拥有正义的心灵、以理性为基准的美德和参与政治活动的能力正是成为完善的公民题中应有之义。

第二，公民教育以正义为价值导向。尽管古希腊哲学家们对于正义的理解存在着诸多流派，然而以正义作为公民教育的价值导向却是毋庸置疑的。古典公民教育强调塑造正义的心灵，建立正义的国家，因此，在公民教育理念的发展过程中，正义成为贯穿始终的价值准则。

第三，公民教育以美德教育为基础。希腊人普遍认为如下的公式是成立的：美德—科学—教育。③ 而苏格拉底更是提出了美德即知识的理论。古典公民教育认为美德是客观存在的，而理性主义正是美德教育所遵循的基准。因此，具有理性色彩、涵盖科学意义的美德教育也成为了古典公民教育形成和完善的基础。

第四，公民教育以公民参与政治生活为目标。公民参与政治生活的能力与公民的美德教育紧密相关，公民所从事的一切政治活动其最终目标在于形成具有思想力的公民美德。在古典政治学家的眼中，政治是道德与教育的联合体；公民教育的实施是使公民进入政

---

① ［英］厄纳斯特·巴克：《希腊政治理论——柏拉图及其前人》，卢华萍译，吉林人民出版社 2003 年版，第 254 页。

② 参见胡晓燕：《〈理想国〉的公民教育思想研究》，吉林大学出版社 2009 年版，第 2 页。

③ 参见胡晓燕：《〈理想国〉的公民教育思想研究》，吉林大学出版社 2009 年版，第 4 页。

治生活，而政治生活的存在是为了通过公民教育获得公民美德；公民美德是一切美德中的至善。以追求优良生活为目的的政治也就成为实现美德的一种工具，参与政治与弘扬政治就具有了深厚的道义基础。①

（二）公民教育的基本概念

自古希腊先贤提出公民教育的理念至今，不论是在西方国家还是社会主义国家，对于公民教育的研究与探索从未停止。随着社会主义法治发展的推进，我国学界对于公民教育的研究也掀开了新的篇章。

关于公民教育的定义，有学者认为其有广义和狭义之分，广义的公民教育指的是培养良好公民的教育，即现代国家的基础教育，与学校教育概念一致。狭义的公民教育是指一种协调个人与政府和社会的关系的教育，其宗旨在于实现个体的政治社会化、法律社会化和道德社会化，即培养如何做合格的公民。② 也有学者从中华传统文化的角度提出“公民教育即安顿个人与群体关系的一项教育”，认为“中华民族的公民教育，与其东施效颦，不如向‘人道的群己观’回归，从自己的文化开出自己的制度和教育之花，才是正确的方向。不过，中国传统是没有‘公民’这概念的，所以我们说‘公民教育’，又实不如说‘人格教育’或‘人文教育’来得更贴近我们的文化传统”③。也有学者从过程论的角度对公民教育予以定义，认为“公民教育是以公民理念为核心和目标而展开的为民主社会培养一代又一代积极、负责、有效能的社会成员的教育过程，它贯穿于公民的整个生命历程，有赖于家庭、学校、社

① 参见胡勇：《复兴古典政治学与回归公民教育》，载《武汉大学学报（哲学社会科学版）》2005年第4期。

② 参见梁金霞：《中国德育向公民教育转型研究》，知识产权出版社2009年版，第25页。

③ 凌友诗：《从不同文化体系的“群己观”看中华民族的公民教育》，载蒋笃运、秦树理主编：《公民意识研究》，郑州大学出版社2009年版，第7页。

会和媒介的共同教育作用，是终身教育过程”①。

因此，对公民教育概念的解读可以多维视角为切入点，除了从社会学、教育学的视角出发，还可以从政治学和宪法学角度进行界定。从宪法学的视角切入，我们认为公民教育是指通过对公民意识的培育，养成具备公民素质、公民能力和公民精神的合格良好的公民。

二、西方公民教育的主要内容

迄今为止的经验表明，几乎所有的成功的立宪国家，都有一套与其宪政体制相适应的公民教育体系。在某种意义上说，正是这种公民教育体系，为立宪政治的生成和发展培育了适宜的基础、环境和氛围。因此，尽管具备了完善的公民教育体系的国家，未必都是宪政成功的国家，但是一个缺失公民教育的国家绝对不可能是一个成功的宪政国家。②

（一）美国公民教育的主要内容

美国对公民教育的定义是民主下的自治教育，即教育公民积极参与自我管理，而不是消极地接受别人的“格言”或者默许别人的需求。③ 美国公民教育起源于欧洲公民教育思想，随着世界经济的飞速发展与政治格局的变革，其先后经历了政治理念教育阶段、政治价值教育阶段、政治科学与政治责任教育阶段等历史过程。200 多年以来，美国公民教育始终秉持自由、民主、平等的基本宪政理念，尤其是自 9 · 11 恐怖袭击之后，又逐步加强了爱国主义和公民身份认同的教育，最终形成了以爱国主义精神为核心，强调多元文化共建为基础，以加强公民知识、公民技能与公民意识教育为

① 王颖：《当代中国公民教育历史性复兴的现实反思》，载《教育理论与实践》2003 年第 4 期。

② 参见江国华：《宪法与公民教育——公民教育与中国宪政的未来》，武汉大学出版社 2010 年版，第 191 页。

③ 参见中国驻纽约总领事馆教育组：《美国公民教育的现状及改进措施》，载《世界教育信息》2006 年第 9 期。

主要内容的美国公民教育体系。其目标不仅在于发扬自由与民主为主旨的历史传统精神，而且更在于增进国际理解，加强国际合作，化解教育的全球价值取向与各国各地区特殊价值取向之间的矛盾，探索教育的普遍规律，使美国的公民都能达成用理智维持正义、和平、自由与秩序，建立互相尊重、相互依存的地球村共识。①

1994 年美国公民教育中心（Center for Civic Education）制定、推出的《公民与政府全国课程标准》（*National Standards for Civics and Government*）（K—12）规定：公民教育的目标即“了解政治制度之理想及其运作情形；培养参与国民生活的技能；培养民主价值观及其分析的能力；培养尊重个体及体会国民生活参与的价值”②。该标准详细地说明了美国公民教育在大学前各阶段所应当达到的标准，该标准的基本内容包括三个方面：公民品德教育、公民知识教育和公民技能教育。

第一，公民品德教育。美国公民品德教育主要要求公民建立基本的自律性、全球化视野和责任观。正如卡耐基教学促进基金会前主席波伊尔博士所强调的，美国教育思想的重点应实行“从强调民族的狭隘观点和忠诚转变为强调全球的观点和忠诚”，“从强调为个人私利而学习转变为强调为公众利益而学习”。③ 同时品德教育要求公民尊重个人价值与人类尊严，树立正确的价值观，遵守法律，养成友爱、平和的良善品质。公民品德教育要求公民积极参与公共事务，建立公共品德，即“促进宪政民主的健康运作”的品性——这一品性要求公民留意与了解公共事务；学习和思考立宪价值与原则，并监督政治领导人和公共机构对这个价值和原则的信奉程度，并在这种信奉缺乏时采取适当的行动；以及通过和平的法律

① 陈光辉、詹栋梁：《各国公民教育》，台湾水牛图书出版事业有限公司 1999 年版，第 128 页。

② 转引自江国华：《宪法与公民教育——公民教育与中国宪政的未来》，武汉大学出版社 2010 年版，第 221 页。

③ 冯振业、刘世丽：《战后美国公民教育的嬗变及启示》，载《外国教育研究》2003 年第 4 期。

手段来改变他们认为不明智的或不公平的法律等。①

第二，公民知识教育。公民知识，即成为一个合格的公民所必备的有关公民与国家的关系、公民自身权利体系等基本知识内容。公民知识教育旨在通过对公民基本知识的传播与教育，培养具有公民素质的合格公民。

公民知识主要围绕着五方面内容而构建：一是什么是公民生活、政治和政府？为什么政治和政府是必需的？如何保证政府不滥用权力或者权力过分集中？二是美国政治体系的基础是什么？如何保证个人权利和义务？三是政府赖以存在的美国民主的目的、价值和基本原则是什么？法律在整体中的地位以及公民参与和选择怎样成为可能？四是美国和世界其他国家以及国际事务的关系是什么？美国的外交政策如何影响世界？世界如何影响美国？五是美国民主下的民众角色是什么？怎样才能被称为见多识广、有影响力、有责任意识的公民？②

第三，公民技能教育。成为合格良好的公民，不仅要求公民具备基本的公民品德和公民知识，公民更要拥有将公民知识和素养转化为参与社会公共事务、进行社会政治活动的能力。因此，美国公民教育对公民技能的培养也是极为重视的，他们认为："公民教育的目标，是对政治体系有所了解，以及如何在实际上和理论上去开展工作，养成参与公民生活的技巧，增进公民能力，奉行民主制度原则的道德标准，同时要有能力分析这些道德标准所产生的结果，以及养成自重的习惯，从而使所有参与公民生活的人，都能感觉由于其自身的参加而有所区别。"③

---

① 参见［美］富兰克·布朗：《美国的公民教育》，台湾东大图书公司1988年版，第89页。

② 参见《美国公民教育的现状及改进措施》，载《世界教育信息》2006年第9期。

③ U. S. Commission on Immigration Reform (1997), *Becoming an American: Immigration and Immigrant Policy*, Washington D. C.: U. S. Commission on Immigration Reform, pp. 1031-1032；转引自江国华：《宪法与公民教育——公民教育与中国宪政的未来》，武汉大学出版社2010年版，第227页。

美国公民技能教育主要包括识别判断技能和参与技能的培养两大方面，具体而言涵盖以下几点：一是公民对社会公共事务和政治现象的识别和认知以及对社会系统运作的分析和解释能力；二是对社会公共问题或政治问题的评估和辩护能力；三是对社会事务和政治过程的参与能力，包括与其他公民和社会机构的合作能力，公民对社会事务的影响和管理能力以及公民对政府运作的关注和监督能力等。

（二）法国公民教育的主要内容

作为现代公民教育的创始国之一，法国公民教育的发展与完善为其政治国家的稳定和宪政制度的建立奠定了坚实的思想基础。法兰西民族拥有着极强的民族荣誉感和政治积极性，“从潜移默化中去塑造未来的法国公民”是其一贯的传统，其学校公民教育更是极其重视法兰西民族思想及文化历史灌输，重视学生独立人格和民主思想的培养。①

法国公民教育强调共和国的价值，以在中小学开设公民教育课程为载体，旨在培养具有正确的价值观、优良的道德品质、端正的思想态度和热爱国家、热爱和平的良好公民。法国公民教育的主要内容包括以下几个方面：

第一，法国公民教育对公民正确的价值观和思想态度的培养。法国公民从小学起就接受公民课程教育，课程从公民的基本权利入手，加强公民个人与集体的责任教育，要求公民形成以自由、民主、法治、公正为核心的民主社会价值观，并建立起注重法治、明辨善恶的思想态度。

第二，法国公民教育对公民优良的道德品质的培养。法国公民教育以学校、家庭和社会培养为基点，要求公民建立起尊重他人、诚实礼貌、积极乐观的道德品质。其中，对于公民社会责任感的培育也成为法国公民教育的重心之一。

---

① 参见杨允达：《浅谈法国的公民教育》，载史振鼎主编：《公民教育之问题与对策》（上册），“台湾省教育会”1985年印行，第259页。

第三，法国公民教育对公民爱国主义和和平思想的培养。法兰西民族极其重视对其历史文化传统的尊重和对国家及民族荣誉感的培育。因此在法国公民教育课程中强调对公民身份认同理念的学习。同时，公民课程教育还着重强调法国与欧洲、法国与世界和平之间的关系，为公民具备国家归属感和公民和平理念的确立打下了坚实的思想基础。

三、我国公民教育的基本价值

（一）对公民素质的培养

新中国成立后，随着新中国社会主义政治制度的完善和法治进程的逐步推进，国家对公民意识的培养也愈加重视，其中对于公民素质的培养便成为了培育社会主义国家公民意识的核心要素。

所谓公民素质，即指成为一名合格的、受社会所认可的公民所应当具备的基本素养和资质。在我国当前的经济与社会发展背景之下，公民教育所注重的公民素质的培养主要体现于道德素养和法律修养两个方面。

1. 公民教育对公民道德素养的培育

公民道德素养是指公民所应当具备的识善恶、辨是非、爱国守法、明礼诚信、团结友善、节俭自强、敬业奉献的基本品质。道德是调整人们之间以及个人和社会之间的关系的行为规范的总和。道德规范和法不同，它不是由国家强制制定和强行执行的，而是依靠社会舆论的力量，依靠人们的信念、习惯、传统和教育的力量来维持的。① 正是因为道德的非强制性和自我约束性，对公民价值观的构建需要通过公民教育这一行之有效的方式来推进。

香港公民教育委员会提出公民教育应重点推广的十大核心价值，也着重强调了对于公民道德素养的培育，包括：（1）尊重（Respect）；（2）关爱（Caring）；（3）负责（Responsible）；（4）诚实

① 参见艾思奇：《辩证唯物主义历史唯物主义》，人民出版社 1978 年版，第 318 页。

(Honest)；(5)爱(Love)；(6)和谐(Harmony)；(7)正义(Justice)；(8)公平(Fair)；(9)宽容(Tolerant)；(10)欣赏(Appreciation)。在公民道德素养的范畴内，对于公民责任心的培养应当成为教育机制的重心所在。对公民责任心的培养，不仅要注重公民对个体言行及其他公民的负责，更要重视公民对于国家和社会责任感的培育。人是社会的人，公民自我发展和个人权利的实现离不开国家和社会的基本保障，因此，建立以社会责任感为核心的公民价值体系和良好的公民道德素养为我国公民素质的提升奠定了稳固的思想意识基础。

2. 公民教育对公民法律修养的培育

法律修养是指公民应当具备的对国家基本法律和宪政制度的认同和理解。宪法是我国的根本大法，更是公民权利的保障书，因此公民教育于公民法律修养的重中之重即是对公民宪法修养的培育。萨维尼说：宪法绝对不是宪法者以专断刻意的方式制定出来的东西，而是那些内在的、默默起作用的力量的产物，它深深地根植于一个民族的历史之中，其真正的源泉乃是普遍的信念、习惯和民族的共同意识。① 公民教育传授的法律知识首先应当是宪法知识，公民不仅要懂得我国宪法所规定的公民基本权利义务以及公民与国家的关系，更要对我国宪政的运行体系有所了解。只有加强公民对宪法的认同和学习，提升公民对宪法知识的掌握能力，才能真正地为公民素质的进步奠定坚实的法律基础。

(二) 对公民能力的培养

公民能力是指公民以法律上的公民身份进行社会活动的能力，主要包括对公民行使和实现权利以及公民参与社会政治生活的能力。

第一，公民教育对公民权利实现能力的培育。公民的基本权利是指由宪法规定的公民享有的必不可少的某些权益，是公民实施某

---

① 参见［美］埃德加·博登海默：《法理学——法律哲学与法律方法》，邓正来译，中国政法大学出版社2004年版，第88页。

一行为的可能性。① 虽然我国宪法对公民的基本权利和实现方式已经作出了详尽的规定，但是如何更好地行使和实现公民权利，如何更恰当地确认公民权利与国家权力的关系以及公民权利与自由的限制，仍然需要较高的公民能力作为思想基础和行动前提。

良好的公民教育可以使公民更加清楚地了解宪法所赋予的公民基本权利的内容和实现方式，可以使公民更加明确地认识到我国宪政制度与法律体系的形成和运行过程。更为重要的在于，良好的公民教育可以使公民理顺权利与权力以及权利与自由的冲突与界限，从根本上提升公民实现宪法和法律权利的技术能力。

第二，公民教育对公民参与政治能力的培育。根据公民主权原理，政治乃公民众人之事业，众人之事业当然需聚众人之智慧和众人之心力才可以发达和昌盛——倘若将政治视为政府单方面的工作，而将公民排斥在政治事务之外，那么不仅政治会因为疏离公民而走向骄横和专制，而且公民也会因为远离政治而变得愚昧、迷信和奴性。② 公民参与社会政治生活的重要性不言而喻，加强对公民参与政治能力的培养更是首要要务。公民参与政治能力的获得需要接受全面且细致的政治教育、法律教育和社会文化教育，因此，只有通过建立完整的公民教育体系，健全从家庭、学校至社会的公民教育内容，才能保证每一个公民能够接受良好的政治参与能力培训，从而真正保障宪法所赋予的公民政治生活权利。

（三）对公民精神的培养

现代公民教育的重要的核心之义，在于培育公民精神，塑造合格的公民。公民精神，是指作为宪法主体的现代公民所具有的意识和价值取向。③ 在社会主义法治国家，公民教育对于公民精神的培

① 参见周叶中主编：《宪法》（第三版），高等教育出版社、北京大学出版社 2011 年版，第 246 页。

② 参见卢雷：《宪政治理与公民参与》，载《江南大学学报（人文社会科学版）》2004 年第 1 期。

③ 参见江国华：《宪法与公民教育——公民教育与中国宪政的未来》，武汉大学出版社 2010 版，第 481 页。

养核心在于对公民宪法信仰的培育和对公民民族精神的弘扬。

第一，公民教育对宪法的信仰培育。宪法作为国家根本大法，它既具备着法律神圣性特征，又因为它对公民权利的保障而包含世俗的意义，因此，宪法以其神圣性与世俗性的双重特点指明了现代社会宪政体系发展的要点，即公民对宪法的信仰程度决定了民主法治推进的进程。

首先，宪法的神圣性特征要求加强对公民宪法信仰的培育。从宪法神圣性的角度来讲，“在任何一个社会，法律本身都促成对其自身神圣性的信念。它以各种方式要求人们的服从，不但付诸他们物质的、客观的、有限的和合理的利益，而且还向他们对超越社会功利的真理、正义的信仰呼吁，也就是说，以一种不同于流行的现世主义和工具主义理论的方式确立法的神圣性”①。因此，为了巩固和延续宪法神圣性之地位，必须建立起公民对宪法的尊重与信仰，在我国培育公民宪法信仰的最佳模式即展开具有社会主义法治特色的公民意识教育。

其次，宪法的世俗意义要求加强对公民宪法信仰的培养。列宁说：“宪法就是一张写着人民权利的纸。”② 宪法对公民权利的保障正是宪法从神坛走向世俗的重要桥梁。然而，如果公民缺乏对于宪法的信仰和对宪政精神的向往，宪法所保障的公民权利就很难完成真正意义上的全面实现。因此，只有加强对于公民宪法信仰的教育，帮助公民建立起对于宪法的信仰，才能使宪法的理念深入人心，使宪法所保障的公民权利落在实处，也使全体人民能够享有到宪法精神所带来的文明之光。

第二，公民教育对民族精神的弘扬。中华民族经历了几千年的风雨沧桑和历史考验，有过“万国来朝”的汉唐盛世，也历经了被列强欺凌的暂时衰弱。然而不论在何时，中华民族始终未曾屈服，中华文明也始终不曾中断，究其原因，皆是因为中华民族所具

---

① ［美］哈罗德·J. 伯尔曼：《法律与宗教》，梁治平译，生活·读书·新知三联书店 1991 年版，第 44 页。

② 《列宁全集》第 12 卷，人民出版社 1987 年版，第 50 页。

备和特有的民族精神。江泽民同志在中央思想政治工作会议上曾经指出："面对世界范围各种思想文化的相互激荡，必须把弘扬和培育民族精神作为文化建设极为重要的任务，纳入国民教育全过程，纳入精神文明建设全过程，使全体人民始终保持昂扬向上的精神状态。"① 在社会主义法治国家，中华民族的民族精神也纳入了新的含义，除了亘古不变的爱国之心和创新精神之外，对于国家和中华民族的认同也是弘扬民族精神的题中应有之义。

首先，公民教育对民族精神的弘扬之核心在于培养公民对国家的认同观。公民对于国家的认同观不仅体现于传统意义对于祖国的归属感和热爱，更应该从公民身份的角度出发，着重培养公民对于国家性质和政权组织形式、社会主义政治制度和社会主义法治制度的认同。因此，公民教育应当充分发挥其教育媒介之手段，通过完整的公民教育体系，帮助公民建立具有社会主义理念和时代特色的国家认同观。

其次，公民教育对民族精神的弘扬之重点在于培养公民对中华民族的认同观。公民对于中华民族的认同观应当摆脱传统的民族限制，克服民族特权主义和民族霸权思想，建立起以公民身份为核心的中华民族认同观。不论是少数民族公民还是汉族公民，都应当通过有效的公民教育，在公民身份认知的基础上，树立公民对于中华民族的归属感和荣辱观。

第二节 公民教育的路径选择

一、家庭是公民教育的培养源头

联合国教科文组织前总干事马约尔说："我们留下一个什么世界给子孙，很大程度上取决于我们给世界留下什么样的子孙后代。"家庭教育是贯穿公民一生的教育内容，更是公民接受思想教

① 江泽民：《在中央思想政治工作会议上的讲话》，载《人民日报》2000年6月28日。

育的启蒙期。在一些研究学者那里，教育被当做一种代际传承的主要机制，那些拥有较多的社会、经济、政治和文化资本的优势群体，总是能够通过使子代获得较好的教育成就而将自身的优势一代代传递下去。① 每个家庭对于各自家庭成员的教育均体现了其独有的特色和价值观，而家庭教育的传承性决定了这种价值观会随着公民的成长而衍生发展，继而影响公民成年后所形成的新的家庭。由此可知，家庭教育是影响公民一生价值观念，甚至于决定公民思想代际发展的重要因素。因此，只有加强和完善公民教育的家庭培养模式，才能为公民教育的推进和传承建立良好的发展氛围。

中国作为重礼教、重孝义的传统文明古国，拥有灿烂的道德文化资源和优良的家庭教育传统，随着社会主义现代化国家经济、政治社会的发展和社会主义民主法治进程的推进，我国公民教育的家庭模式又被赋予了新的内涵，即以家庭教育为源头，加强对公民社会主义价值观的构建。具体而言，公民教育的家庭教育模式应当注重对公民传统美德和人文精神的培育。

（一）加强中国传统美德教育

中国有相当丰富的伦理资源，当代中国公民意识的培育是“依法治国和以德治国”的重要方面。罗国杰认为这是车之两轮、鸟之两翼。在治国方略上，儒家主张为政以德，认为“道之以政，齐之以刑，民免而无耻；道之以德，齐之以礼，有耻且格”，主要依靠伦理教化以争取民心。② 自孔子提出“仁、义、礼”，孟子增加为“仁、义、礼、智”，董仲舒最终将“五常”确认为“仁、义、礼、智、信”起，这五个方面的道德要义贯穿了中国传统文化的价值体系，也成为了中华民族传统美德精髓之体现。孟子曰：“恻隐之心，仁也；羞恶之心，义也；恭敬之心，礼也；是非之

① 参见刘精明：《国家、社会阶层与教育》，中国人民大学出版社 2005 年版，第 6 页。

② 参见王希泉：《从历史视角看中国公民意识的培育》，载《前沿》2004 年第 11 期。

心，智也。”① 随着社会主义精神文明建设的发展和对中国传统文化精华的重视与复兴，“仁、义、礼、智、信”在社会主义话语体系中又涵盖了新的意义。

仁之核心在于仁爱之心，义之重心在于忠义、孝义，礼之要义在于知礼守法，智之重点在于明辨是非，信之精华在于一诺千金。这就要求公民教育以家庭教育为起点，重视对于公民爱国敬家、诚信友爱、公平正义的公民精神之培养，并从小培育公民仁德友爱、与人行事顾及他人、热爱祖国、孝顺父母、关爱朋友、遵守礼节、尊重法律、公平合理、以义取信的善良美德。

（二）加强中华人文精神的培育

中华文明历史源远流长，几千年来各家学术思想、各种文化理念演绎着百家争鸣、百花齐放的文明盛世，其中人文精神的传承正是中华文明亘古不变的文化传统。周代的礼乐精神；孔子之重人德；孟子之重人性；荀子之重“以人文世界主宰自然世界”，汉人之重历史精神；宋明之重立人极，于人心见天心，于理性见天理；清人之重顾念人之日常的实际生活。② 由此可见，人文精神的精髓即以人为出发点和最终归属地。其中，中国传统文化着重强调了“天人合一”的观念，“天人合一”主张人本来即为大自然的一部分，应在不知不觉中与大自然合而为一，遵守自然的秩序。而社会主义和谐社会所强调的以人为本、人与自然和谐发展也正是人文精神在新时期的阐述。

社会主义法治社会人文精神的理念要求公民加强对人的尊严、发展和命运的尊重与维护，要求以家庭教育为源头，通过公民意识教育树立公民尊重人性、关注理性、注重人与自然和谐发展的思想观念。

---

① 《孟子·告子上》。

② 参见唐君毅：《中国人文精神之发展》，台湾学生书局 1978 年版，第 40 页。

二、学校是公民教育的培养基础

社会主义法治国家的推进需要公民教育体系的建立与完善，而公民教育最全面有效的方式即学校教育，学校公民教育也是公民教育从理论走向生活的最佳途径。然而不论是中小学还是高等院校，我国现今尚未在学校开设专门的公民教育课程，只是在中小学阶段的思想政治课程和高等院校阶段的法律基础课程中涉及了部分公民教育内容。

美国公民教育学者麦克菲（Walter Mcphie）曾指出，公民教育要想成功，必须注意到三个方面：（1）适当的课程（指学科课程）；（2）在班级与学校运作中的民主过程和民主参与模式；（3）校内外可供学生实习民主行为与责任的机会频率。①

因此，我国的学校公民教育，应该设置包括公民教育和公民训练在内的公民课程体系。以公民教育目标为总纲，改进学校现行的道德与社会教育，关注学生的社会学习和生活，重视学生的自我教育和自主发展，从而使学生公民教育落到实处，以此在青少年一代中培养和强化公民意识以及掌握必要的公民知识。② 根据我国的现实情况和教育体系，公民教育的目标和具体课程设置应当分为中小学教育阶段和高端教育阶段两个层级进行，这样的设置可以保证公民教育过程的循序渐进和教育内容的彼此呼应。

（一）基础教育阶段

基础教育阶段的公民教育主要指对处于小学、中学时期的学生公民所进行的公民意识教育。这一阶段的公民具有年龄和能力的特殊性，因此在基础教育阶段的公民教育应当充分考虑学生公民未成年人的身份特征和对政治社会识别度较低的能力局限。

---

① 参见张秀雄：《美国公民教育课程的分析》，载《人文及社会学科教学通讯》1991 年第 1 期。

② 参见冯宇红：《论公民教育》，载《教育探索》2005 年第 1 期。

小学阶段的学生公民年龄层次较低，处于知识的启蒙期和人生观价值观的塑造期，因此小学阶段公民教育课程的设置的重点应当集中在对公民价值观、道德观和爱国情操的培养上。具体而言，各阶段的课程设置可分别强调如下重点价值：

小学一年级：对个人的认识及对他人的尊重。

小学二年级：对集体的认识及个人与集体的关系了解。

小学三年级：对国家的认识及个人与国家的关系了解。

小学四年级：对中华民族的认识及建立中华民族荣誉感。

小学五年级：对社会主义制度的认识与了解。

小学六年级：对宪法和法律制度的初步认知。

经过小学公民教育的基础培养之后，中学学生公民处于其价值观和个人人格塑造的转型期，因此该阶段的公民教育应当注重对公民素质和公民精神的培育，具体课程重点可设置如下：

初中七年级：对传统道德思想的学习和公民道德素养的培育。

初中八年级：对国家政治制度的学习和公民基本政治素养的培养。

初中九年级：对公民素质理念的学习与实践。

高中一年级：对中国历史的学习和中华民族荣辱观的培育。

高中二年级：对宪法制度的学习和宪法信仰观念的建立。

高中三年级：对公民精神理念的学习与实践。

（二）高等教育阶段

公民教育的高等教育阶段是公民教育的重要时期，它是公民从青春年少走向理性睿智的重要阶段，更是贯穿了公民教育从理论走向实践、从学校步入社会的基本过程。大学生作为社会文化知识层次较高的群体，是国家的未来和希望，其素质如何将关系到社会主义现代化建设的进程。加强大学生公民意识的教育和培养，提高大学生自身素质，对于发展和完善社会主义市场经济，扩大社会主义民主，建设社会主义法治国家，发展社会主义政治文明，构建社会主义和谐社会具有很强的现实意义。①

公民教育在公民高等教育阶段的主要实现方式仍然应当以课程教育为中心，加强对公民道德素质、公民法律修养和公民精神的集中培养。同时，考虑到高等教育阶段作为公民人生过渡的特殊时期，应当以社会实践的模式兼顾到对公民社会政治能力的培训。

第一，在高校开设公民教育通识课程是高等教育阶段加强公民教育培训的直接模式。当前我国高校并未将公民教育作为独立的内容进行通识教育，仅仅是在思想道德修养和法律基础课程中涵盖了部分公民教育的内容。大学生作为求知欲旺盛、学习能力较强、政治觉悟积极的公民团体，对公民教育的普及和深入有着强烈的思想需求。因此，我国高等院校应当开设公民教育通识课程，将公民教育的理念、含义及价值作为独立的教学内容予以重视，从而推进我国公民教育的深入和发展。

第二，在高校开设公民教育社会实践是高等教育阶段加强公民教育培育的重要手段。公民教育所关注的不仅包括其自身理论的发展和完善，更强调公民对于社会政治、经济现象的认知、理解以及对于社会公共事务的参与能力，而高等院校正是为公民教育架起了一座由理论走向实践的桥梁。因此，我国高等院校应当积极推进公民教育的实践发展，通过在开展大学生寒暑期社会实践和政治实践等方式，帮助学生公民政治素养和公民能力的养成，从而推动公民教育的进一步升华。

三、社会是公民教育的培养摇篮

公民教育是一项体系庞杂、过程漫长的教育体系，它具有公平性、普遍性和长期性的特征。就公民教育的公平性与普遍性而言，公民不分民族、种族、性别、职业、家庭出身、宗教信仰、教育程度、居住期限，都一律享有接受公民教育的权利，同时也应当自觉主动地接受公民教育，提升自己的公民素质和公民能力。就公民教

① 参见肖永忠：《大学生公民意识教育探微》，载《赣南师范学院学报》2008 年第 2 期。

育的长期性特点来讲，公民教育是一种终身教育，公民自出生起的每一个人生阶段，均应接受并参与公民教育，获取并提高相应阶段的公民意识。在公民人生历程的发展过程中，只有社会教育才能担负起给予公民终身教育的职责。同时，公民教育的目的是培养合格良好的公民，而合格良好公民的价值体现也最终以个人在社会中的价值实现为标准。因此，建立起系统而完善的公民意识社会体系，是贯穿于我国公民教育任务的重中之重。

（一）将社会教育与家庭教育、学校教育相结合

公民在青少年时期接受的系统公民教育主要来自于家庭和学校，然而学校教育作为“公民的准备阶段”，虽然是对公民进行理论教育的前沿阵地，但公民教育归根结底是培养什么样的人的问题，这也是各个国家最关心的问题。显然，这些问题既不是个人能够解决的，也不是学校教育能够一蹴而就的，这需要全社会长期的统筹考虑安排。①

首先，社会教育相对于家庭教育和学校教育而言，其优点在于受众群层面较广、教育方式众多，因此社会教育应当充分有利于其广泛的宣传手段和教育模式，加强对于公民意识和宪政精神的宣传教育。

其次，公民教育基于教育的平等性原则，在其教育体系的建立过程中，应当注重公民教育公平性与普遍性的共同发展。从普遍性的高度来看，实施公民教育不仅是现代公民社会的内在要求，有利于发展市场经济，推进民主政治和法治建设，回应多元文化的现实挑战，而且标志着中国人从传统到现代新的生命文明模式的确立，是一种普适合理而且公平可行的教育理念和行动方案。②

---

① 参见馨元：《试论我国公民教育》，载《中国法学》2002 年特刊。

② 参见刘鑫淼：《中国“现代化”语境中的公民教育》，载《浙江社会科学》2004 年第 6 期。

（二）将社会教育与宪法教育相结合

随着宪法在国家政治生活中的地位的日益彰显，宪法教育不仅构成了国家法治教育的核心要素，而且也逐渐成为各国公民教育的共同课题。① 社会教育正是展开公民宪法教育的必要途径，因此在公民教育体系的建构中，应当将公民社会教育与宪法教育紧密结合，为公民最终形成良好的公民意识和宪法精神奠定基础。

社会教育应当加强对于公民宪法意识的宣传与教育。公民教育基于其自身的培养目的与价值实现，加强对公民的宪法宣传、推动公民宪法教育是完成社会教育的核心。在首都各界纪念 1982 年宪法公布施行二十周年大会上，胡锦涛同志提出："全面贯彻实施宪法，必须加强宪法宣传教育，提高全体人民特别是各级领导干部和国家机关工作人员的宪法意识和法制观念。必须在全社会进一步树立宪法意识，维护宪法的权威，使宪法在全社会得到一体遵行。要在全社会广泛宣传宪法，让宪法家喻户晓、深入人心，使广大人民群众认识到宪法不仅是全体公民必须遵循的行为规范，而且也是保障公民权利的法律武器。"② 而在首都各界纪念 1982 年宪法公布施行三十周年大会上，习近平同志进一步强调："宪法的根基在于人民发自内心的拥护，宪法的伟力在于人民出自真诚的信仰。""我们要在全社会加强宪法宣传教育，提高全体人民特别是各级领导干部和国家机关工作人员的宪法意识和法制观念，弘扬社会主义法治精神，努力培育社会主义法治文化，让宪法家喻户晓，在全社会形成学法尊法守法用法的良好氛围"。"我们要把宪法教育作为党员干部教育的重要内容，使各级领导干部和国家机关工作人员掌握宪

---

① 参见陈光辉、詹栋梁：《各国公民教育》，台湾水牛图书出版事业有限公司 1999 年版，第 23 ~ 24 页；转引自江国华：《宪法与公民教育——公民教育与中国宪政的未来》，武汉大学出版社 2010 年版，第 463 页。

② 胡锦涛：《在首都各界纪念中华人民共和国宪法公布施行二十周年大会上的讲话》，载《人民日报》2002 年 12 月 5 日第二版。

法的基本知识，树立忠于宪法、遵守宪法、维护宪法的自觉意识。”①

因此，在公民教育的过程中，只有将公民社会教育与公民宪法教育紧密结合，以社会教育的广度促进宪法教育的发展，以宪法教育的深度回应社会教育的展开，才能最终形成一条涵盖面广、受众群广泛、教育手段多元化的公民教育之路。

第三节　公民教育与民主实践

尽管在现代国家，公民教育是培育合格公民的有效途径，但是，单纯的公民教育是否能够真正起到其应有的作用，是一个值得怀疑的问题。在公民教育较为发达的法治国家，公民教育必然与民主实践相勾连，在当代中国，面对这一问题时必须慎之又慎。

一、惟教育论的误区

的确，作为政治社会化的基本手段之一，公民教育在公民意识培育的过程中有着无可取代的作用。在当代中国，学人们对于公民教育的需求，顺应了时代发展的潮流，自然具有重要意义。然而，如果将培育法治国家中的合格公民的希望完全寄托在公民教育上，往往可能导致适得其反的效果。

（一）公民教育在本质上难以摆脱自上而下的半强制特征

一位国民要成为合格的公民，须具备独立的精神。公民意识是公民在意识到自身的独立性的基础之上所生发和保持的一种独立意志，它包含了公民对其自然人身份、公民身份的感知和认同，以及自身与社会之间相互关系的认同。这种感知和认同，是以公民的自我意识为前提的，换言之，公民意识之培育，必须以尊重公民的自

① 习近平：《在首都各界纪念现行宪法公布施行30周年大会上的讲话》，载《人民日报》2012年12月5日第二版。

主意识为前提。然而，完全将未来民主政治的希望寄托在公民教育之上，则可能走入一个难以摆脱的理念误区。

学者们所倡导的公民教育带有部分强制性特征，对于培育合格公民而言，这种半强制性并不符合公民意识发展的基本规律。公民意识起源于个人对其自身以及其与周围社会环境的关系的认知，而这种认知应当是在独立、自由的环境下由公民本人生发的。来源于外界环境的任何强制都可能使得公民的意识发生偏差，从而引发不利的后果。强制的方式是多种多样的，它既包括采取物理手段所引发的实际强制，也包括采取精神手段所引发的精神强制。由于精神强制难以为人们所感知，其隐蔽性较强，但其危害性反而比物理强制更为严重。在公民教育领域，一种目标设定偏差的教育体系不仅不能成功培育合格公民，反而可能使受教育者偏离公民越来越远。遗憾的是，在当代中国，带有浓重意识形态色彩的教育氛围事实上对公民教育起到了相反的作用，学者们呼吁将思想政治教育转换为公民教育，并不是没理由的。但问题在于，当我们没有改变这种教育的强制性特征，而仅仅是转换其内容，它的效果也许并不像人们想象的那么美好。恰恰相反，如果学校以功利主义的心态实施公民教育，不能将教育的基本手段予以良性转化，仍然不能完成培育具有独立、理性精神的合格公民的基本任务。中国传统士人常说“为天地立心，为生民立命”，时过境迁，这种带有悲天悯人色彩的话语体系并未使得中国的王权社会得以与万民之福祉这一目的相互契合。其根本原因并不在于目标本身的设定是否正当的问题，而是当某种看似高远的目标摆在人们面前时，这种目标能够为人们的内心所真正认同的问题。强制或半强制的精神灌输，并不能使得个人将公民所必需的各种意识内化为自身的基本诉求。

（二）公民教育与现实社会的对照可能使得公民教育的效果适得其反

公民教育的成功，不仅取决于这种教育本身的合理性，更在于公民教育与公民社会的有效连接。当公民社会的民主实践活动能够与公民教育相印证时，公民教育则会倾向于成功。但是，当公民教育的内容宣扬的是一套具有正当性的理论体系，而现实的政治活动却实行另一种完全相反的理念时，两者之间无疑会产生矛盾，而这种矛盾不仅会使得公民教育的内容全部落空，而且会适得其反地使受教育者对公民教育产生逆反心理，即不仅不信任公民教育的内容的合理性，反而更进一步地实行另一套行为规则。

教育的这种问题在中国历史上曾经反复出现过。儒家伦理为人们设定了崇高的道德准则，然而，在现实社会中，人们却往往或自觉、或被动地实行与儒家伦理不相符的潜规则。这种背反更进一步地加深了儒家伦理在现实社会中的虚伪性，使得信奉此类道德信条的人日益减少。公民教育在本质上与这种问题具有异曲同工之处。在学校教育中，我们的公民教育课程可能会教育我们遵守社会公德，正确行使权利和履行义务，然而，在社会未能实现良性治理的情况下，我们可能会发现一幅与教科书所描绘的图景完全不同的景象：公权力肆意行使而难以受到控制；政府官员的贪腐现象严重；公民行使权利的路径被人为堵塞；社会不公平现象严重。在这种情况下，公民教育课程与现实的鲜明对比势必会加深人们对教育内容的不信任乃至反感。

（三）公民教育的基础在于民主实践，而非相反

倡导公民教育的学者们事实上有意无意地忽视了一个十分重要的问题，即公民意识应当是在民主实践中产生的。尽管从一般意义上来说，公民意识能够指导民主实践，成为民主实践的推动因素之一，但公民意识之所以能够推动民主实践，不在于公民意识本身有多么理想化，而在于公民意识本身即是公民关于民主实践的认知、评价及情感要素。易言之，公民意识乃是公民民主实践的产物，而公民教育虽然在一定程度上形塑了公民意识，但即便这种教育本身也是民主实践的产物。

在政治社会化的过程中，公民意识的培育是其中的重要一环。当社会普遍形成某一种政治文化时，这种文化可以对公民教育产生指导作用。政治社会化正是通过公民教育的方式，将普遍的政治文化在一些社会群体中传承，而其根本前提，则是民主政治的实践广

泛而真实地存在。若没有这一前提性条件，公民教育显然不可能得以有效成行。

二、权利意识教育与民主实践

要培育公民的权利意识，需要展开对公民的权利教育，而此种权利教育是植根于民主实践过程之中的。

（一）权利认知与民主实践

权利意识教育的第一个目标，是让公民对应当享有的权利具有清醒的认知。公民的基本权利书写于宪法的白纸黑字之中，学者们可以从各个不同的侧面对这些权利进行分析和归纳。然而，对于身为普通民众之一员的公民而言，书斋中所讨论的权利问题并不是现实中的真问题。公民所要考虑的问题并不是理论赋予了他们多少权利，而是在实践活动中，他能够真正拥有多少权利。

在学校开设公民教育的相关课程时，学者们可能会设想在这些课程中对公民所享有的权利进行较为详细的深入分析，并尽可能用明了的笔触让接受公民教育的人易于接受。然而，问题并不在于权利体系如何完备，而在于，这些写在纸面上的权利何以能够在现实生活中得以呈现。公民的政治权利——包括选举权和被选举权在内，均需要以切实可靠的民主实践为基础，而公民的其他一些与公共事务相关的权利，也大体如是。当公民教育所传授的权利知识不能在现实生活中出现时，这种纯粹理念的权利并不会对公民意识产生积极效应。实践出真知，只有在现实的民主实践中反复出现的权利，才可能成为公民所熟知的权利谱系中的明确色调。

（二）权利评价与民主实践

公民对一种权利的评价，是建立在权利认知的基础之上的。公民在对某种权利具有明确认知的前提之下，会对权利进行评价，从而指导其权利行使行为。但权利体系纷繁复杂，权利之间也存在难以明晰界定的位阶关系。在权利体系中，何种权利居于主要地位，何种权利居于次要地位；在特定场合下，行使何种权利是较为急切的需求；特定权利行使的效果如何；诸如此类的问题必须要在公民积极参与民主实践的过程之中才可能明确感知。因此，公民要形成对权利和权利体系的正确评价，需要积极参与民主实践才可能实现。

（三）权利行使规则与民主实践

公民在行使权利时，需要遵守一些既定的规则。通常说来，在公民教育的过程中，教育者会告诉接受教育者一些经过民主实践而形成的既定的规则，公民在行使其权利时，会以这些原则为参照，指导自己的权利行为。这些具体的规则包括一些十分重要的内容，例如，公民在行使其权利时，不得损害国家、集体和他人的权利和自由。规则虽然看似十分明了，然而要让公民能够正确了解这些规则的意义和价值，则需要在实践中才能够真正实现。

首先，公民必须在实践中才能了解自己权利的根本意义所在。公民对一种权利的认知和评价是在权利实践中逐步形成的，也正是在实践过程中，公民才会真正了解特定权利存在的意义和价值。只有当公民对一种权利有着清醒的认知时，这种权利才可能在实践中得以有效和正确的行使。以言论自由为例，当公民对言论自由的价值没有深入的了解时，他并不会意识到言论自由的重要性，当然也无法进一步了解言论权利在国家政治生活中的重要性。而当公民能够在民主参与的过程中通过行使言论自由的方式对国家政治生活产生实际影响时，公民才可能对言论自由产生明确的需求。

其次，公民必须在实践中才能了解到个人权利与公共利益的一致性。个人权利与公共利益具有内在的一致性和关联性，这是一个不言而喻的结论。但是，当一种空疏的公民教育通过灌输的方式将这种近似教条的观念传送到公民的意识之中时，他并不一定会对此有清醒的认识，甚至可能会因为对此种观念产生一定的不信任感，乃至反感。易言之，任何来自言语的教育都无法让身为独立主体的个人产生公民意识。但在民主实践中，公民会以其切身体会了解到自我权利与社会公共秩序之间的一致性。公民的个人权利和利益处于与公共利益遥遥相对的两极，在许多情况下，为了公共利益的需要，可能会对公民的权利进行限制乃至剥夺。在民主实践的过程中，公民能够通过实际的政治过程了解到几个十分重要的事实：其一，公民个人能够积极参与到公共利益的形成过程中；其二，公民的个人利益寓于公共利益之中；其三，公民有权对公共利益进行符合自身利益的界定；其四，在正当法律程序的保护之下，公民的个人权利与公共利益具有内在的一致性。在这种情况下，无须任何形式的教育，公民都能够自发地尊重和保护公共利益。

再次，公民必须在实践中才能培养起积极行使权利的意识。权利意识并不仅仅要求公民对权利有清醒的认知，以及掌握行使权利的规则，而且要求公民能够积极参与到公共事务，在民主实践中发挥重要的主观能动性。公民是否能够积极行使其权利以参与到公共事务之中，通过民主参与的方式对政治过程施加影响，是公民社会的一项重要指标。在公民具有积极的权利意识的国家，公民社会较为发达；反之，则公民社会的发展较为乏力。而公民积极行使权利的意识，是在民主实践中培育的。公民行使权利的积极性来源于几种要素的影响：其一，公民行使权利的可能性；其二，公民行使权利的便利性；其三，公民权利行使能够起到良好效果的可能性。只有在公民能够积极行使权利并且通过其权利行使行为而对国家政治生活产生实际影响的前提之下，公民行使权利的积极性才会比较高。

总体说来，学校固然可能对公民培育权利意识产生一定的积极作用，但是，公民教育必须要在公民的民主实践中形成，才可能是一种真正意义上的形成。当然，一个国家能否为公民提供足够宽松的民主实践的政治氛围，是衡量公民能否获得社会化的公民教育成效的最重要指标之一。

三、义务意识教育与民主实践

义务意识作为一种心理特征，几乎与权利意识相伴而生。在现代规则社会的运作模式下，社会成员生活在权利与义务交织的网络中，对义务的理解既可能来自义务设定方的明确告知，例如法律文本或合同条款的宣告，也可能来自对周遭生活体验的主观总结——

此时，义务意味着一种必要的自我的限制。然而，义务意识的教育也主要是在民主实践中实现，而非在课堂上实现的。

义务意识反映着公民对自身与他人或社会之间关系的处理的基本心理倾向和判断。正如伯克曾言："人不能生活在完全独立于他人的孤绝状态。我们不能想象任何人在确定重大的行动方针时不对他人带来某种影响，或者说，他的行为不产生某种程度的责任。人所处的这种状态产生了责任规则和原则，并且指示人们在履行责任时要谨慎行事。"① "所有的政府、所有人类的利益与福乐、所有的美德以及所有谨慎行为都必须建立在妥协互让的基础上。我们对复杂恼人之事进行斟酌权衡，并对之进行取舍；我们放弃了我们的一些权利，但我们又因而享有了另外一些权利。"②

从理性的角度来说，我们所承担的义务，在与他人共同的社会生活中为我们换取了相应的权利。善良义务的履行就是权利的获得。而这种个体与社会之间支脉相连的关系却隐含在法律规则冰冷条文中难以跃然纸上，单纯的灌输与说理尽管可以令公民记忆规则社会中的生存公式，却很难在与社会相处模式的选择上产生真正的内心共鸣，更难以真正地尊重法律。一名熟记义务条款的公民也可能熟练地规避自身所应承担的义务，并在行为选择上对本应承担的义务进行质疑和挑战。

如果说规则的实现和义务的履行需要公民内在意识上的支撑和心理上的认同，那么这种意识得以生成和成长的重要来源就是对社会生活的参与和对社会成员相处方式的了解，尤其来自公民对政治生活的关注和对民主实践的参与。

第一，民主实践强化了公民与社会之间的联结，这种联结时刻提醒着公民身份在个体性与社会性上的同一化。公民在民主实践的过程中摆脱了对社会决策和规则制定的隔离感，社会成员的聪明才

① ［英］埃德蒙·柏克：《自由与传统：柏克政治论文选》，蒋庆等译，商务印书馆 2001 年版，第 301 页。

② ［英］埃德蒙·柏克：《自由与传统：柏克政治论文选》，蒋庆等译，商务印书馆 2001 年版，第 303 页。

智得以融合，政治共同体的能量得以集合，个体在与社会、国家的息息共存中不断打磨和修正自我与他人的关系认知，理解恪守义务的意义和目的。

第二，民主实践触发了公民对“公益”的切身体验，履行义务成为一种公民自愿的需求而非强制的后果。公共利益的最高境界就是为实现个人利益提供最有益的环境，从而使其政府有广泛的民众基础，从而也就保证了对公益的关心。人们通过民主实践和讨论能够以公民的身份避开私利并从事于谋求公益，并使得按照公共利益规定个人利益成为可能，为履行规则义务提供了实质正当性。

第三，民主实践的平等性重塑了公民之间的共存形态，为一种没有依附和支配、人们之间能够一视同仁的公共生活带来了公民之间的自由平等关系，每个人的参与，也使得规则或义务具有普遍性，令人们深信对公益的服从和义务的履行将最终无所偏私地为公众、国家乃至个人带来福祉。

第四，民主实践唤起的共同体意识使得公民不再将“履行被附加的义务”看做一种获取权利或利益的手段，反而甚至开始将其作为一种精神层面上的价值追求。穆勒曾在《逻辑体系》一书中提到：“我们所谓的国家原则因此是指同情而非仇恨，团结而非分裂；是指那些在同一政府领导下，生活于同一个自然地和历史地形成的地域里的人民对于自身共同利益的深切关怀……绝不为了自身利益逃避公共责任而割断这根纽带。”①

如果将义务意识看做一种规则之下的自我限制或自我控制，其在内涵上包括了公民自我负责、自我实现、自我反思之意，那么我们也必须将社会共同体摆放在“自我”的前方，作为上述自我负责、自我实现、自我反思的目标参照，民主实践正是我们进行这种参照和观察必不可少的“目镜”，也是规则社会和公民社会的孵化器。

① 转引自高全喜：《论民族主义——对民族主义问题的一种自由主义考察》，载《学海》2004 年第 1 期。

第六章　公民意识与制度构建

公民意识的培养制度常常寓于家庭教育、学校教育和社会教育的制度之中，现代国家的家庭、学校及公民社会等组织也承担着不同的公民意识培养责任。公民在实践表达自由、基层自治和行使选举权时其公民意识也得到了提升，因此，一定程度上，完善表达自由的保障制度、基层自治制度和选举制度就是完善公民意识的培养制度。值得注意的是，关于制度的运用，如青木昌彦所言："给诸如'制度'之类的任何概念下一个适合的定义将取决于分析的目的。"① 本章中关于的"制度"的含义，不仅仅是成文或者不成文的规则体系，除此之外，制度还应当包括实施规则的组织，也就是说组织本身就是一项制度。

第一节　"三位一体"的公民意识培植制度

作为公民意识培育制度的家庭、学校、政府和公民社会对于公民意识的培养有不同的指导思想、组织规则和具体功能。但在微观的运作过程中，家庭、学校、政府和公民社会对于公民意识的培养是相互影响、相互交织和密不可分的。

一、作为公民意识培植制度的家庭

家庭是由具有婚姻、血亲或拟制血亲关系成员构成的社会组织。人们常常说："家庭是社会的细胞。"可见，家庭是社会中最

---

① ［日］青木昌彦：《比较制度分析》，周黎安译，上海远东出版社2001年版，第2页。

基本的组织单位。一般而言，家庭是人们最初成长的地方，也是公民意识培养的第一基地，在家庭中所受的教育是人生启蒙的开始。因此，家庭应该是一个平等、民主、彼此尊重、洋溢着亲情、充满关爱、启蒙公民意识的组织。构建一个现代的家庭制度就是构建一个公民意识培养制度。

首先，摒弃封建家长制思想，树立家庭夫妻地位平等，尊重子女人格独立和主体性的观念。从构建论的角度而言，制度是在思想的指导下构建的。只有优良的思想才有优良的制度，现代家庭制度必须首先反映封建家长制思想。封建家长制的核心思想是“父为子纲、夫为妻纲”，家长在家庭中有绝对的权力和权威。在经济上，封建家长把家庭共有财产视为家长的个人财产，妻子儿女对家庭财产的处分没有表达意见的权利，更没有单独处分家庭财产的权利，甚至妻子儿女都被视为家长的财产。在思想上，封建家长要求“家庭成员必须以家长的意志为意志，以家长的是非为是非，家庭成员不能有独立的意志和思想”①。在家庭伦理上，男尊女卑，长幼有别，推行愚孝和愚忠。清朝学部给青少年编写的一本小册子中明确写道：“父母所喜欢的人，我们就敬重他，所嫌恶的事，我们就戒除他。一举一动要时时想着父母，父母的心欲如何，我们就如何去做。”② 这种在家庭经济上的独裁、思想上的专制和伦理上的愚忠和愚孝使子女完全丧失了独立性、主体性和基本的人格，这对于公民意识的培养是毁灭性的毒害，我们应当用新的家庭思想观念代替封建家长制。我国虽然现在封建家长思想已经消退，但其余毒仍在残害本已羸弱的公民意识。故此，树立家庭夫妻地位平等，尊重子女人格独立和主体性的观念，仍是家庭培养公民意识的基本内容。夫妻地位平等是现代婚姻制度的一项原则。夫妻双方不受支配于任何一方，在处理家庭事务、共同财产和子女的教育问题上，夫妻双方享有平等的权利和相同的义务。父母应当尊重孩子的独立人

① 王玉波：《历史上的家长制》，人民出版社 1984 年版，第 48 页。

② 1907 年清朝学部图书馆印行：《家庭谈话》；转引自王玉波：《历史上的家长制》，人民出版社 1984 年版，第 48 页。

格和主体性，不应当将父母的意志、喜恶爱好强加于子女，更不应当视子女为父母的财产或实现某种目的的工具。值得注意的是，家庭中未成年子女的人格独立和主体性与一般意义上的人格独立和主体性有所不同。未成年子女没有独立经济能力，父母抚养未成年子女是国家法定的义务，不能因为未成年子女经济上的依附性而损害其人格上的独立性和主体性。父母应当尊重子女的自由选择和独立思考，这种尊重不是对未成年子女教育无所作为，而是应当在交流与对话，晓之利害和是非后让孩子作出独立的判断和选择。父母还应当具有家庭民主的观念。家庭事务决策和处理虽然无须像公共事务一样投票表决，但让孩子对家庭事务发表意见和建议则是现代家庭的应有之义。

其次，反对任何形式的家庭暴力和恶待，建设彼此尊重、洋溢着亲情、充满关爱的家庭。历史上动辄可以限制人身自由、体罚甚至剥夺生命的家族刑法在现代社会中已经不存在了，但是家庭暴力和恶待家庭成员在不同的程度上仍然存在着。家庭暴力和恶待对家庭成员身心的伤害极大，对未成年子女的伤害更甚。可以想象，在充满语言辱骂、冷嘲热讽、身体暴力甚至人身自由都得不到保障的环境中成长的未成年子女很难得到公民意识的启蒙。在中国流传着“不打不成才”的谚语，也就是说对于子女的教育，要在严格的体罚下才能成功。这是极具误导性的，每一次对未成年子女的体罚都是对其幼小心灵的一次伤害，这种伤害也许是刻骨铭心的，也许是永久的。家庭暴力和恶待对渴望得到关爱，得到平等对待和尊重的希望是毁灭性的打击，给未成年人从小就留下的感受就是世界是充满暴力和恶意的，因为他生活的世界就是那样。这对于未成年人的公民意识的培养和启蒙同样是毁灭性的打击。故此，建设彼此尊重、洋溢着亲情、充满关爱的家庭也是培养公民意识一个重要的环节。

再次，完善家庭规则，保障家庭成员的权益。关于家庭规则有的是国家法律明文规定的成文规则，有的是约定俗成或流传于民间的不成文规则。国家法律明文规定的家庭规则大多是关于婚姻关系、夫妻双方权利义务；未成年人的权利保护、妇女儿童的权利保护，老年人的权利保护等。不成文的家庭规则大多是一些家庭伦理和风俗习惯。我国对于儿童、未成年人、妇女和老年人的权益保护的法律法规体系是较为完善的，但是在实施的过程中存在一些障碍，致使实施的效果还有待加强。其中一个主要的原因是我国明文规定的有关家庭的法律法规常常与不成文规则发生冲突。因此，在继续完善国家关于家庭的法律法规的同时，还应当尽量减少成文规则与不成文规则的冲突。

二、作为公民意识培植制度的学校

学校作为一种有组织而系统的传播知识，培养人才的组织已经有相当长的历史。在教育资源有限的情况下，学校还具有人才遴选的功能。在我国尤其如此，迄今只是基本实现九年义务教育的普及，高级中学和高等教育的入学还必须通过入学考试来选拔。因此，我国的教育还被贴上了“应试教育”的标签，近年来国家和社会正积极地推动从“应试教育”向“素质教育”的转变。显然，知识的传播以及人才的培养才是学校的核心功能，其中传播有关公民的权利义务和责任的知识，以及培养具有现代公民意识的人才则是学校基本的职责。学校只有首先培养出合格的公民，才能够培养出素质全面的人才。学校作为有组织系统化和最专业、最全面的公民意识培养组织，在整个公民意识培养过程中居于核心的地位，起到关键的作用。可以说，一个国家公民的素质高低取决于学校的培养好坏。就我国学校培养公民意识的现状而言，虽然近年来我国学校在培养公民意识方面取得了显著的成绩，但仍存在有待改进和完善的地方。

首先，学校的功能从人才遴选转变为人才培养，目标从“应试教育”转变为“素质教育”，是学校培养公民意识的根本途径。我国从小学到大学都比较偏重学生应试能力的培养，有的学校甚至出现了“唯成绩论”现象，尤其是在中学较为明显，把学校的核心功能从人才的培养转移到人才的遴选上来，如此，就出现了以考试为核心的应试教育。这就会影响人的素质的全面发展和创新能力的提高。有人指出：“过分强调学校的选拔功能，学校因此成了社会对个人进行鉴别和选拔的一个筛选器。每一个人都被迫通过这样一个机制来证明自己的能力，实现自己的价值。学校选拔功能的过分强化使学校在促进个人发展方面的功能难以发挥，在激烈竞争的环境下，学生的人格遭受扭曲，极大地阻碍了人的身心健康发展。"① 事实上，不仅仅应试教育扭曲了学生的人格，阻碍了身心健康发展，学校还失去培养公民意识的基本功能，因为有关公民的知识和对公民意识的培养不能直接而现实地转化为学生应试能力提高学生的成绩，学校不愿意花费资源投入到公民意识的培养中。学校的功能必须从人才遴选转变为人才培养，学校的目标也必须从"应试教育"转变为"素质教育"。只有如此，学校培养公民意识的基本职能才能落实。

其次，学校通过通识教育培养学生的公民意识。通识教育是与专业教育相对应的，前者着重提高学生的综合素养，后者着重培养学生的专业技能。如钱颖一所说："通识教育不是为了学生眼前的就业，而是为了学生一生的获益；通识教育既不是为专业教育打基础，也不是为专业教育做补充；通识教育本身是为学生成人这个目的服务。通识教育的根本是为学生今后的一生做准备，是为了人格养成，这是成为有良好素养的现代文明人的条件。"② 质言之，通识教育是培养具有独立思考、理性反思及合理批判素养的合格公民；培养文理兼修具有博爱、宽容、远见和高尚情操的现代人；培养关爱他人、热心公益具有责任感的社会成员。要挽救社会中出现的价值迷茫、精神涣散、缺乏诚信、没有责任心，人格依附、不尊重人和缺乏民主、自由、平等、公正等现代精神的危局，学校的通识教育是可取也是必需的途径。可是，我国学校的通识教育，从中学到大学虽然取得了一定的成就，但是距离通识教育的目标还有相当的距离。原因之一是我国学校的通识教育的课程安排不合理。以大学的通识教育为例，当前我国大学的通识教育课程是全国统一安

① 劳凯声：《重新界定学校的功能》，载《教育研究》2001 年第 8 期。

② 钱颖一：《论大学本科教育改革》，载 http：//www. aisixiang. com/data/detail. php？ id=43140。

排的，包括《思想道德修养与法律基础》、《中国近现代史纲要》、《马克思主义基本原理》、《毛泽东思想、邓小平理论与“三个代表”重要思想概论》四门必修课和《形式与政策以及当代世界经济和政治》的选修课。可以看出我国大学通识教育的课程比较单一，实质上是政治思想理论课，缺乏自然科学和人文科学的知识。至于当前通识教育的效果则是仁者见仁智者见智的。有学者通过问卷调查发现：“48.7%的学生选择从不缺课，33.9%的学生选择基本不缺课，两项相加占了82.6%；选择偶尔缺课和经常缺课的学生分别占14.4%和3%；能够认真听讲的有46.4%，而选择‘基本不听’和‘从不听讲’两项的学生只占10.3%，有45.8%的学生选择了有时听讲。”① 针对我国通识教育存在的情况，应当改革通识教育的课程结构，增加人文科学和自然科学及其他社会科学的知识。同时，丰富通识教育的方法，提升学生对通识教育的兴趣。

再次，学校去行政化，真正地实现“学术自由”和“兼容并包”，为公民意识培养提供优良的环境。由于历史的原因，我国大学一直依附政府而存在，大学的自治程度相对较低，学术自由一定程度上也还有待提升。近年来大学行政化的弊端日渐明显。大学管理层的行政权力泛滥，肆无忌惮干预学术领域的研究自由，致使出现了大学的腐败化和官僚化。大学行政化不仅影响了正常教学、科研、知识传播及人才培养，也不利于大学校园对公民意识的培养。如有的学者所言：“大学办学自主权落实不到位、政府行政权力缺少监督制约，是产生大学“行政化”现象的现实原因。”② 因此，解决大学行政化的问题，必须落实大学自治，限制政府权力对大学的干预，同时，在学校的内部也应当建立学术问题归学术，行政管理归行政的机制，防止行政权力干预学术。

---

① 许立新：《高校思想政治理论课实施新课程方案后教学状况的调查》，载 http：//www. jiaoshuyuren. com/jsyr/gaojiao/556. html。

② 钟秉林：《关于大学“去行政化”几个重要问题的探析》，载《中国高等教育》2010年第9期。

三、作为公民意识培植制度的社会

由于人总是生活在社会之中，因而，培育公民意识最好的场合也是在社会之中。在公民意识培育的过程之中，需要关于每个人公共交往的某种空间，也就是哈贝马斯所称的公共领域。通常而言，这种公共领域至少应具备以下几个要素：组织和参与的自愿性；组织类型的多元性；参与的开放性；成员间的平等性和论题的公共性；权力的非国家性或政府性等。在公共领域中所遵循的是民主、自治、参与、自愿、平等、多元、宽容的精神。这些精神与公民意识有着先天的切合性，可以说公共领域就是培养公民意识、提升公民能力的最佳场所。在现代社会中，一个原子式的个人置于公共领域中，可以转换为具有完备公民意识的合格公民。

第一，一般说来，基于家庭并经由个人的社会关系予以扩展的社会网络是深度信任的温床，同时也是大多数低信任社会的典型特征。① 在此种社会中，个人对自身所处的封闭的社会网络具有高度信任感，然而却对处于网络之外的他人抱有怀疑和警惕之心，从而难以在社会上建立起普遍的信任机制和互惠规范。因此，个人往往只能关心个人的利益以及与之密切相关的人群的利益，而没有顾及公共利益和他人利益的自觉性，自然也就不可能形成公民意识。一般认为，受到中国传统文化熏陶的人对伦理秩序有着高度的认同感，故而常常在集体之中难以寻找到个人独立存在的根据，在集体之中没有个人主义生长的空间，也无法生发出权利意识。此种集体主义是建立在人格化的人身关系基础之上的，而非建立在以自由意志而形成的社会组织基础之上，故而这种集体主义具有强烈的排他性，在其内部，则缺乏独立的个人的存在。相反，美国社会的个人主义则是建立在个人自主的基础之上的，而当面临真正的社会共同

① 例如，依福山的分析，就华人来说，个人可以完全信任家人，选择性地信任朋友和熟人，但对其他人则保持高度警惕。参见［美］福山：《信任：社会美德与创造经济繁荣》，彭志华译，海南出版社 2001 年版，第 74 ~ 75 页。

事务时，美国人基于身份平等的个人主义而建立起来的社会团体却能够在个人利益与社会利益之间作出理性权衡，故而具有美国人“高度自发的社群倾向”①。因此，我们需要区分两种截然不同的个人主义：一种为建立在个人自主性基础之上的个人主义，这种个人主义乃是权利观念的基础；另一种则是以个人利益为中心、罔顾公共利益的个人主义。在当代中国，道德环境的崩坏使得个人对集体所应承担义务的约束力大大降低，而以个人自主为基础的个人主义却难以建立，从而也在根本上制约着公民意识的形成和合格公民群体的塑造。这是我们应高度重视和反思的。

第二，解决缺乏公民意识问题的关键，是让公民充分自我发展，以公共行为构建公民意识。只有在行动之中，人们才能真正学会行动的规则。公民参与网络的广泛建立，是塑造公民意识的最为可靠、最为有效的方式。其基本方式是：首先，破除政府主导社会发展的神话，政府应放开对民间社会的严格管制，给予民间社会自我发展、自我治理的空间。其次，在社会中塑造公民意识的任务需要交由社会自己完成。在宽松的外部环境之中，社会可以通过自由结社和其他各类非正式的社会交往建立起对他人的普遍信任和互惠机制，从而为公民意识之形成奠定基础。按照托克维尔的说法，政治结社与一般结社在培育公民精神上都具有十分重要的作用。在中国社会，无须草率而激进地建立各类政治结社，相反，在政府对社会和民众予以充分尊重的前提下，民众可在各种各样的非政治结社中学会平等、自由、宽容、信任、合作等合格公民所必须具备的精神。

第三，在广泛的公民参与网络中，公民意识得以生发，合格公民得以生长，而伴随着政治社会化，公民文化得以传承，从而为政治和社会发展带来了良性循环。阿尔蒙德和维巴指出，公民文化乃是支撑民主政治的文化基础，若没有公民文化，民主政治即难以有

① ［美］福山：《信任：社会美德与创造经济繁荣》，彭志华译，海南出版社2001年版，第286页。

效存续。① 而帕特南断言："建立社会资本并非易事，然而，它确实是民主得以运转的关键因素。"② 两者的论断有着相近之处，但着眼点一个在于公民文化，一个在于社会资本，足见两者在功能上的一致之处。所谓的社会资本，就是社会组织的特征，诸如信任、规范以及网络，它们能够通过促进合作行为来提高社会的效率。③其实，社会资本中的积极方面，如信任，乃是政治文化所不可或缺的部分。阿尔蒙德和维巴在研究公民文化时，重点在于说明公民文化对民主政治的作用，然则未能说明如何在缺乏公民文化的环境下塑造公民文化。而正是这个问题，才是当代中国所最应当关注的实际问题。

第二节 作为公民意识培养机制的表达制度

随着民主、法治等突显公民意识的思想和观念传入以来，我国的公民意识在一定程度上得到推进和发展。在当下的社会中，尽管公民意识在一定程度上得到很大的提升，但是真正内化于广大公民思想深处的主人翁意识还显得比较欠缺，大量的公民意识表达的渠道多流于形式。绝大多数的公民在其参与的要求自己权利、地位以及其他利益的活动中，存在着"投机"的想法，不是主动地去争取自己应当获得的应有权利，公民意识的彰显往往出现于别无他途之时，是一种被迫无奈之举。这种被动的公民意识在极端情形之下亦伴随着公民意识的非正常化的实现途径，陷入恶性循环之中。这一点可以从大量的群体性事件中得以体现。党的十七大报告指出："加强公民意识教育，树立社会主义民主法治、自由平等、公平正义理念。从各个层次、各个领域扩大公民有序政治参与。"这也说

① ［美］加布里埃尔·A. 阿尔蒙德、西德尼·维巴：《公民文化：五个国家的政治态度和民主制》，徐湘林等译，东方出版社2008年版，第443页。

② ［美］罗伯特·D. 帕特南：《使民主运转起来——现代意大利的公民传统》，王列、赖海榕译，江西人民出版社2001年版，第210页。

③ ［美］罗伯特·D. 帕特南：《使民主运转起来——现代意大利的公民传统》，王列、赖海榕译，江西人民出版社2001年版，第195页。

明了我国的公民意识还有待培植，有待提升，有待突破。要真正培植公民意识，就必须有培植公民意识的载体。只有通过能够承载公民意识培植的载体，才能使公民意识有所提升，有所突破。“自由、平等是人类为了像人生活的原动力。”① 自由等理念涉及公民意识培养的多种面向，是公民向国家、社会表达自己利益诉求的根本。在压制型的社会，由于公民的自由受到剥夺或者受到很多限制，公民意识是几乎不可能得到培植的。公民意识要得以实现，必须将其传达给国家和社会，让已经存有的公民意识得以外化，得到表达，从而真正变为实实在在的意识的实现。因此，在我国宪法的体系之下，公民的表达自由的制度是培植公民意识的基础。

一、公民意识在言论自由中培植

言论自由是指公民有权通过各种语言形式宣传自己的思想和政治的自由。② 就公民而言，可能有多种多样的方式和手段去表达自己的思想和意见，但是言论自由是所有自由的基础，是公民意识得到传达的先决条件。关于言论自由在理论上有多种学说：（1）追求真理说或称为言论自由市场说；（2）健全民主程序说；（3）表现自由说或者称为实现自我说。③ 宪法具有保障公民基本权利之目的，保障每个公民生存与发展的实现自我的机会与自由。追求真理说和健全民主程序说存在一种功利主义的价值预设，并非站在公民的立场上去关注言论自由。基于培植公民意识的言论自由不能预设太多功利思想，否则不仅不能培植公民意识，反而会在一定程度上限制了公民意识。从民主的角度而言，科恩将言论自由分为建议的自由和反对的自由。就建议的自由而言，民主要求公民自由提出可供选择的步骤，径情直遂地提出来以供社会的考虑，如果没有建议

---

① ［日］三浦隆：《实践宪法学》，李力、白云海译，中国人民公安大学出版社 2002 年版，第 113 页。

② 参见许崇德主编：《宪法学》，高等教育出版社 2005 年版，第 357 页。

③ 参见林子仪：《言论自由与新闻自由》，台湾月旦出版公司 1993 年版，第 7 页。

的自由，公民虽有机会在让他选择时表达自己的意愿，但是他已经被剥夺了最有建设性参与的机会；就反对的自由而言，要求其公民可自由地反对提请社会考虑的任何候选人、政策或政党。①

当代社会的自由已经“变成了政治上的自由权”②。张千帆教授指出：“没有言论自由，其他自由就不存在，至少得不到可靠的保障。这是因为言论自由还是一种政治性权利，是民主政治得以展开并维持的前提。没有言论自由，人民就不可能对政府官员的所作所为提出意见和批评；公共信息就得不到充分的交流和传播，因而也不可能产生一个理性的民主政府——如果你都不清楚人民代表所代表的利益或立场是什么，又如何作出明智的选择呢?”③ 享有言论自由是公民的基本权利，是公民表达其利益诉求的一个有效通道，亦是自己的权利得以实现的重要方式。公民享有言论自由权，就可以将自己的所感、所想、所需等表达出来，使代表人民利益的国家及时准确了解和掌握公民的合理的利益需求。对于当权者而言，敢于让老百姓说实话、说真话，那是一种政治智慧和勇气。历史已经证明，压制和排斥言论自由给国家和民族带来的苦果是巨大的甚至是灾难。“文革”的惨痛教训告诉人们，“一言堂”所带来的危险是无法估计的。在需要人们支持和维护时期，在自己立足未稳之时，批评与自我批评为获取政权赢得了广泛的支持。“即使那些原先提倡言论自由的人，一旦自己上台后也就改变了看法——连那么了不起的杰弗逊总统也是这样。”④ 在中国经历了这样一个阵痛之后，1982 年《宪法》第 35 条规定：“中华人民共和国公民有言论、出版、集会、结社、游行、示威的自由。”在 2004 年的宪法修正案中写入了“国家尊重和保障人权”。经过 30 年的实践，言论自由取得了很大的进步，公民意识也获得了很大的提升。

① 参见［美］科恩：《论民主》，商务印书馆 2004 年版，第 125 ~ 126 页。

② ［奥］凯尔森：《法与国家的一般理论》，沈宗灵译，中国大百科全书出版社 1996 年版，第 316 页。

③ 张千帆：《宪法学导论》，法律出版社 2004 年版，第 490 页。

④ 张千帆：《宪法学导论》，法律出版社 2004 年版，第 498 页。

公民意识的提升对于推动一个民族和国家的进步具有不可替代的作用。言论自由又是培植公民意识的重要途径。国家和社会应当容忍国民就自己的相关问题的意见和态度发表自己的看法和提出自己的意见。因为每一个国民都会从自己的角度发现目前我们的民族和国家存在的问题，每一个国民都试图尽力地维护自己的利益不受侵犯。在这样的视角下，公民总会为了自己的切身利益同时强化和提升公民意识。久而久之，被动地维护自己利益的公民意识会在长期的锻炼和思维中养成主动的公民意识。换言之，公民意识的培植需要一个过程，然而导致这一过程转变需要一个宽松的平台和舆论环境。言论自由就是实现这一转变的一种途径，并且给予公民言论自由也是顺应人类社会发展的要求。人类的历史已经证明，试图钳制人们的言论自由的政府和国家往往会自食其果。同时，在言论自由上也达成了统一的共识，公民的言论自由也不是无限度的，公民不能胡言乱语，例如公民不能随意地煽动、怂恿其他公民实施危害国家的行为。否则这样的言论自由已经超出了其正常的范围，反而变成一种破坏自由的行为。但是，国家也应当对适当超出允许的范围有较为宽容的态度，对某种过激的言论应当进行引导，而不能一概否定之。

二、公民意识在出版自由中培植

著名宪法学家王世杰认为：“凡意见之以口语表示者为言论，而此种表示之自由，便即所谓言论自由；凡意见之以文字图画表示者为著作，而此种表示之自由，便即所谓著作自由；凡意见之以印刷的文字图画表示者为刊行物，而此种表示之自由，便即所谓刊行自由。”① 刊行自由与当代的出版自由在内涵和外延上具有一致性。一般认为，出版自由是言论自由的延伸，只是二者的表现形式有所不同。从广义的角度言之，出版自由也是言论自由的一种具体表现

① 王世杰、钱端升：《比较宪法》，中国政法大学出版社 1997 年版，第 84 页。

形式。① 通说认为，出版自由是指公民依照宪法和法律的规定，在出版物上表达自己对国家政治事务、经济事务和文化事业、社会事业的见解和意愿，发表自己从事科学研究、文学艺术创作和其他活动成果的自由。出版自由一般包括两个方面内容：一是著作自由，即公民有权自由地在出版物上发表作品；二是出版单位的设立和管理，即报刊、期刊社、图书出版社、音像出版社和电子出版社的设立和管理遵循国家宪法和法律的规定。② 出版自由是公民的一项基本权利，又是交流思想和促进科学文化进步的重要手段和方式。出版由一种固定的载体将公民的思想和意见传达给相关的主体，从它流传的空间和持续的时间来看，它比狭义上的言论自由具有更深更广泛的影响。“当人们之间不再有巩固的和永久的联系时，除非说服每个必要的协作者，叫他们相信自己的个人利益在要求他们将自己的力量与其他一切人的力量自愿地联合起来，是无法使许多人携手起来共同行动的。只有报纸，才能经常地和顺利地做到这一点。只有报纸才能同一时间将统一思想灌注于无数人的脑海。”③ 从托克维尔对报刊意义的论述可以看出，出版自由对于信息和知识传播具有重要意义，而言论自由往往达不到如此的效果。

出版自由虽然具有言论自由无可比拟的优越性，但是出版自由也比言论自由对主体提出更高的要求。言论自由的主体较为广泛，任何人都能以口头的方式表达自己的意见和看法，但是，出版自由的主体范围相对较窄。只有具备相应条件的主体才能去实现这一权利。言论可能随时随地被表达出来，国家也没有办法进行事先的审查。然而就出版自由而言，除了事后监督之外，还需要采取事前审

① 参见周叶中主编：《宪法》（第三版），高等教育出版社、北京大学出版社 2011 年版，第 256 页。

② 参见许崇德主编：《宪法学》，高等教育出版社 2005 年版，第 358 页。当然，在学术界对出版自由的定义存在各种不同的表达方式。但是在对出版自由的定义过程中几乎涉及出版自由的要素如主体、方式、内容、对象、相对性等。

③ ［法］托克维尔：《论美国的民主（下卷）》，商务印书馆 1988 年版，第 641 页。

查的方式。在培植公民意识方面，绝大多数公民只能是出版物的接受者，他们在接受来自出版物的思想和言论等方面之后，培植公民意识。当然，不可否认公民意识在受到出版物影响之后也会发生转型，由受动主体变为主动主体，这也仅是对绝大多数公民而言，因为刊行出版物的公民更多是公民意识提升的传播者。就宪法而言，出版自由是一种类型化的、抽象的基本权利。要真正地保障公民的出版自由，提升公民意识，还需要有具体可操作性的内容，否则出版自由就仅仅是一个“响亮”的口号，是一个不能产生任何作用的“哑弹”。因为空洞无物的东西根本就不知道怎样告诉人们它是什么，亦谈不上提升公民的意识，或者说公民在培植意识的过程中根本就不知道哪里是边界，到哪里应该止步。国家为了具体贯彻出版自由，出台了一系列具有可操作性的法律、行政法规和部门规章。例如2001年10月27日修订通过的《中华人民共和国著作权法》、国务院制定的《出版管理条例》，以及大量的部门规章，如《出版管理行政处罚实施办法》、《电子出版物管理规定》、《音像制品出版管理办法》、《期刊管理暂行规定》、《报纸管理暂行规定》等，大量针对出版自由以及限制出版自由的法律、法规和部门规章陆续出台，使得公民的出版自由得到落实和实施。相对于言论自由而言，出版自由具有了更强的可操作性和有用性，至少在培植公民意识之时是有“教材”的。但是，这些法律规范不能完全证明公民出版自由的基本权利已经得到了充分的保障。换言之，公民出版自由的基本权利需要得到充分的保障，还需要有待进一步提升和加强。出版自由是培植公民意识的极为有效的途径之一，需要利用各种有效的出版物，扩大影响，让公民知道自由的应有利益、应得到的合理保证、应当克制不能做的事情。但是各种出版物之间所发挥的作用又存在一定的差异性和不均衡性。就我国现实情况而言，在占人口绝大多数的极为广大的农村地区，很多公民文化水平仍然非常低，甚至处于文盲和半文盲状态，要求他们“识文断字”无异于“天方夜谭”。针对这种情况，必须充分利用多样化的出版物去培植公民意识。对他们而言，最重要的第一阶段就是接受的过程。所以，在培植公民意识的过程中，要针对不同的主体采用不同的方式，例如，音像出版物具有易接受、形象化、直观化的特点，绝大多数公民都能在长期的熏陶和影响下培植出公民意识。确保多样化的出版自由是全面提升公民意识的有效途径。

到目前为止，几乎各国都对出版自由采取了一定程度的限制，即采取较为严格的审查措施，即事先审查和事后监督相结合，全方位的、立体审查模式，严格规制公民的出版自由。那种完全不受任何限制地要求出版自由的思想几乎是不可能的，那样虽然会在一些方面提升公民意识，同时也会导致公民意识培植的负面效应。因为人们不能肯定每一个人都有较强的自律性。任何形式出版自由权的人都不能离开我们当下的社会组织而孤立地存在，那么“人们首先不得不做的事就是接受一条原则：必须离开自然状态（在这种状态中，每个人根据他自己的爱好生活），并和那些不可避免要相互往来的人组成一个政治共同体，大家共同服从由公共强制性法律所规定的外部限制”①。同样，我们一直在强调依法治国，那么我们也不能奢望在出版自由的方面出现“真空地带”。所以，我们在充分利用出版自由培植和提升公民意识的同时，也应当受到某种程度的限制。

三、公民意识在结社自由中培植

西欧大多数国家的宪法都将结社自由归类于政治、公民权利。② 结社自由（Freedom of Association）是一项基本权利，是指特定的多数人为达到特定的目的，形成团体，不受政府及其他组织、个人非法干涉的自由。③ 国务院制定的《社会团体登记管理条例》第 2 条规定：“本条例所称社会团体，是指中国公民自愿组

---

① ［德］康德：《法的形而上学原理——权利的科学》，沈叔平译，商务印书馆 1991 年版，第 137 页。

② 参见［荷兰］埃弗尔特·阿尔科马：《结社自由与市民社会》，毕小青译，载《环球法律评论》2002 年夏季号。

③ 参见王贵松：《解析结社自由的体系与界限》，载《重庆社会科学》2005 年第 3 期。

成，为实现会员共同意愿，按照其章程开展活动的非营利性社会组织。”所以在结社自由中的社团是指非营利的团体，不包括国家机关。从广义上来说，社团包括政党，在我国，除了作为执政党的中国共产党之外，还有8个民主党派和许许多多的为繁荣科学和文化艺术的各种各样的协会。所以结社自由中讨论的社团主要指民间社团，如协会、学会、联合会、研究会、基金会、联谊会、促进会、商会等。人们之所以关注结社自由，是因为结社不管是在思想层面还是制度层面都具有十分重要的意义。“人们只有在能够与他人联合成为一个政党、利益团体、行业组织或其他追求特定公共利益的社团的条件下，才能克服个体在能力、影响力等方面存在的局限，组织化地、规模化地在不断变革的社会当中有效地提出并实施自己或自己所钟情的政治主张，开展各种有益于组织成员，同时也有益于社会的活动。”① 具体而言，结社自由能够满足人们的某些利益需求，改变人们的组合方式；结社形成了公民社会，以组织化的方式改变了社会结构，给人们带来了认同、友情和互信。作为社会协作手段，结社弥补了社会生活中个人物质和人身有限性所带来的不足和不便，以合作的形式大大拓展了社会生活空间。② 结社具有超越独立个人的优势，尤其在今天这样一个强调协作或者团体精神的时代，结社是维护公民切身利益的有效方式。法国著名思想家托克维尔指出：“在民主国家里，全体公民都是独立的，但又是软弱无力的。他们几乎不能单凭自己的力量去做一番事业，其中任何人都不能强迫他人来帮助自己。他如果不学会自动互助，就将全部陷入无能力状态。如果民主国家的人没有权利和志趣为政治目的结社，那么他们的财富和知识虽然可以保全，但他们的独立却要遭到巨大危险。而如果他根本没有在日常生活中养成结社的习惯，则文明本

① 王四新：《结社自由简论》，载《广州大学学报（社会科学版）》2008年第7期。

② 参见刘培峰：《结社自由及其限制》，社会科学文献出版社2007年版，第3页。

身就要受到威胁。”① 结社自由与言论自由和出版自由一样也会带来某种风险，而不能因为它可能带来某种风险而否定它带来的更多利益。在中外历史上，历来不乏各种性质的社团。尤其近代以来，社团在推进国家和民族的进步与发展中，发挥着极其重要的作用，同时也付出了惨痛的代价。

结社通常是一些利益共同体的组合，通过结成社团以实现某种利益最优化或最大化。一般而言，当某个个体在维护自己权利和利益会显得力量不足、社会的关注度不高时，在此情形下，社团的优势地位就能显现出来。在结社的过程中以及成为社团成员的同时也培植和提升了公民意识。例如公民因为某种利益或者某种目的加入到某个社团中，常常伴随的是这个团体能够维护某种利益或者权利。加入团体或者组织团体是积极培植公民意识的一种表现形式。当然，当某些个体在自己势单力薄不能维护自己的利益之时，通过社团能保证其利益和权利时，也有可能寻求社团的帮助，长期的团队训练、协作思想、利益一致性等是公民意识得到表达。结社自由保证了公民可以维护自己利益和积极追求应得权利。例如，某些协会在公民维权意识方面常常能发挥重要的作用，他们也可以借助协会的力量去保障自己的合法权益。许多公民意识在与社团联系在一起时，也不自觉地提升和增强自己的觉悟。正是由于结社能够在维护其利益和权利方面发挥作用，才会在各国涌现出大量的社团。到2004年为止，中国登记在册的社团大约有15.3万个。② 并且在中国还存在许多不需要注册的社团。如此数量庞大的社会团体，在培植公民意识方面所能发挥的作用和影响力是可想而知的。

尽管在中国有如此之多的社团，它们的存在和活动培植提升了公民意识，如维权意识、环保意识、爱国意识等，但是我们可以发现，社团虽多且在飞速发展，但在经济、文化落后的地区，许多人

① ［法］托克维尔：《论美国民主》，董果良译，商务印书馆1988年版，第636~637页。

② 参见刘培峰：《结社自由及其限制》，社会科学文献出版社2007年版，第12页。

根本就不知道“社团”或“结社”为何物，他们认识的社团仅仅只有“党组织”。所以社团的影响力和培植公民意识的推动力主要集中在经济、文化等相对较为发达的地区，对于广大农村来说，这一工作尚未起步。它在培植公民意识中的作用并没有得到充分发挥和展现。但是不管怎样，结社自由的基本权利的保障，在提高公民意识中不可低估。然而，结社自由也不是随意的，在许多国家和地区，对结社自由都有明确的限制。例如，《社会团体登记管理条例》第 4 条规定：“社会团体必须遵守宪法、法律、法规和国家政策，不得反对宪法确定的基本原则，不得危害国家的统一、安全和民族的团结，不得损害国家利益、社会公共利益以及其他组织和公民的合法权益，不得违背社会道德风尚。社会团体不得从事营利性经营活动。”第 5 条规定：“国家保护社会团体依照法律、法规及其章程开展活动，任何组织和个人不得非法干涉。”因此在结社自由中所培植的公民意识是以法律、法规的规定为界限，超出了法律的允许范围会导致社团行为的非正当性，反而不利于培植公民意识。

四、公民意识在集会游行中培植

在世界各国的法律中都赋予公民享有集会游行的权利。早在英国 1215 年的《大宪章》中就规定了下院向国王请愿的权利。随着权利的扩张，每一个公民都享有这一项权利。在英美国家的司法实践中，也产生了许多关于集会游行示威的司法判例。随着各国加强对人权的保障，用基本法的形式将这一权利确立下来。集会游行示威是公民表达权利的一种具体方式，是言论自由的延伸和具体化。① 游行示威和集会也属于广义的“言论”和“表达”，因为游行和集会的目的无非是为了表达某种政治见解并期望获得广泛的支持或者同情。② 在 1989 年 10 月 31 日第七届全国人民代表大会常

① 参见许崇德主编：《宪法学》，高等教育出版社 2005 年版，第 360 页。

② 参见张千帆：《宪法学导论》，法律出版社 2004 年版，第 551 页。

务委员会第十次会议通过《中华人民共和国集会游行示威法》中明确规定了集会和游行的定义。第2条规定："本法所称集会，是指聚集于露天公共场所，发表意见、表达意愿的活动。本法所称游行，是指在公共道路、露天公共场所列队行进、表达共同意愿的活动。……文娱、体育活动，正常的宗教活动，传统的民间习俗活动，不适用本法。"在我国，无论是新中国成立前夕制定的具有宪法性质的《共同纲领》，还是新中国成立后制定的四部宪法，无一例外都把集会游行示威作为公民的一项基本权利加以确认，赋予其根本法的保障，这充分体现了我国人民当家做主的社会主义国家对人民民主权利的重视。① 国家之所以赋予公民游行、集会的权利，一是因为它是我国根本政治制度的要求，二是因为集会游行具有重要的功能和积极作用。我国是人民民主专政的国家，人民是国家的主人，他们可以不同的形式表达自己的政治见解和自由，包括以集会、游行示威的方式来表达。一般情况下，通过集会、游行所要表达的是关系国家生存与发展或者与公民切身利益相关的重要见解。它以比较激烈的形式表达群体意愿，影响大，容易引起有关部门的重视，也有助于党和政府工作人员强化公仆意识，时刻清醒地注意到人民群众的情绪、愿望，倾听平时听不到或听不真切的呼声，从而顺应民意，或采取坚决有利指施，或及时调整工作重点，解决问题，消除弊端，推动社会的健康发展。② 人民群众通过这种比较激烈的方式可以将对某件事情的不满情绪宣泄出来，以免长期的怨气得不到表达和宣泄而导致采取更为激烈的行动。从国家发展的角度而言，这种方式也有利于推进制度的完善和排除社会上的消极因素。

集会游行是以集体的力量去表达意愿，是培植和提升公民意识的有效方式，不管是积极的组织者，还是消极被动的参加者都能在

---

① 参见赵惜兵、陈松：《试论对公民集会游行示威权利的保障和限制》，载《中外法学》1990年第2期。

② 参见赵惜兵、陈松：《试论对公民集会游行示威权利的保障和限制》，载《中外法学》1990年第2期。

集会游行中懂得如何维护自己的合法权益和应得利益，甚至推动国家作出新的决策和制定新的法律。在我国，公民参加集会游行所能培植的公民意识确实有限。很多人将集会游行戏称为“群众散步”，很多公民参加这种活动完全是出于一种好奇的心理，凑热闹。例如，一种爱国意识的培养，应当在事件发生之后马上进行，可以通过这种方式提升和增强民族自尊心和凝聚力，是这种民族意识得以升华的有效方式，但是由于法律的严格限制，常常会在事件发生后的一段很长时间后才能获得准许，高涨的爱国热情且已经冷却，达不到应有的效果。这种模式的集会游行已经丧失了其应有的价值。因为严格的限制措施也使得一些应当的集会游行被否决，甚至某些集会游行会影响某些地方官员的“形象”和“政绩”，反而在公民意识的培植中产生许多负面的影响。要培植和提升公民意识，就必须给予公民更多的自由的权利，不要将这些权利仅仅停留在字面上，而是应当落到实处。

第三节　作为公民意识培养机制的基层自治制度

在中国，绝大多数的人口生活在农村。许多农村的利益在城市的光环之下被掩饰了。不管是何种形式的利益的表达，不管是何种形式的权利维护，对广大的农村的公民都是“事不关己”。例如，上面提到的出版自由、结社自由、集会游行自由都是培植和提升公民意识的有效方式，但是这些权利在文化水平低下、维权意识比较薄弱的农村，其作用和效果是非常微弱的。这就必须寻求另一途径去培养公民意识，通过积极引导，逐步进入积极主动培养和提升公民意识的状态中。基层自治制度是在考虑我国实际情况的基础上培养和提高公民意识的重要途径。

一、公民参与村民自治、居民自治的现状

基层自治是基层民众依法对集体事务自我管理、自我教育和自我服务的制度，是社会治理的一种有效方式，主要包括农村自治、城市社区自治、各种行业协会和学会等社团自治等形式。在西方古

代就有希腊的城邦的民主实践，而在中国古代处于集权和专制的方式管理国家和臣民，很难产生基层自治。也有学者认为，郡县制的地方建制则表明国家政权只延伸至县衙门，县以下的基层社会是政权不予关注和深入的地带。① 县以下乡村社会公共事务的管理，主要依靠社会自身力量。正是在这里，孕育了具有中国特色的、各种形式的民间社会治理组织和治理形式。② 乡村自治是民间组织、社会道德规范以及制度、乡村领袖等诸多因素交互作用的结果。③ 20世纪20—30年代，为解决中国农村极为严重的衰败问题，乡村建设运动（乡村教育运动）应运而生。梁漱溟认为其“无疑地形成了今日社会运动的主潮”④。在民国时期，梁漱溟结合当时中国农村的实际情况，认为中国的乡村是“老道理”植根最深的地方，而且乡村有其特殊的社会地位和特点。⑤

新中国成立之后至改革开放前，中国在基层政权管理中采用整齐划一的模式，高度集权模式使其失去了自主的空间。党的十一届三中全会后，中国基层原有的以高度集权为特征的人民公社体制逐渐解体，旧有的基层社会的控制机制失效，基层政治权力几近于一种真空状态，乡村社会的治安、公益事业、公共服务等一时无人问津。时代的发展召唤着一种新的乡村社会控制机制。村民自治正是在这一深刻的社会政治背景下出现的。在其初始阶段，村民自治仅仅以村民委员会的换届选举为主要内容，其后经过10多年发展，

---

① 参见薛冰、岳成浩：《古代中国基层自治实践对现代公共管理的意义》，载《西北大学学报（哲学社会科学版）》2009年第2期。

② 参见薛冰、岳成浩：《古代中国基层自治实践对现代公共管理的意义》，载《西北大学学报（哲学社会科学版）》2009年第2期。

③ 参见尹冬华：《中国乡村基层自治的历史经验》，载《中国乡村发现》2007年第6期。

④ 转引自郭云波：《梁漱溟乡村建设实践对社会主义新农村建设的启示》，载《理论月刊》2009年第4期。

⑤ 参见郭云波：《梁漱溟乡村建设实践对社会主义新农村建设的启示》，载《理论月刊》2009年第4期。

村民代表会议制度、村务公开制度逐步确立，使得村民自治的内容日臻完善和丰富。① 十五大报告指出：“扩大基层民主，保证人民群众直接行使民主权利，依法管理自己的事情，创造自己的幸福生活，是社会主义民主最广泛的实践。”2007 年 10 月，中共十七大首次将“基层群众自治制度”纳入中国特色社会主义政治制度的范畴，这既是对社会主义自治理论的发展和创新，又是对中国基层自治传统的突破和超越，充分体现了群众自主、群众自治、直接民主、普遍平等的原则，最大限度地保障了公民自由和权利，是依法治国的必要组成部分。当前，在渐进改革的路径中，我国的农村改革具有制度化的增量改革特征，即农村改革首先源于农民的自发性创新，然后在国家的规范发展中形成特定的结构，并最终得到广大农民的认同。② 当前，中国的城市基层社会正面临着两大制度变迁的挑战：其一是单位制影响的逐渐弱化，其二是伴随着单位制影响式微而掀起的社区建设运动。虽然这种双向度的制度变迁名义上都是指向全能国家的弱化和社会自治的加强。然而，实际的情形是，这种影响却经常由于国家自身资源的不足而表现出其限度，因此国家意志的贯彻往往要依靠在社区中存在的更广泛的居民网络，这一网络的组织者就是居委会。在现有的法律中，居委会的性质被规定为城市居民的自治组织。③

在基层自治制度几十年的改革和发展中，村民自治和居民自治成为培养公民意识的重要途径。但是至目前为止，仍然存在许多问题，如权利责任意识不分，广大农民的独立人格主体缺乏；各自为政，缺乏合作意识；法律意识淡薄，维权意识不足；政府对基层自

① 参见马宝成、谢蕾：《村民自治：中国农民政治参与与基层政治稳定》，载《民主与法》2000 年第 8 期。

② 参见吴新叶：《基层自治扩展：农村治理的困境与出路》，载《内蒙古社会科学》2005 年第 2 期。

③ 参见何艳玲、蔡禾：《中国城市基层自治组织的“内卷化”及其成因》，载《中山大学学报（社会科学版）》2005 年第 5 期。

治的过多干预且很少有人提出异议，混淆政府的管理与基层自治。村民虽是治理的主体，但是实际上的主体仍然局限在“农村精英层”中。俞可平指出，在中国的乡村治理过程中存在五个方面的问题：第一，法律规定的乡村自治制度在很大程度上流于形式；第二，村民自治程度不高，政府干预过多；第三，乡村治理权威多元结构，大大降低了治理效率；第四，社会资本在乡村治理中消极作用过大；第五，非法势力严重干扰了乡村的民主治理。① 除此以外，农村人口的大量外流，使得村民自治处于表面化状态。有学者指出，中国城市的基层自治中，在国家主导的变革过程中，居委会组织变革实际上走向了“内卷化（Invo-lution）”②。地方自治，作为最常见的自治民主形式，自 19 世纪以来已成为一种世界性的潮流。通过基层地方自治，加强民主政治训练，培养公民道德和意识，发展基层民主，是保障人民享有更多更切实的民主权利的重要方式。③ 我国在改革开放的 30 多年中，民主法治取得巨大的进步，公民意识大幅度提高。但是在基层自治的贯彻中仍然存在很多问题，使得基层自治停留在形式层面，实质上导致了许多不能回避的问题。例如，在基层的选举中，村委会主要成员并非是按照群众意愿选出的，关键要看他们是不是按照乡镇政府的意愿选出来的，是不是乡镇政府的“意中人”。虽然基层自治组织中的公民意识有所提高，但是在一些根本性问题上还存在根本性的混淆。因此，要提

---

① 参见俞可平：《中国农村治理的历史与现状》，载 http：//www. 360doc. com/content/。

② 参见何艳玲、蔡禾：《中国城市基层自治组织的“内卷化”及其成因》，载《中山大学学报（社会科学版）》2005 年第 5 期。内卷化所描述的实际上都是一种不理想的变革（演化）形态，亦即没有实际发展（或效益提高）的变革和增长。居委会组织变革的内卷化是在居委会的组织变革过程中，虽然新的组织形式要素（例如社区代表大会、居委会委员的直选等）已经产生，但居委会组织变革真正要指向的组织性质和实际运作机制却没有根本改变；甚至在某种意义上，原有的居委会组织性质还得到了加强。

③ 参见申海平：《通过基层自治发展基层民主》，载《法学》2007 年第 12 期。

高公民意识就必须从多层次、多方面为公民意识的培植和提升创造条件。

二、完善基层自治制度——为公民参与创造条件

虽然基层自治制度取得了很大进步，但是仍然需要进一步完善和提升，为提升公民意识创造条件，为公民参与基层自治创造条件。在社会主义政权建设过程中，把马克思主义“社会自治”理论与中国国情相结合，注意吸收广大人民群众参与政权建设，确立了以间接民主为主要特征的人民代表大会制度的根本政治制度，同时在基层确立了以直接民主为主要特征的基层群众自治的人民民主原则。随着社会条件的不断成熟，中国社会的自治程度会不断提高，即在自治条件成熟的范围内，扩大公民的直接社会参与，逐步实施社会自治。① 基层自治制度的完备，能够调动人民群众的积极性，维护自己的切身利益。要实现基层自治，必须处理好多种关系。

第一，发展市场经济，让公民享受到市场经济带来的实惠和好处。历史已经证明，近现代以来整个民主的进程都是在经济的发展中推进的，如果在基本的生活问题都解决不了的情况下，人们整天为了生计奔波，为了柴米油盐辛劳，那么，参与基层自治的积极性就会受到极大的影响。市场经济的发展，促使农民和城市居民积极投入到市场经济的竞争中，进而摆脱过去的严重的封闭、褊狭、愚昧、保守的思想意识，树立起开放、交往、参与的社会意识。同时，市场经济必然推动参与市场活动的主体树立起权利意识和平等意识。在市场经济的大背景下，公民对基层组织中的号令已经不仅仅是传统的盲从，而是要看其政策的执行是否能满足自己的切身利益。由此可见，在市场经济的发展下，基层群众的自主意识将不断得到增强。

第二，限制政府对基层自治的控制，保证基层群众组织自治权

---

① 参见贾志民：《宪政视角下中国基层自治建设的理论依据和实践路径》，载《河北学刊》2011 年第 2 期。

的实现。至目前为止，基层自治受到乡镇政府的过多干预，他们将基层自治权严格地限制在自己的操纵之下。基层群众组织是实现权利和自由最直接的场所，这个场所是他们切身利益的直接生成之地，基层组织是否民主，公民能够通过最直观的方式感受到。相对而言，对人民代表大会实现的间接民主，虽然对公民也有较大影响，但是它带来的不是一种直观的感受模式，长期以来，公民对基层政权与基层自治组织之间的关系形成了一种扭曲的认识，认为政府的过多干预是“理所当然”，形成一种麻木不仁的适应心态。为了平衡二者的关系，应不断强化群众组织的力量，弱化政府的力量。“实现国家权力与公民权利间的平衡，这是人们所期望的一种理想的宪政状态。”①

第三，完善基层自治组织的法律制度，为提高公民的法律意识奠定法律基础。不论是自发结成的还是自觉组成的自治组织，其一经产生就成为社会的一部分，其存在和运行就要接受法律制度的规范。因此，在加强基层群众组织自治建设的同时，还必须加强有关基层自治的立法工作，完善相关法律法规，为基层群众组织依法自治提供法律制度保障。② 对于许多地方的基层自治组织来说，变革不过是来自“上面”的又一道行政指令，需要做的只是习惯性地言听计从，至少在形式上满足源于政府的各项考核指标；对于绝大多数社区居民来说，社区只是一个与房产价值、居住条件有一定联系的物质空间，真正的生活空间还是在各人安身立命的单位、在单薄的城市社区无力涵盖的整个城市空间。③ 宪法和法律的保障是基层自治民主推进的最为有效的方式。从国外基层自治的实践经验来看，无论是地方自治团体的组织模式、权限和事务、财政、国家监

---

① 王广辉：《通向宪政之路——宪法监督的理论与实践研究》，法律出版社 2002 年版，第 69 页。

② 参见贾志民：《宪政视角下中国基层自治建设的理论依据和实践路径》，载《河北学刊》2011 年第 2 期。

③ 参见胡位钧：《20 世纪 90 年代后期以来城市基层自治制度的变革与反思》，载《武汉大学学报（哲学社会科学版）》2005 年第 3 期。

督都有着明确的法律规定，是基层自治得以良好运行的基础。①

第四，建立与地方自治权相统一的财政自主权。财政自主权是地方自治市镇拥有的主要权利之一，德国《基本法》第28条第2款以及第106条第5、6、7、8款为地方自治市镇的财政自主提供了宪法上的基本保障。各州的地方自治法以及专门的地方预算条例等也对地方自治市镇的财政作出了详尽的规定，各地方自治市镇也制定了一系列有关自身财政的规章。德国地方自治市镇的财政自主权一般包括收入、预算和支出的自主权。② 在我国，基层自治组织不能得到顺利开展活动的一个重要原因，就是基层自治组织缺乏财政支持，导致许多基层自治的实践得不到落实或者没有能力去落实。因此，在许多基层自治的实际运行中，话语权就根本不能转移到真正应当享有自治权的公民手中，被政府所控制。在有的地方，基层自治权被当地的乡绅、大款所控制，一些通过选举的居委会或者村委会成员只徒有其名，或者所有决策的作出都受到这些人的支配和控制。一些能力强的村民在自己致富后，如果为人正派，办事公道，又能为村的集体事业作出某种奉献，那么，他就会在村中具有很高的威望。这些人即使没有进入村委会或村党支部，他们仍会在村民中产生很大的影响。反之，一个合法当选的村长或村支书，如果没有较强的致富能力，既没有使自己先富起来，更没有让全村的人富起来，那么，他的权威就会受到极大的挑战。③ 因此，基层自治组织拥有财政自主权，保证公民选举出来为他们利益服务的代言人真正能够为他们办事，而不至于成为少数富人手中控制基层自治权的工具。

---

① 参见申海平：《通过基层自治发展基层民主》，载《法学》2007年第12期。

② 参见申海平：《通过基层自治发展基层民主》，载《法学》2007年第12期。

③ 参见俞可平：《中国农村治理的历史与现状》，载 http：//www.360doc.com/content/。

三、在基层自治的实践中提升公民意识

公民意识的提升必须在实践中获得，积极参与基层自治实践，明确权利意识、责任意识、法律意识等方面。随着社会的发展，大量新的经济组织、社会组织、群众自发组织还会应运而生，如城市中的业主委员会、农村中的经济合作组织等，它们将在社会生活中发挥重要作用。从基层群众自治实践来看，中国当前应着力发挥民间机构、社会组织在公众利益诉求、利益表达方面的独特作用，进一步增强其社会自治功能。① 梁漱溟指出中国乡村社会落后的根本原因是组织制度落后，因此通过制度创新来“重整乡村组织”，是复兴乡村、建设乡村的必由之路。② 在中国的基层自治中，无论是居委会和村委会的“干部”，还是一般的公民，都受到几千年以来传统思想的束缚，尤其是在广大的农村地区，小农意识仍然是主流。“我们越往前追溯历史，个人，从而也是进行生产的个人，就越表现为不独立，从属于一个较大的整体；最初还是十分自然地在家庭和扩大成为氏族的家庭中；后来是在由氏族间的冲突和融合而产生的各种形式的公社中。”③ 新中国成立以后，由于长期整治风暴的席卷，人们对政治形成一种冷漠的态度。他们已经习惯于这种“走过场”的游戏，对他们毫无任何吸引力和诱惑力。他们切实关心的是他们能否在这种自治制度中获得实惠。公民获得利益的尝试，是在逐渐的实际利益获取中训练出来的。例如，在村委会的选举中，在起初“谁当无所谓”的心理支配下，为应付“差事”在选票上做了最简单的活动“画圈”，但是从中体会到了这种活动的意义所在，认识到自己的这些简单的活动能够给自己带来切实的好处的体验。在这样一次又一次的活动中，使自己的权利意识得到增

① 参见贾志民：《宪政视角下中国基层自治建设的理论依据和实践路径》，载《河北学刊》2011 年第 2 期。

② 参见黄群：《梁漱溟乡村建设理论及其现代意义》，载《贵州社会科学》2009 年第 7 期。

③ 《马克思恩格斯选集》第 2 卷，人民出版社 1972 年版，第 87 页。

强。可以发现，基层自治组织中的公民意识的获得并不是一开始就处于一个较高的层次，而是在自己多次的亲身实践中获得的，也是在这些实践中得以提高的。

随着公民的文化素质的提高和多年来基层自治组织中精神文明建设的宣传和深入，以及生活水平的提高，他们的注意力开始有所转移，从关心生存发展到关心自己精神需求和权利保障。从多种途径了解和知道了哪些应当是自己应当获取的正当利益，哪些是自己的责任范围。在过去很长的一段时间内，公民需要的是服从，而不是主动介入到民主生活中。农村改革的制度化目标是建立一种能够保障农村自治性空间及其成长的体制①，自治性空间扩大与缩小和公民意识能否提升具有密切的联系和内在关联。自治空间扩大可以积极提升公民意识，同时，公民意识的提升又推动自治空间的扩大，在这样一种良性循环的状态下，公民意识的提升就会呈现出全面的多方位的发展，发展为积极的全面的整体民主意识。但是要实现这一愿景，就必须从现实的自治制度中获得保障，需要减少政府的干预。因此，要让公民在实践中提升公民意识，就要尽量避免基层自治事务上的干预，还权于民，避免越俎代庖。

基层组织所处的社会区别于充满淡漠、人情世故的陌生人的城市社会，它是一个积极、热情的熟人社会，在基层自治的社会中，人们之间的关系相对较为简单，在这样一个“抬头不见低头见”的社会里。人们已经形成了一套独有的处理相互之间关系的运作模式，他们常常通过非正式的社会控制手段解决彼此之间的纷争，避免了人们之间仇恨和矛盾的加剧，维持了基层组织中社会的和谐，同时也节省了大量的社会资源，这也是陌生人社会很难具有的处理方式。对一些轻微的纠纷，其优越性不言自明。但是对一些国家专属的权力范围的事项，私了的方式和禁止私人行使的事项会带来一些负面效应。例如，“大义灭亲”的行为在广大农村被认为是一种“义举”，受到人们的称赞和赞扬，至少人们不会太多地谴责。然

① 吴新叶：《基层自治扩展：农村治理的困境与出路》，载《内蒙古社会科学（汉文版）》2005 年第 2 期。

而，这一举动如果不介入法律的控制，就会有人进行仿效，形成真空的地带。因此，法律对此种“义举”必须进行评价和规制，告知公民并不是所有的事物都可自行处理，应形成相应的法律意识。也有些人在自己的合法权益受到侵犯的时候，只会忍气吞声，不知如何去维护和捍卫自己的合法权益，长期以来人们总觉得“吃官司”是一件很丢脸的事情，宁愿不要。但是在逐渐打破“清规戒律”的过程中，人们也开始学会用法律和其他的武器捍卫自己的权利，法律意识和维权意识得到提升和增强。

民主是一个当代国家发展必须坚持的方向，建设社会主义民主国家是我们必须坚持的目标所在，基层自治是走向社会主义民主政治的第一步，而公民是落实民主政治的主体和积极推动者。公民意识的培植和提升与基层自治是一种良性互动的、相互促进的关系。在基层自治实践中培植和提升公民意识，在公民意识的提升中推动基层自治的实践，促进基层自治的健康发展。

第四节　作为公民意识培养机制的选举制度

尽管有的学者把选举污蔑为“选主”①，但不可否认，选举在政治文明发展中具有重要意义。从一定意义上说，是否具有普遍真实的选举是区分民主与专制的标志，拥有普遍真实的选举的国家就是民主国家，反之则是专制国家。选举结束了政权更替的暴力与血腥，选举结束了政治的专制和独裁。“没有民主选举的政府，就不可能有真正的法治，制定和实施的法制可能成为保护少数人利益的工具；没有民主选举的政府，就不可能有其他的民主制度，如对权力的分工与限制，政府信息公开、基层民主和社会自治等制度；没有民主选举的政府，就不可能有完善的公民权利保障制度；没有民主选举的政府，必然腐败盛行，因为他缺少真正的人民监督，官员

① 参见王绍光：《民主四讲》，生活·读书·新知三联书店2008年版，第47、139页。

对上负责，不对人民负责。”① 由此可见，选举对于现代政治的运转起到了决定性的作用。同样，选举对于公民意识的锻炼和塑造的意义也非同一般，从选民参与选举整个过程和步骤来看，选举制度就是公民意识的培养制度。因为在选举的过程中，选民的公民意识得到升华，民主能力得到提升，民主技巧得到锻炼。

一、我国选举的状况

近年来，随着《选举法》的历次修改和选举制度的完善，我国选举的普遍性、民主性和真实性都得到了前所未有的提高。我国选举制度于1953年创立，其标志是颁布了《选举法》，从此确立了我国选举的基本制度，规定了普遍选举、间接选举和无记名投票等制度。1979年，我国修改了《选举法》，确立了县乡人大代表的直选和差额选举，赋予选民或代表推荐代表候选人的权利。1995年，我国进一步修改完善了《选举法》和选举制度，缩小了农村与城市代表所代表人口的比例，进一步体现了选举的平等性，在选举程序方面也更加细密和可行。2010年，我国再一次修改《选举法》和完善选举制度，取消城乡选举差别，规定了城市选民与农村选民的同票同权，真正地实现了选举的平等性。

不可否认，我国选举无论是在制度上还是实践中仍然存在不少问题。首先，选民参与选举的积极性不高，觉得选举可有可无，是否参加选举对其生活没有实质性的影响。尤其是县乡两级的人大代表选举选民参与的兴趣低下，态度冷漠。有学者做问卷调查发现，在受访人中有32.5%的受访人最近5年没有举行过村委会、居委会和社区选举或不记得举行过选举，50.6%的受访人过去5年在村委会、居委会和社区选举中投过票；75.0%的受访人在最近5年没有举行过县乡级人大代表的选举或不记得举行过选举，仅仅只有

---

① 蔡定剑主编：《中国选举状况的报告》，法律出版社2002年版，序第1页。

14.6%的受访人过去5年在县乡级人大代表选举中投过票。① 由此可见，选民对于县乡级的人大代表选举更加消极。同样有学者对“选民对村委会、居委会和社区选举，县乡及人大代表选举的感兴趣程度”作出调查。受访人当中，对村委会、居委会选举“非常感兴趣”和“比较感兴趣”的只占到41.28%；对乡镇人大选举和县区人大选举感兴趣的分别只有28.17%和26.86%。然而，对村委会、居委会选举选民表示“不太感兴趣”和“根本没有兴趣”的分别占37.20%和21.52%；对乡镇人大选举表示“不太感兴趣”和“根本没有兴趣”的分别占45.13%和26.7%；对县区人大代表选举表示“不太感兴趣”和“根本没有兴趣”的分别占42.62%和30.52%。② 可以看出，选民对村委会、居委会选举，乡镇人大代表选举和县区人大代表选举都有很深的厌选情绪，对镇人大代表选举和县区人大代表选举的厌选情绪更为严重。就选民对选举消极对待和冷漠态度的原因而言，有学者指出，“已模式化的选举过程，不但选举组织者已对各个步骤烂熟于心，就是选民亦习惯于一次次地被呼来唤去，机械地重复选民登记、投票等过程，制度化、模式化的程序，正不可避免地走向形式化，使选举逐步蜕变为一种认认真真走过场的形式，在轰轰烈烈的声势下，掩盖的恰是选举活力正在逐步萎缩的无可回避的事实”③。该学者把选举活力萎缩归结为选举的制度化、模式化带来的结果。笔者认为，选举的制度化、模式化不是选举活力萎缩、选民厌选的真正原因。真正的原因是选民无法通过选举来表达利益诉求，当前选举对选民没有太大的意义。有学者对受访人进行调查后发现，对“您认为现在的村民、居民委员会选举在多大程度上能够让政府官员重视老百姓的意见和要求”的问题，认为发挥了非常大作用的受访人只占9.79%，认

① 参见沈明明等：《中国公民意识调查数据报告（2008）》，社会科学文献出版社2009年版，第217页。

② 参见严洁等：《公民文化与和谐社会调查数据报告》，社会科学文献出版社2010年版，第192页。

③ 转引自蔡定剑主编：《中国选举状况的报告》，法律出版社2002年版，第53页。

为发挥了一定作用的占 47.28%，认为起不了多大作用的占 29.59%，13.34%的受访人认为根本就不起作用。对“您认为现在的人大代表选举在多大程度上能够让政府官员重视老百姓的意见和要求”的问题，14.3%的受访人认为起了非常大的作用，52.68%的受访人认为起了一定作用，22.7%的受访人认为起不了多大作用。①

其次，我国县乡两级的人大代表选举缺乏竞争性，不利于选出真正想为选民办事又能为选民办事的人大代表。表面上看，我国《选举法》规定，法定数量的选民和代表都可以提名候选人，但候选人提名后如果候选人数过多还要经过一个酝酿、协商的过程，最后才能确定最终的候选人。事实上，这个协商和酝酿的过程就是有关组织通过选举委员会操纵候选人的确定，让真正的选民或代表提名的候选人通过法定程序“合法”地被筛选掉，最终确保有关组织团体提名的候选人当选。这样的选举实际上是违反民意的，最终选出的代表很难代表选民的利益。因此，要改革候选确定的协商和酝酿程序，使候选人之间真正的展开竞争，让最想为选民服务，也最能为选民服务的候选人当选。另外，我国选举的过程中贿选、买卖选票，以暴力和其他手段威胁、干扰选举的情况也不同程度地存在。

二、公民意识对选举的影响及意义

毫无疑问，公民意识与选举是存在一定关系的，但是可以肯定，在我国公民意识或者公民素质的高低不是选举的决定因素。一直以来我国都有人以“中国人口众多，直接选举一时难以办到；农民人口太多，难以实现完全平等的选举；文化程度太低，难以做到秘密投票；缺乏选举经验，人民群众缺乏选举的认识和积极性；

---

① 参见严洁等：《公民文化与和谐社会调查数据报告》，社会科学文献出版社 2010 年版，第 197～198 页。

我们讲究选举的实质，不在选举方法上计较”① 等借口作为我国不能进行普遍、直接的选举为理由，甚至是作为拖延或阻碍政治体制改革的理由。蔡定剑教授在《“中国人素质太低，搞不了选举”质疑？——经济、文化、政治、利益与选举行为相关性调查与分析》中，通过广泛的实证材料有力地驳斥了“中国人素质太低，搞不了选举”的论调。持有这种论调的人把公民意识或公民素质看做选举的决定因素，有本末倒置的嫌疑，实际上，选举往往是培养公民素质、提高公民意识的一个制度载体。公民素质的高低肯定会影响选举的质量好坏，但公民素质与选举绝对不是一一对应的关系。一定程度的公民素质只是选举的基本条件之一，选举受到其他因素制约或影响的程度远远要大于受到公民素质的影响程度。在我们国家，与其说公民素质太低而不能进行普遍和直接选举或其他方面的改革，不如说我国尚未具备实现直接选举的政治条件和法制条件。

科恩在《论民主》一书中详细阐述了民主的条件，他把民主的条件分为：民主的物质条件、民主的法制条件、民主的智力条件、民主的心理条件和民主的保护性条件。就目前而言，民主的主要形式是选举，因此，民主的条件也可以说就是选举的条件。在以上这些民主的条件中，公民的素质和意识主要包括或体现在法制条件、智力条件和心理条件之中，因此，笔者将着重讨论法制条件、智力条件和心理条件对选举的影响和意义。按照科恩的观点，法制条件主要包括“体现于社会体制和法规中保护公民权利以便能真正充分参与政治事务的那些原则。如言论自由、批评领导人的自由、集会自由、没有审查的出版自由”②。科恩还着重论述了政治自由对于选举的决定性意义。他说：“如果有了参与机制，无论如何复杂，公民自由行使的权利必须得到保证。……公民必须自由地参与候选人的提名，自己能自由地竞选，能自由投票而不担心会受

① 蔡定剑主编：《中国选举状况的报告》，法律出版社 2002 年版，第 200 页。

② ［美］科恩：《论民主》，商务印书馆 1988 年版，第 106 页。

到报复等。总之，如果要实行民主，这些自由是绝不可少的。”①同样，对于民主的主要形式——选举而言，政治自由同样是不可缺少的条件。深入观察我国社会发展的现实，我们会发现，决定是否能推行直接选举的因素应当是政治因素，而绝不应当是公民素质。

民主的智力条件主要是一定的获取信息的能力和判断力、受过一定程度的教育、一定的交流技巧。就我国而言，我国的大多数公民都具备了民主发展所要求的智力条件，大多数人在选举中都具备获取候选人有关信息、结合自己的利益进行权衡与判断、最终作出选择的能力。因此，“我国公民素质不高，不能搞直接选举”的论调站不住脚。但是，不可否认，公民的受教育程度与选举质量有一定程度的正向相关性，但不能说受教育程度越高，参与选举的积极性就越高。有学者对不同受教育程度的人在村委会或居委会选举投票率调查中发现，受访人中小学及以下受教育程度的投票率最高，为80.4%；初中教育程度的投票率次之，为79.0%；高中(含中专)受教育程度的投票率再次之，为70.5%；大专及以上受教育程度的投票率最低，为65.2%。② 还有学者对不同受教育程度的人对乡镇人大选举的兴趣作出调查发现，小学及以下受教育程度“非常感兴趣”的是6.54%、“比较感兴趣”的是22.03%、“不太感兴趣”的是40.48%、“根本没有兴趣”的是30.95%；初中受教育程度“非常感兴趣”的是6.06%、“比较感兴趣”的是21.76%、“不太感兴趣”的是48.11%、“根本没有兴趣”的是24.07%；高中受教育程度“非常感兴趣”的是5.30%、“比较感兴趣”的是23.67%、“不太感兴趣”的是49.73%、“根本没有兴趣”的是21.30%；大专及以上受教育程度“非常感兴趣”的是4.80%、“比较感兴趣”的是19.14%、“不太感兴趣”的是55.79%、“根本没有兴趣”的

① ［美］科恩：《论民主》，商务印书馆1988年版，第125页。

② 参见沈明明等：《中国公民意识调查数据报告(2008)》，社会科学文献出版社2009年版，第219页。

是 20.27%。①

民主的心理条件指的是“社会成员实行民主时必须具有的性格特点和思维习惯”②。按照科恩的总结，包括相信错误难免、重视实践的验证、持批判的态度、要有灵活性、要有现实的态度、愿意妥协、能容忍、要客观、有信心等。这些心理条件和素质同样是选举所必需的心理条件。坦诚地说，我国公民自身而言，现在恐怕最缺乏的就是民主或者选举的心理条件。长期以来，我国有相信绝对真理、相信领导、相信上级的传统，还有逢迎拍马的习惯和残酷阶级斗争的历史等，这对我国公民的心理素质、性格特点和思维习惯产生了恶劣的影响。因此，如果说我国公民素质还有不能够适应直接选举的方面，那可能就是公民的心理素质。我国现行选举制度运行中存在的许多问题，恐怕与之不无关系。

三、完善选举制度，在选举活动中锻造公民意识

选举不仅仅是一种单纯的利益表达的机制，在公民参与选举的各个环节和过程中选民的公民意识得到了进一步的强化，从此意义而言，选举制度也可以说是一种公民意识的培养制度。因此，在完善选举制度的同时，也完善了公民意识的培养制度。我国选举制度还有不少有待改进和完善的地方，在现有的条件下，至少可以在候选人的推荐、候选人的介绍与宣传等方面作出改革。第一，从制度上排除各种对选举干预的可能，使选举能够公平、公正地进行。我国选举的具体组织机构是选举委员会，现实中其运作常常受到不正当的干预，应当保证选举委员会的独立性和公正性。第二，各级党组织和党员领导干部要带头遵守《选举法》，不得干预选举。如有的学者所言：“中国共产党作为中国的执政党必须保证其执政的地位，需要在人大中占有一定的比例，但是否应当对选举的每一个环节都加以影响和干涉，也是值得思考的。如果真正使人大成为另一

① 参见严洁等：《公民文化与和谐社会调查数据报告》，社会科学文献出版社 2010 年版，第 195 页。

② ［美］科恩：《论民主》，商务印书馆 1988 年版，第 172 页。

个小型的‘党代会’，那么也失去了人大存在的意义和选举的根本目的。”① 党组织只要做好选举中的思想领导和政治领导，其他的具体工作应当放手让人大和相关组织依法办理。第三，改革候选人的提名机制。现行的《选举法》规定在县乡两级的人大代表选举中只有10名以上的选民联名推荐和各政党和各人民团体联合或单独推荐两种方式。推荐候选人的渠道和途径过于狭窄，不利于发现和推荐优秀的候选人。应当降低推荐候选人的门槛，选民可以自我推荐和报名作为候选人。第四，改革确定候选人的机制。取消通过协商、酝酿最终确定候选人的程序。如果出现多个候选人的情况应当引入竞争机制，在候选人之间展开竞争。候选人可以利用一定媒介载体如电视、报纸等宣传参选的目的，打算为选民做哪些事情，候选人履历、特长和事迹，让选民充分地了解提名人的信息，选出最中意的候选人。第五，确保选举经费，保证选举在公平、公正的环境中进行，杜绝贿选和买卖选票，保障选举人与被选举人的人身安全。

在参与选举的过程中锻造公民意识。学会游泳的最好方法是下水去游泳，如果只是站在岸边看别人游，将永远只是个看客。同样的道理，培养公民意识的最好的方法就是让公民参与包括选举在内的各种政治和社会活动。只有在参与选举、参与协商的过程中逐步提升公民意识，渴望等到公民具有充分完全的公民意识时才让公民参与直接选举和其他活动，这不是妄想就是有意地拖延搪塞。如已故的蔡定剑教授所言：“民主实践是最好的民主教育，利益因素是选举最有力的动力。一次直接的民主实践超过100次民主宣传教育。”②

① 熊文钊：《县乡两级人大代表直接选举情况的描述——河北省宽城满族自治县直接选举的调查》，载蔡定剑主编：《中国选举状况的报告》，法律出版社2002年版，第97页。

② 蔡定剑：《“中国人素质太低，搞不了选举”质疑？——经济、文化、政治、利益与选举行为相关性调查与分析》，载蔡定剑主编：《中国选举状况的报告》，法律出版社2002年版，第241页。

四、通过选举促进公民对国家的认同

公民对国家的认同对于国家的稳定和统一具有重要的意义，一般而言，公民认同度很高的国家发生分裂和动荡的几率较小，反之则大。尤其是对于民族众多的国家而言，国家的认同问题会显得较单一的民族国家更为复杂。按照江宜桦的归纳，国家认同有三个方面的含义："第一是指政治共同体本身的统一性；第二是指一个人认为自己归属于哪一个政治共同体的辨识活动；第三是指一个人对自己所属政治共同体的期待，或甚至对所欲归属的政治共同体的选择。"① 简而言之，国家认同就是无论出于何种原因，公民对国家的认可和信赖。就目前而言，我国公民对国家的认同度都很高。有学者以"即使可以选择世界上任何国家，我也更愿意做中国公民"作为调查问题，受访人中"非常同意"的占 53.05%，"比较同意"的占 37.60%，"中立"的占 5.06%，"不太同意"的占 3.54%，"非常不同意"的占 0.75%。以"假如外国人更像中国人，世界将变得更好"作为调查问题，受访人中"非常同意"的占 21.26%，"比较同意"的占 38.11%，"中立"的占 14.76%，"不太同意"的占 21.84%，"非常不同意"的占 4.03%。以"总体说来，中国比其他大多数国家都好"作为调查问题，受访人中"非常同意"的占 32.80%，"比较同意"的占 44.77%，"中立"的占 9.12%，"不太同意"的占 11.70%，"非常不同意"的占 1.61%。以"当前中国存在一些让我感到羞愧的事情"作为调查问题，受访人中"非常同意"的占 10.55%，"比较同意"的占 40.47%，"中立"的占 13.86%，"不太同意"的占 26.31%，"非常不同意"的占 8.81%。② 还有的学者以"别人在批评中国人时，我感觉就像在批评我"为调查问题，受访人中"非常同意"的占 42.6%，"比较同意"的占 39.3%，"中

① 江宜桦：《自由主义、民族主义与国家认同》，扬智文化事业股份有限公司 1998 年版，第 12 页。

② 参见严洁等：《公民文化与和谐社会调查数据报告》，社会科学文献出版社 2010 年版，第 202 页。

立”的占 6.2%，“不太同意”的占 9.7%，“非常不同意”的占 2.2%。以“我国目前的政治制度是最适合中国国情的”为调查问题，受访人中“非常同意”的占 28.6%，“比较同意”的占 54.5%，“中立”的占 7.1%，“不太同意”的占 8.9%，“非常不同意”的占 0.9%。① 以上两位学者的调查都不约而同地说明了我国公民的国家认同度很高，这对于维护国家的统一和稳定有着非常重要的作用。

如何强化国家认同是几乎所有国家共同面对的问题，我国也不例外。理论上，民族主义者、自由主义者和社群主义者有各自不同的国家认同理路。江宜桦在《自由主义、民族主义与国家认同》一书中指出，民族主义是以民族构成为核心来阐释国家认同，社群主义则以历史文化共同体为基础来论证国家认同，自由主义则以宪政体制作为国家认同的基础。现代的大多数国家既是多民族国家，也是多元文化国家，因此，无论是民族主义的国家认同观，还是社群主义的国家认同观都难以实现真正的国家认同。虽然自由主义的以宪政体制为基础的国家认同观也存在不少的缺陷，但应该说其实是迄今为止解决国家认同较为成功思路。在宪政体制的框架下，选举就是公民实现国家认同的具体途径之一。王绍光教授也承认选举能加强公民对政府和政治制度受认性的功能。他说：“选举以后给人们造成一种感觉：我投了票，我参与了政治过程，我影响了政府的形成。这种感觉也许完全是错觉，但其政治意义已然不容低估，因为人们往往愿意接受自己选出来的政府（哪怕自己没有参与投票，只是有权参与投票），选举从而加强了对政府和政治制度受认性。”②

---

① 参见沈明明等：《中国公民意识调查数据报告(2008)》，社会科学文献出版社 2009 年版，第 103 页。

② 王绍光：《民主四讲》，生活·读书·新知三联书店 2008 年版，第 139 页。

参考文献

一、著作类

1. 中文著作

[1] 周叶中主编：《宪法》，高等教育出版社、北京大学出版社2005年版。
[2] 王世杰、钱端升：《比较宪法》，中国政法大学出版社2004年版。
[3] 李龙主编：《公民意识概论》，武汉大学出版社1991年版。
[4] 秦前红主编：《新宪法学》，武汉大学出版社2009年版。
[5] 张千帆：《宪法学导论》，法律出版社2004年版。
[6] 张文显主编：《法理学》，高等教育出版社2003年版。
[7] 江国华：《宪法与公民教育——公民教育与中国宪政的未来》，武汉大学出版社2010年版。
[8] 许崇德主编：《宪法学》，高等教育出版社2005年版。
[9] 王广辉：《通向宪政之路——宪法监督的理论与实践研究》，法律出版社2002年版。
[10]《孙中山文集》，人民出版社1981年版。
[11]《陶行知教育论文选集》，生活·读书·新知联合发行所1949年版。
[12] 李龙：《宪法基础理论》，武汉大学出版社1999年版。
[13] 邓正来：《国家与社会——中国市民社会研究》，四川人民出版社1997年版。
[14] 邓正来：《市民社会理论的研究》，中国政法大学出版社

2002 年版。
[15] 何华辉:《比较宪法学》，武汉大学出版社 1988 年版。
[16] 徐秀义、韩大元:《宪法学原理》，中国人民公安大学出版社 1993 年版。
[17] 董必武:《论社会主义民主和法制》，人民出版社 1979 年版。
[18] 罗福惠:《辛亥时期的精英文化研究》，华中师范大学出版社 2001 年版。
[19] 费孝通: 《中国绅士》，惠海鸣译，中国社会科学出版社 2006 年版。
[20] 徐小群:《民国时期的国家与社会: 自由职业团体在上海的兴起（1912—1937)》，新星出版社 2007 年版。
[21] 晏阳初、[美] 赛珍珠著，宋恩荣编:《告语人民》，广西师范大学出版社 2003 年版。
[22] 张君劢:《宪政之道》，清华大学出版社 2006 年版。
[23] 肖前、李秀林、汪永祥主编:《历史唯物主义原理》，人民出版社 1983 年版。
[24] 张静主编:《身份认同研究》，上海人民出版社 2005 年版。
[25] 章秀英:《公民意识评价与培育机制》，中国社会科学出版社 2012 年版。
[26] 严洁等著:《公民文化与和谐社会调查数据报告》，社会科学文献出版社 2010 年版。
[27] 马长山:《国家、法治与市民社会》，商务印书馆 2001 年版。
[28] 梁治平:《法辨: 中国法的过去、现在与未来》，中国政法大学出版社 2002 年版。
[29] 林语堂:《吾国与吾民》，陕西师范大学出版社 2002 年版。
[30] 孙关宏、胡雨春:《政治学》，复旦大学出版社 2002 年版。
[31] 江宜桦:《自由主义、民族主义与国家认同》，中国台北扬智文化事业股份有限公司 1998 年版。
[32] 刘雪松: 《公民文化与法治秩序》，中国社会科学出版社 2007 年版。
[33] 辛世俊:《公民权利意识研究》，郑州大学出版社 2006 年版。

[34] 林达：《总统是靠不住的》，生活·读书·新知三联书店 2006 年版。
[35] 余英时：《中国思想传统的现代诠释》，江苏人民出版社 1998 年版。
[36] 杨光斌：《制度的形成与国家的兴衰：比较政治发展的理论与经验研究》，北京大学出版社 2005 年版。
[37] 周策纵：《五四运动：现代中国的思想革命》，江苏人民出版社 2005 年版。
[38] 王奇生：《革命与反革命：社会文化视野下的民国政治》，社会科学文献出版社 2010 年版。
[39] 王奇生：《党员、党权与党争：1924—1949 年中国国民党的组织形态》，上海书店出版社 2009 年版。
[40] 金观涛、刘青峰：《观念史研究：中国现代重要政治术语的形成》，香港中文大学出版社 2008 年版。
[41] 陈永森：《告别臣民的尝试：清末民初的公民意识与公民行为》，中国人民大学出版社 2004 年版。
[42] 胡适：《四十自述》，远流出版社 1986 年版。
[43] 金天翮：《女界钟》，大同书局 1903 年版。
[44] 金观涛、刘青峰：《观念史研究：中国现代重要政治术语的形成》，香港中文大学出版社 2008 年版。
[45] 张灏：《幽暗意识与民主传统》，新星出版社 2006 年版。
[46]《李大钊全集》，河北教育出版社 1999 年版。
[47] 金观涛、刘青峰：《观念史研究：中国现代重要政治术语的形成》，香港中文大学出版社 2008 年版。
[48] 李艳丽：《政治亚文化：影响当代中国政治发展的特殊因素分析》，武汉大学出版社 2008 年版。
[49] 葛荃：《中国政治文化教程》，高等教育出版社 2006 年版。
[50] 葛荃：《中国政治文化导论》，高等教育出版社 2006 年版。
[51] 毛寿龙：《政治社会学：民主制度的政治社会基础》，吉林出版集团有限责任公司 2007 年版。
[52] 柏维春：《政治文化传统——中国和西方对比分析》，东北师

范大学出版社 2001 年版。
[53] 陶东明等：《当代中国政治参与》，浙江人民出版社 2000 年版。
[54] 刘洪旺：《法律意识论》，法律出版社 2001 年版。
[55]《当代世界政治使用百科全书》，中国社会出版社 1993 年版。
[56] 王维国：《公民有序政治参与的途径》，人民出版社 2007 年版。
[57] 王浦劬：《政治学基础》，北京大学出版社 1995 年版。
[58] 王邦佐、孙关宏、王沪宁：《新政治学概要》，复旦大学出版社 2004 年版。
[59] 陶东明、陈明明：《当代中国政治参与》，浙江人民出版社 1998 年版。
[60] 郭秋永：《当代三大民主理论》，新星出版社 2006 年版。
[61] 沈明明等：《中国公民意识调查数据报告（2008）》，社会科学出版社 2009 年版。
[62] 钱穆：《中国文化史导论》，商务印书馆 1994 年版。
[63] 何兹全：《中国文化六讲》，北京大学出版社 2008 年版。
[64] 王沪宁：《当代中国村落家族文化——对中国社会现代化的一项探索》，上海人民出版社 1991 年版。
[65] 马振清：《中国公民政治社会化问题研究》，黑龙江人民出版社 2001 年版。
[66] 朱国云：《政治社会学概论》，清华大学出版社 1998 年版。
[67] 赵成根：《民主与公共决策研究》，黑龙江人民出版社 2002 年版。
[68] 樊纲：《渐进改革的政治经济学分析》，上海远东出版社 1996 年版。
[69] 毛寿龙：《政治社会学》，中国社会科学出版社 2001 年版。
[70] 谈火生编：《审议民主》，江苏人民出版社 2007 年版。
[71] 韩冬梅：《西方协商民主理论研究》，中国社会科学出版社 2008 年版。
[72] 慕毅飞主编：《民主恳谈——温岭人的创造》，中央编译出版

社 2005 年版。

[73] 余金成：《社会主义的东方实践：解读马克思主义基础理论的现代形态》，生活·读书·新知三联书店 2005 年版。

[74] 黄建斌：《法的实现：法的一种社会学分析》，中国人民大学出版社 1997 年版。

[75] 胡晓燕：《〈理想国〉的公民教育思想研究》，吉林大学出版社 2009 年版。

[76] 梁金霞：《中国德育向公民教育转型研究》，知识产权出版社 2009 年版。

[77] 陈光辉、詹栋梁：《各国公民教育》，台湾水牛图书出版事业有限公司 1999 年版。

[78] 艾思奇：《辩证唯物主义历史唯物主义》，人民出版社 1978 年版。

[79] 刘精明：《国家、社会阶层与教育》，中国人民大学出版社 2005 年版。

[80] 唐君毅：《中国人文精神之发展》，台湾学生书局 1978 年版。

[81] 吴宗金：《民族法制的理论与实践》，中国民主法制出版社 1998 年版。

[82] 王玉波：《历史上的家长制》，人民出版社 1984 年版。

[83] 林子仪：《言论自由与新闻自由》，台湾月旦出版公司 1993 年版。

[84] 刘培峰：《结社自由及其限制》，社会科学文献出版社 2007 年版。

[85] 蔡定剑主编：《中国选举状况的报告》，法律出版社 2002 年版。

[86] 张福建主编：《公民与政治行动：实证与规范之间的对话》，台湾"中央研究院"人文社会科学研究中心刊印。

2. 中文译著

[1] [美] 罗伯特·A. 达尔：《现代政治分析》，王沪宁、陈峰译，上海译文出版社 1987 年版。

[2] [美] 加布里埃尔·A. 阿尔蒙德、西德尼·维巴:《公民文化:五个国家的政治态度和民主制》,徐湘林等译,东方出版社2008年版。
[3] [美] 福山:《信任:社会美德与创造经济繁荣》,彭志华译,海南出版社2001年版。
[4] [美] 斯科特·戈登:《控制国家:从古代雅典到今天的宪政史》,应奇等译,江苏人民出版社2005年版。
[5] [美] 巴林顿·摩尔:《民主和专制的社会起源》,拓夫等译,华夏出版社1987年版。
[6] [美] 德沃金:《认真对待权利》,信春鹰、吴玉章译,中国大百科全书出版社1998年版。
[7] [美] 布鲁斯·阿克曼:《我们人民:宪法的变革》,孙文恺译,法律出版社2009年版。
[8] [美] 周锡瑞:《改良与革命:辛亥革命在两湖》,杨慎之译,凤凰出版传媒集团、江苏人民出版社2007年版。
[9] [美] 费正清:《美国与中国》,张理京译,世界知识出版社1999年版。
[10] [美] 房龙:《宽容》,秦立彦译,广西师范大学出版社2001年版。
[11] [美] 明恩溥:《中国人的特性》,匡雁鹏译,光明日报出版社1998年版。
[12] [美] 塞缪尔·亨廷顿:《变化社会中的政治秩序》,李盛平等译,华夏出版社1988年版。
[13] [美] C. 沃伦·霍利斯特:《西方传统的根源》,鲁品越、许苏明译,河南人民出版社1990年版。
[14] [美] 汉密尔顿、杰伊、麦迪逊:《联邦党人文集》,程逢如等译,商务印书馆1980年版。
[15] [美] 塞缪尔·亨廷顿:《文明的冲突与世界秩序的重建》,周琪等译,新华出版社1998年版。
[16] [美] 亚瑟·亨·史密斯:《中国人的性格》,学苑出版社1998年版。

[17] [美] 黄宗智：《经验与理论：中国社会、经济与法律的实践历史研究》，中国人民出版社 2007 年版。

[18] [美] 詹姆斯·R. 汤森、布兰特利·沃马克：《中国政治》，顾速、董方等译，江苏人民出版社 1994 年版。

[19] [美] 丹尼斯·贝尔：《资本主义文化矛盾》，赵一凡等译，生活·读书·新知三联书店 1992 年版。

[20] [美] 加布里埃尔·A. 阿尔蒙德、小 G. 宾厄姆·鲍威尔：《比较政治学——体系、过程和政策》，曹沛霖等译，上海译文出版社 1987 年版。

[21] [美] 巴伯：《强势民主》，彭斌译，吉林人民出版社 2006 年版。

[22] [美] 英格尔斯：《人的现代化》，殷陆君译，四川人民出版社 1985 年版。

[23] [美] 博登海默：《法理学：法律哲学与法律方法》，中国政法大学出版社 1998 年版。

[24] [美] 塞缪尔·亨廷顿、琼·纳尔逊：《难以抉择——发展中国家的政治参与》，汪晓寿等译，华夏出版社 1989 年版。

[25] [美] 贾恩弗兰科·波齐：《近代国家的发展：社会学导论》，商务印书馆 1997 年版。

[26] [美] 罗伯特·达尔：《论民主》，李柏光等译，商务印书馆 1999 年版。

[27] [美] 罗伯特·达尔：《现代政治分析》，王沪宁、陈峰译，上海译文出版社 1987 年版。

[28] [美] 托马斯·雅诺斯基：《公民与文明社会——自由主义政体、传统政体和社会民主政体下的权利与义务框架》，柯雄译，辽宁教育出版社 2000 年版。

[29] [美] 格林斯坦、波尔斯比：《政治学手册精选》，储复耘等译，商务印书馆 1996 年版。

[30] [美] 约翰·罗尔斯：《政治自由主义》，万俊人译，译林出版社 2000 年版。

[31] [美] 詹姆斯·博曼：《公共协商：多元主义、复杂性与民

主》，黄相怀译，中央编译出版社 2006 年版。
[32] [美] 富兰克·布朗：《美国的公民教育》，台湾东大图书公司 1988 年版。
[33] [美] 孙隆基：《中国文化的深层结构》，广西师范大学出版社 2004 年版。
[34] [美] 哈罗德·J. 伯尔曼：《法律与宗教》，梁治平译，生活·读书·新知三联书店 1991 年版。
[35] [美] 菲利克斯·格罗斯：《公民与国家——民族、部族和族属身份》，新华出版社 2003 年版。
[36] [英] 霍布斯：《利维坦》，黎思复、黎廷弼译，商务印书馆 2009 年版。
[37] [英] 安东尼·吉登斯：《现代性与自我认同》，生活·读书·新知三联书店 1998 年版。
[38] [英] 安东尼·史密斯：《民族主义——理论　意识形态　历史》，叶江译，上海世纪出版社 2006 年版。
[39] [英] 额内斯特·盖尔纳：《民族与民族主义》，韩红译，中央编译出版社 2002 年版。
[40] [英] 戴维·米勒主编：《布莱克维尔政治学百科全书》，邓正来等译，中国政法大学出版社 1992 年版。
[41] [英] T. H. 马歇尔等：《公民身份与社会阶级》，郭忠华、刘训练编，江苏人民出版社 2008 年版。
[42] [英] 柯林伍德：《历史的观念》，何兆武等译，北京大学出版社 2010 年版。
[43] [英] 厄纳斯特·巴克：《希腊政治理论——柏拉图及其前人》，卢华萍译，吉林人民出版社 2003 年版。
[44] [英] 霍布豪斯：《社会正义要素》，孙兆政译，吉林人民出版社 2006 年版。
[45] [英] 梅英：《古代法》，沈景一译，商务印书馆 1959 年版。
[46] [德] 哈贝马斯：《公共领域的结构转型》，曹卫东等译，学林出版社 1999 年版。
[47] [德] 海贝勒、舒耕德：《从群众到公民：中国的政治参

与》，张文红译，中央编译出版社2009年版。
[48] [德] 黑格尔：《法哲学原理》，范扬、张企泰译，商务印书馆1996年版。
[49] [德] 康德：《法的形而上学原理》，沈叔平译，商务印书馆1991年版。
[50] [德] 尤尔根·哈贝马斯：《交往与社会进化》，张博树译，重庆出版社1989年版。
[51] [德] 尤尔根·哈贝马斯：《合法化危机》，刘北成等译，上海人民出版社2000年版。
[52] [法] 托克维尔：《论美国的民主》，商务印书馆1988年版。
[53] [法] 托克维尔：《旧制度与大革命》，冯棠译，商务印书馆1992年版。
[54] [法] 托克维尔：《论美国的民主》，董果良译，商务印书馆2009年版。
[55] [法] 卢梭：《社会契约论》，何兆武译，商务印书馆1996年版。
[56] [法] 孟德斯鸠：《论法的精神》，商务印书馆1982年版。
[57] [法] 莫里斯·迪韦尔热：《政治社会学——政治学要素》，杨祖功、王大东译，东方出版社2007年版。
[58] [古希腊] 亚里士多德：《政治学》，吴寿彭译，商务印书馆1965年版。
[59] [日] 浦岛郁夫：《政治参与》，解莉莉译，经济日报出版社1989年版。
[60] [法] 米歇尔·克罗齐、[美] 塞缪尔·亨廷顿、[日] 绵贯让治合：《民主的危机》，马殿军等译，求实出版社1989年版。
[61] [澳] 何包钢：《协商民主：理论、方法和实践》，中国社会科学出版社2008年版。
[62] [澳] 约翰·S. 德雷泽克：《协商民主及其超越：自由与批判的视角》，丁开杰等译，中央编译出版社2006年版。
[63] [爱尔兰] 梅维·库克：《协商民主的五个观点》，王文玉

译，载陈家刚选编：《协商民主》，生活·读书·新知三联书店2004年版。
[64]［古希腊］柏拉图：《法律篇》，张智仁等译，上海人民出版社2001年版。
[65]［日］青木昌彦：《比较制度分析》，周黎安译，上海远东出版社2001年版。
[66]［日］三浦隆：《实践宪法学》，李力、白云海译，中国人民公安大学出版社2002年版。
[67]［奥］凯尔森：《法与国家的一般理论》，沈宗灵译，中国大百科全书出版社1996年版。
[68]［南非］毛里西奥·帕瑟林·等特里维斯主编：《作为公共协商的民主：新的视角》，王英津等译，中央编译出版社2006年版。

3. 外文著作

[1] Bruce Akerman, *We the People: Foundations*, Harvard University Press, 1991.
[2] Doheny Shane, *Responsibility and the Deliberative Citizen: Theorizing the Acceptance of Individual and Citizenship Responsibilities*, Citizenship Studies, 2007.
[3] Nyers Peter, *Introduction: Why Citizenship Studies*, Citizenship Studies 11(1), 2007, 4.
[4] Paul Brest, *The Misconceived Quest for the Original Understanding*, Boston University Law Review, 60 B. U. L. Rev 204, 1980.
[5] Pratte Richard (1988), *The Civil Imperative: Examining the Need for Civil Education*, New York: Teacher College Press.
[6] Conover, Pamela Johnston (1995), *Citizen Identities and Conception of the Self*, The Journal of Political Philosophy, Vol. 3, No. 2.
[7] Wheare, K. C. (1951), Modern Constitutions, London, New York: Oxford University Press.
[8] Moskovitz, M. (1968), *The Politics of Human Rights*, Dordrecht:

Kluwer Academic Publication.

[9] Hoebel, E. Adamson (1954), *The Law of Primitive Man: A Study in Comparative Legal Dynamics*, Cambridge, Mass.: Harvard University Press.

[10] Maclntyre, Alastair (1984), *After Virtue: A Study in Moral Theory*, Notre Dame: University of Notre Dame Press.

[11] Etzioni, Amitai (1995), *New Communitarian Thinking: Persons, Virtues, Institutions and Communities*, Charlottesville and London: University of Virginia Press.

[12] Pasley, Jeffrey L., Robertson, Andrew W. and Waldstreicher, David (ed.) (2004), *Beyond the Founders: New Approaches to the Political History of the Early American Republic*, Chapel Hill: University of North Carolina Press.

[13] Seligman, Adam B. (1992), *The Ideal of Civil Society*, New York: Free Press; Toronto: Maxwell Macmillan Canada; New York: Maxwell Macmillan International.

[14] Maslow, Abraham Harold (1970), *Motivation and Personality*, New York Press.

[15] Taylor, Charles (1989), *Sources of the Self: The Making of the Modern Identity*, Cambridge, Mass.: Harvard University Press.

[16] Braman, Donald and Kahan (2007) (ed.), Dan M. *Legal Realism as Psychological and Cultural (Not Political) Realism*, In Sarat, Austin, How Law Knows, Stanford, California: Stanford University Press.

[17] Peperzak, Adriaan Theodoor (2004), *Elements of Ethics*, Introduction, Stanford, Calif.: Stanford University Press.

[18] Brown, B. Frank (1977), *Education for Responsible Citizenship: The Report of the National Task Force on Citizenship Education*, New York: The Macmillan Company.

二、论文类

[1] 周叶中、匡茂华:《宪政建设的基本条件》，载《现代法学》2000 年第 22 卷第 1 期。
[2] 周叶中:《将法治融入公民生活》，载《民主政治》2008 年第 1 期。
[3] 周叶中:《关于中国共产党运用宪法思维执政的思考》，载《中共中央党校学报》2007 年第 5 期。
[4] 韩大元、王德志:《中国公民宪政意识调查报告》，载《政法论坛》(中国政法大学学报第 20 卷) 2002 年第 6 期。
[5] 俞可平:《当代西方社群主义及其公益政治学评析》，载《中国社会科学》1998 年第 3 期。
[6] 余玉花:《公民社会形成过程中的伦理文化建设》，载《华东师范大学学报 (哲学社会科学版)》2005 年第 1 期。
[7] 葛新斌:《公民教育: 我国现代化历史进程中的深切呼唤》，载《清华大学教育研究》2000 年第 3 期。
[8] 秦前红、叶海波:《宪法修正与宪政民主观的确立》，载《法学评论》2005 年第 2 期。
[9] 江国华:《协商民主及其宪政价值——以支持政治协商制度为视角》，载《湖南科技大学学报 (社会科学版)》2007 年第 5 期。
[10] 周叶中、陈志英:《宪政的人性分析》，载《中南民族大学学报 (人文社会科学版)》2005 年第 1 期。
[11] 张成福:《责任政府论》，载《中国人民大学学报》2000 年第 2 期。
[12] 袁祖社:《现代"公民文化"对传统"臣民文化"的扬弃与超越》，载《齐鲁学刊》2003 年第 9 期。
[13] 吕滨:《梁启超对新民伦理的探讨》，载《江西社会科学》2000 年第 7 期。
[14] 朱海波:《宪政文化及其在当代中国的转型》，载《法学评论》2013 年第 4 期。

[15] 张翔:《美国宪法解释理论中的原旨主义》,载《山东社会科学》2005 年第 7 期。

[16] 贺宾:《国家—社会视域中的传统民间伦理》,载《新疆大学学报(哲学人文社会科学版)》2006 年第 2 期。

[17] 胡适:《我们能行的宪政与宪法》,载《胡适学术文集(哲学与文化)》,中华书局 2001 年版。

[18] 李旭荟:《论当代公民意识的构成》,载《上饶师专学报》1996 年第 1 期。

[19] 魏建馨:《论公民、公民意识与法治国家》,载《政治与法律》2004 年第 1 期。

[20] 童怀宇:《论公民和公民意识》,载《唯实》2000 年第 3 期。

[21] 黄海昀、王素平:《构建我国公民意识生成机制的探析》,载《河北法学》2003 年第 3 期。

[22] 马长山:《公民意识:中国法治进程中的内驱力》,载《法学研究》1996 年第 6 期。

[23] 万明刚:《论公民教育》,载《教育研究》2003 年第 9 期。

[24] 张骐:《走向和谐——当代中国的公民社会探析》,载《北京大学学报(哲学社会科学版)》2005 年第 4 期。

[25] 方朝晖:《市民社会的两个传统及其在现代的汇合》,载《中国社会科学》1994 年第 5 期。

[26] 郭台辉:《市民、臣民与选民:现代公民的角色整合与嬗变》,载《浙江学刊》2008 年第 6 期。

[27] 馨元:《公民概念之演变》,载《当代法学》2004 年第 7 期。

[28] 马长山:《公民意识:中国法治进程的内驱力》,载《法学研究》1996 年第 6 期。

[29] 丁以升、李清春:《公民为什么遵守法律(下)——评析西方学者关于公民守法理由的理论》,载《法学评论》2004 年第 1 期。

[30] 丁冬菊:《人民、公民与臣民——试评卢梭〈社会契约论〉中“民”的概念》,载《社科纵横》2008 年第 3 期。

[31] 梁治平:《“从身份到契约”:社会关系的革命——读梅因

〈古代法〉随想》，载《读书》1986 年 6 月号。
[32] 李永忠、林伯海：《论我国的公民自主意识及其培育》，载《西南交通大学学报（社会科学版)》2010 年第 4 期。
[33] 李萍：《论公共精神的培养》，载《北京行政学院学报》2004 年第 2 期。
[34] 潘强恩：《论公共精神》，载《光明日报（理论版)》2003 年 11 月 5 日。
[35] 魏星河：《我国公民有序政治参与的涵义、特点及价值》，载《政治学研究》2007 年第 2 期。
[36] 柳谦：《教育承认与自我认同》，南京师范大学 2008 年博士学位论文。
[37] 刘诚：《现代社会中的国家与公民——共和主义为研究范式》，武汉大学 2005 年博士学位论文。
[38] 郭艳：《全球化语境下的国家认同》，中共中央党校 2005 年博士学位论文。
[39] 王建民：《民族认同浅议》，载《中央民族学院学报》1991 年第 2 期。
[40] 都永浩：《民族认同与公民、国家认同》，载《黑龙江民族丛刊（双月刊)》2009 年第 6 期。
[41] 黄振、沈芸、张玉君：《清末民初中国公民意识发展史探》，载《湖南社会科学》2011 年第 4 期。
[42] 陈鸿莹：《英国公民教育简述》，载《外国教育研究》2003 年第 9 期。
[43] 刘泽华：《论从臣民意识向公民意识的转变》，载《天津社会科学》1991 年第 4 期。
[44]《说公民》，载张枬、王忍之编：《辛亥革命前十年间时论选集》第 1 卷上册，生活·读书·新知三联出版社 1960 年版。
[45] 张玉法：《民初政党的调查与分析》，载《中国现代史论集》（第 4 辑），联经出版社 1980 年版。
[46] 金观涛：《〈新青年〉民主观念的演变》，载《二十一世纪》（香港）1999 年第 12 期。

[47] 朱志敏：《“五四”时期的所谓“平民”是指哪些人》，载《历史教学》1988年9月。
[48] 包天为：《中国封建王朝和小农经济的形成——基于马尔萨斯理论和新制度经济学的解释》，载《今日南国》2009年第7期。
[49] 刘宏伟、韩彦君：《浅议中国传统政治文化的现代化发展》，载《前沿》2004年第9期。
[50] 公丕祥：《国际化与本土化：法制现代化的时代挑战》，载《法学研究》1997年第1期。
[51] 柯卫：《中西方法治意识的差异及启示》，载《求索》2006年第12期。
[52] 陈振明，李东云：《“政治参与”概念辨析》，载《东南学术》2008年第4期。
[53] 郃文燕：《政治参与研究综述》，载《河北青年管理干部学院学报》2013年第2期。
[54] 潘德金：《培养政治素养，建设政治文明》，载《政治学研究》2008年第6期。
[55] 李元书：《政治社会化：涵义、特征、功能》，载《政治学研究》1998年第2期。
[56] 杨红兵：《政治合法性的特性论析》，载《齐鲁学刊》2007年第4期。
[57] 焦方红：《关于扩大有序政治参与的思考》，载《社会科学战线》2004年第6期。
[58] 杨亚佳、刘艳梅：《政治参与与政治稳定》，载《社会主义研究》2001年第3期。
[59] 周国文：《现代视野下的公民伦理》，载《理论与现代化》2005年第2期。
[60] 孙晓莉：《政治参与的主体及市场经济对中国政治参与的推动》，载《社会学研究》2001年第3期。
[61] 张静：《身份：公民权利的社会配置与认同》，载《光明日报》2009年10月27日，第11版。

[62] 李琦：《公民政治权利研究》，载《政治学研究》1997 年第 3 期。
[63] 扬雄：《六十年公民政治权利宪政历程的回顾与思考》，载《天水行政学院学报》2009 年第 5 期。
[64] 许峰、王预震：《政治参与与当代中国政治社会化》，载《湖北社会科学》2002 年第 6 期。
[65] 章国锋：《交往理性》，载《外国文学》2004 年第 1 期。
[66] 李昌鉴：《人民政协理论与实践的若干问题》，载罗豪才等：《软法与协商民主》，北京大学出版社 2007 年版。
[67] 罗豪才、张世泰：《协商民主及其软法机制——对我国多党合作与政治协商制度的一种分析》，载罗豪才等：《软法与协商民主》，北京大学出版社 2007 年版。
[68] 罗飞、刘文群：《召开民主评议会——百姓给村官打分》，载贵州基层党建网：http：//www. gzjcdj. gov. cn。
[69] 陈家刚：《协商民主：民主范式的复兴与超越》，载陈家刚选编：《协商民主》，生活·读书·新知三联书店 2004 年版。
[70] 吴斌：《中国公民权利意识状况评述》，载《云南社会科学》2009 年第 3 期。
[71] 秦文臻：《当代我国公民责任意识研究》，西南交通大学 2010 年硕士学位论文。
[72] 余逊达：《基层民主百花中的一朵奇葩》，载慕毅飞主编：《民主恳谈——温岭人的创造》，中央编译出版社 2005 年版。
[73] 李建军：《为什么反对是必要的》，载《当代文坛》2005 年第 3 期。
[74] 胡勇：《复兴古典政治学与回归公民教育》，载《武汉大学学报（哲学社会科学版）》2005 年第 4 期。
[75] 凌友诗：《从不同文化体系的“群己观”看中华民族的公民教育》，载蒋笃运、秦树理主编：《公民意识研究》，郑州大学出版社 2009 年版。
[76] 中国驻纽约总领事馆教育组：《美国公民教育的现状及改进

措施》，载《世界教育信息》2006 年第 9 期。
[77] 冯振业、刘世丽：《战后美国公民教育的嬗变及启示》，载《外国教育研究》2003 年第 4 期。
[78] 卢雷：《宪政治理与公民参与》，载《江南大学学报（人文社会科学版）》2004 年第 1 期。
[79] 王希泉：《从历史视角看中国公民意识的培育》，载《前沿》2004 年第 11 期。
[80] 张秀雄：《美国公民教育课程的分析》，载《人文及社会学科教学通讯》1991 年第 1 期。
[81] 冯宇红：《论公民教育》，载《教育探索》2005 年第 1 期。
[82] 肖永忠：《大学生公民意识教育探微》，载《赣南师范学院学报》2008 年第 2 期。
[83] 馨元：《试论我国公民教育》，载《中国法学》2002 年特刊。
[84] 刘鑫淼：《中国“现代化”语境中的公民教育》，载《浙江社会科学》2004 年第 6 期。
[85] 王颖：《当代中国公民教育历史性复兴的现实反思》，载《教育理论与实践》2003 年第 2 期。
[86] 曹阳昭：《少数民族地区公民意识培养研究》，载《兰州大学学报（社会科学版）》2012 年第 2 期。
[87] 温克勤：《略论亚里士多德的德性幸福论》，载《理论与现代化》2002 年第 3 期。
[88] 劳凯声：《重新界定学校的功能》，载《教育研究》2001 年第 8 期。
[89] 钟秉林：《关于大学“去行政化”几个重要问题的探析》，载《中国高等教育》2010 年第 9 期。
[90] 甘绍平：《公民社会是一个什么样的社会》，载《学习时报》2004 年 4 月 23 日。
[91] 高红：《公民社会组织的社会整合功能》，载《学习时报》2009 年 2 月 23 日。
[92] 王贵松：《解析结社自由的体系与界限》，载《重庆社会科

学》2005 年第 3 期。

[93] 王四新：《结社自由简论》，载《广州大学学报（社会科学版）》2008 年第 7 期。

[94] 赵惜兵、陈松：《试论对公民集会游行示威权利的保障和限制》，载《中外法学》1990 年第 2 期。

[95] 薛冰、岳成浩：《古代中国基层自治实践对现代公共管理的意义》，载《西北大学学报（哲学社会科学版）》2009 年第 2 期。

[96] 郭云波：《梁漱溟乡村建设实践对社会主义新农村建设的启示》，载《理论月刊》2009 年第 4 期。

[97] 马宝成、谢蕾：《村民自治：中国农民政治参与与基层政治稳定》，载《民主与法》2000 年第 8 期。

[98] 吴新叶：《基层自治扩展：农村治理的困境与出路》，载《内蒙古社会科学》2005 年第 2 期。

[99] 何艳玲、蔡禾：《中国城市基层自治组织的“内卷化”及其成因》，载《中山大学学报（社会科学版）》2005 年第 5 期。

[100] 申海平：《通过基层自治发展基层民主》，载《法学》2007 年第 12 期。

[101] 贾志民：《宪政视角下中国基层自治建设的理论依据和实践路径》，载《河北学刊》2011 年第 2 期。

[102] 胡位钧：《20 世纪 90 年代后期以来城市基层自治制度的变革与反思》，载《武汉大学学报（哲学社会科学版）》2005 年第 3 期。

[103] 蔡定剑：《“中国人素质太低，搞不了选举”质疑？——经济、文化、政治、利益与选举行为相关性调查与分析》，载蔡定剑主编：《中国选举状况的报告》，法律出版社 2002 年版。

[104] [美] 莱斯特·萨拉蒙、赫尔穆特·安海尔：《公民社会部门》，周红云译，载何增科主编：《公民社会与第三部门》，社会科学文献出版社 2000 年版。

[105] [加拿大] 威尔·凯姆利卡《论公民教育》，载马德普《中西政治文化论丛》第3辑，天津人民出版社2003年版。
[106] [加拿大] 查尔斯·泰勒：《现代认同：在自我中寻找人的本性》，陶庆译，载《求是学刊》2009年第9期。